Felix Hinz

Historische Mythen im Geschichtsunterricht

Theorie und Zugriffe für die Praxis

Felix Hinz

Historische Mythen im Geschichtsunterricht

Theorie und Zugriffe für die Praxis

WOCHEN
SCHAU
VERLAG

Bibliografische Information der Deutschen Nationalbibliothek

Die Deutsche Nationalbibliothek verzeichnet diese Publikation in der Deutschen Nationalbibliografie; detaillierte bibliografische Daten sind im Internet unter http://dnb.d-nb.de abrufbar.

Die Qualität der in dieser Reihe erscheinenden Bände wird vor der Publikation in einem offenen Peer-Review-Verfahren durch das Herausgebergremium – gegebenenfalls in Verbindung mit externen, vom Herausgebergremium benannten Gutachtern – geprüft.

www.wochenschau-verlag.de

Titelgestaltung: Ohl Design
Titelbild: Heinrich IV. vor Canossa, Holzstich um 1890, nach Zeichnung von Hubert von Heyden (1860–1911)
Gesamtherstellung: Wochenschau Verlag
Gedruckt auf chlorfrei gebleichtem Papier
ISBN 978-3-7344-1505-0 (Buch)
E-Book ISBN 978-3-7344-1506-7 (PDF)
ISSN 1610-9686
eISSN 2749-1382
DOI https://doi.org/10.46499/331

Inhalt

Einleitung

Beim Stichwort *Mythos* denkt man heute vielleicht spontan an Romulus und Remus, an das Trojanische Pferd oder an König Arthus. All dies verweist auf fantastische Geschichten und graue Vorzeiten – grau deshalb, weil all diese mythischen Erzählungen von quellenarmen Epochen berichten, zu denen wir über wenig gesichertes Faktenwissen verfügen. Sind Mythen also Phänomene, die sich mangels gesicherter Kenntnisse auf verschiedene Frühgeschichten beziehen? Haben wir heute Mythen schon deswegen gar nicht mehr nötig, weil wir in einer hochtechnisierten, in Teilen hochwissenschaftlichen, aufgeklärten, rationalisierten, säkularisierten Informations- und Kommunikationsgesellschaft leben? – Keineswegs. Man darf sogar vermuten, dass auch wir im Globalen Norden heute noch genauso mythengläubig sind wie die Menschen seit Beginn der Zeiten, denn „Menschen brauchen Mythen", wie Anastassios Kodakos treffend feststellt.[1] Wir Menschen sind genetisch so gepolt, dass wir immer versuchen, in der Welt verständliche Muster und Absichten zu erkennen, um uns erfolgreich in ihr orientieren zu können. Chaos, unübersichtliche Komplexität und unglaubliche Zufälle hingegen verunsichern uns, und von uns geglaubte Mythen sind geeignet, dort einfache Ordnung zu stiften, wo andere Erklärungen versagen.

Wie mythengläubig sind die Menschen in Deutschland? Bei dieser Frage müsste man zunächst klären, was überhaupt ein (historischer) Mythos ist und was es bedeutet, an einen Mythos zu ‚glauben'. Da diese Fragen für die Historik tatsächlich bisher noch weitgehend ungeklärt waren, sind auch keine allgemeinen empirischen Daten dazu vorhanden. Was allerdings vorliegt, sind Zahlen zur Verbreitung einer speziellen Form des Mythos: des Verschwörungsmythos. 2018/19 stimmten laut einer Umfrage fast die Hälfte der befragten Deutschen der Aussage „Politiker und andere Führungspersönlichkeiten sind nur Marionetten dahinterstehender Mächte." tendenziell oder sogar völlig zu,[2] 2020/21 soll es immerhin noch ein gutes Drittel gewesen sein.[3] Das scheint sehr hoch gegriffen. Doch man kann auch nach anderen Erhebungen davon ausgehen, dass zumindest 10–20 % der Deutschen zum harten Kern der fest von Verschwörungsmythen Überzeugten zählt.

Verschwörungsmythen sind heute – anders als vor 1945 – an den Rand der Gesellschaft gedrängt, doch es gibt durchaus andere Arten von Mythen, die auch deren Mitte beherrschen. Spätere Generationen werden vermutlich über uns genauso die Köpfe schütteln wie wir über Menschen des angeblich ‚finsteren' und durch Religion und Mythen „verzauberten"[4] Mittelalters. Alte Mythen werden abgetan und im Nachhinein vielleicht belächelt, doch gleichzeitig sind wir in unseren eigenen Mythen befangen, und es entstehen stets neue. Umso wichtiger scheint es, dass endlich auch der Geschichtsunterricht Mythen thematisiert.

Nachdem der vorliegende Band auf Grundlage der insgesamt kaum mehr überblickbaren Mythentheorien verschiedener Disziplinen eine für die Historik sinnvolle Mythos-Definition anbietet sowie Eigenschaften und Funktionen von historischen Mythen analysiert, wird er auch eine Typologie historischer Mythen vorlegen. Vor diesem Hintergrund entfaltet er dann – theoretisch hergeleitet sowie an konkreten Beispielen erläutert – im Sinne eines Spiralcurriculums nach Anforderungsniveaus gestaffelte Vorschläge zur Behandlung historischer Mythen im Schulfach Geschichte. Der Band schließt mit zwei weiteren Unterrichtsbeispielen, die zusätzlich außereuropäische Regionen und aktuelle Mythen einbeziehen.

Herzlich danken möchte ich an dieser Stelle den Studierenden der Universität Paderborn sowie auch der Pädagogischen Hochschule Freiburg für die anregenden Diskussionen über historische Mythen im Kontext verschiedener Seminare, vor allem aber Kevin Marc Gerstner für seine unermüdliche, kritische Begleitung des Manuskripts.

Freiburg im Breisgau, März 2023
Felix Hinz

1. Definitionen und Abgrenzungen

1.1 Allgemeine Annäherung an den Mythos

Die Frage nach der Definition des Begriffs *Mythos* ist komplex, denn – um es mit Odo Marquard zu sagen: „Der Mythos ist gegenwärtig polymorph kontrovers.“[5] Dies war er von Beginn an, und Mythenkritik ist so alt wie der Mythos selbst.[6] Eine Gesamtgeschichte des Mythos oder eine universale Mythentheorie gibt es nicht. Heute werden, z.T. unabhängig voneinander, zumindest ein anthropologisch-ethnologischer, ein soziologischer, ein philosophischer, ein psychologisch-psychoanalytischer, ein literaturwissenschaftlich-diskurstheoretischer und ein religionswissenschaftlicher Mythosbegriff diskutiert. Die Geschichtstheorie ist hier bislang wenig hervorgetreten. Versucht man die unterschiedlichen Diskurse zusammenzuführen, was in Form einer umfassenden *grand theory* schon nicht mehr möglich scheint, sind reduzierende Vereinfachungen unumgänglich. Pointiert kann ein Mythos in den Geisteswissenschaften folgende zwei Bedeutungsfelder belegen:

- Im sakralen (humanistischen, ethnologischen) Verständnis bedeutet *Mythos* eine Geschichte, die von Göttern, Halbgöttern und Helden handelt[7] – im letzteren Fall wäre es demnach eine Sage (z.B. die *Ilias*).
- Im (an Platons *Politeia* angelehnten) politischen Verständnis meint *Mythos* eine ‚unwahre‘ Geschichte (ohne Götter und Halbgötter als Handelnde), die aber gleichwohl von vielen für ‚wahr‘ gehalten wird – eine historische Halbwahrheit oder Legende (eine unverbürgte Erzählung) also. Diese kann durch Unwissenheit (Irrtum, z.B. El Dorado) oder aber auch absichtlich entstanden sein (Lüge, z.B. die Dolchstoßlegende).[8] Zwischen beidem wäre der Verschwörungsmythos anzusiedeln (z.B. um den Mord von JFK).

In diesem Buch, das geschichtstheoretische und -didaktische Fragestellungen verfolgt, soll es im Wesentlichen um die zweite Variante gehen, denn in ihr wird Realgeschichtliches meist fassbarer. Geschichte ist die Geschichte des Menschen, und ein wesentliches Postulat der Geschichtswissenschaft besteht darin, dass die Menschen ihre Geschichte selbst gestalten – ohne die Einwirkungen höherer Mächte. (Es mag sein, dass dies seinerseits ein Mythos ist, doch dazu später.)

Von geschichtsdidaktischen Erkenntnisinteressen geleitet könnte man einen Mythos dieser zweiten genannten Art als eine in der Gesellschaft bekannte historische Narration definieren, deren Wahrheitsgehalt gemeinhin anerkannt ist,[9] deren Plausibilität bei näherer Betrachtung aber zugleich problematisch erscheint. Als geschichtstheoretische Kriterien, um die Plausibilität von historischen Narrationen bestimmen zu können, bieten sich Jörn Rüsens Triftigkeitskriterien an.[10] Eine historische Narration kann diesen zufolge als ‚vorläufig wahr' (im Sinne von plausibel) angesehen – also geglaubt – werden, wenn alle drei Kriterien der empirischen, normativen und narrativen Triftigkeit als erfüllt akzeptiert werden. Eine historische Narration gilt dann als plausibel,[11] wenn sie a) nicht im Widerspruch zu Quellenaussagen steht, die den Rezipierenden bekannt sind, (empirische Triftigkeit), wenn b) die in der Erzählung vorhandenen Sinnbildungen und Identitätsangebote und damit die aus der Beschäftigung mit der Vergangenheit gewonnene ethische Orientierung konsensfähig sind (normative Triftigkeit) und wenn c) die erzählten Sinnzusammenhänge zwischen Vergangenheit und Zukunft plausibel erscheinen (narrative Triftigkeit).[12]

In der Gesellschaft als ‚wahr' anerkannte historische Narrationen können anders gewendet als Geschichtsmythen entlarvt werden, wenn

a) die in ihr gemachten Aussagen im offensichtlichen Widerspruch zu (ggf. neu entdeckten) historischen Quellen stehen oder nachweislich in völlig aus der Luft gegriffener Weise Überlieferungslücken füllen. So gibt es beispielsweise keine einzige Quelle, die die realhistorische Existenz eines Priesterkönigs Johannes beweisen würde. (mangelnde empirische Triftigkeit)
b) die in der Erzählung angebotenen Sinnbildungen als nicht mehr nachvollziehbar erscheinen. Auch gesellschaftlich anerkannte Orientierungen unterliegen historischem Wandel. Warum beispielsweise der Mythos „Jerusalem" im Mittelalter eine so starke Anziehungskraft ausübte, dass über Jahrhunderte hinweg viele Tausende Menschen Mitteleuropas keine Kosten, Mühen und Gefahren scheuten, es zu erobern und zu besitzen, ist heute im säkularisierten Westen kaum mehr nachvollziehbar. (mangelnde normative Triftigkeit)
c) historische Erzählstrategien, hergestellt durch den Sinnzusammenhang von Vergangenheit, Gegenwart und Zukunft, nicht (mehr) verstanden oder korrigiert werden. So geben beispielswei-

se mittelalterliche Mythen gerade in diesem Bereich viele Rätsel auf. Heute ist nicht mehr mit Bestimmtheit zu sagen, was im Nibelungenlied mit dem Schicksal Siegfrieds und der Burgunden im Hinblick auf eine hochmittelalterliche Gegenwart oder eine damalige etwaige Zukunftserwartung ausgedrückt werden sollte. Erst recht gilt dies aus europäischer Perspektive für viele außereuropäische Mythen – insbesondere, wenn Übersetzungsschwierigkeiten bestehen. (mangelnde narrative Triftigkeit)

Eine Definition des *Mythos* erfordert darüber hinaus eine Abgrenzung zu konkurrierenden Termini wie *Erinnerungskultur*, *Erinnerungsort* oder *Geschichtsbild*, die ebenfalls mit historischer kollektiver Identität und Orientierung zu tun haben. Dies stellt eine große Herausforderung dar, weil jene Begriffe – ähnlich wie *Mythos* – innerhalb und außerhalb der deutschsprachigen Geschichtsdidaktik z.T. ihrerseits noch keineswegs einheitlich und trennscharf definiert sind.

Der „Erinnerung" weist Rüsen eine ganze Reihe an Attributen zu, die verdeutlichen, dass der Mythos im Wesentlichen unter diesem Schirmbegriff zu subsumieren ist.[13] Der inflationär gebrauchte Begriff *Erinnerungskultur*, also die Gesamtheit der Bemühungen einer Gruppe, bestimmte, für relevant erachtete historische Erinnerungen nicht zuletzt auch an Staats- und Gesellschaftsverbrechen und unter Einbeziehung von (allerdings als problematisch anzusehender)[14] Opferperspektiven lebendig zu halten, kann Mythen enthalten, besteht jedoch in diesem allgemeinen Verständnis nicht vollständig aus ihnen.[15]

Noch schwieriger gerät die Abgrenzung des Mythos vom Begriff *Erinnerungsort* bzw. *Mnemotop* oder *lieu de mémoire*. Da der ‚Ort' bereits bei Pierre Nora auch im übertragenen Sinn verstanden wird, bezieht er sich praktisch immer auf einen für die jeweilige Gruppenidentität relevanten Mythos.[16] Der Umstand, dass Erinnerungsorte zumeist in Listenform aufgeführt werden, weist darauf hin, dass es sich bei ihnen vornehmlich um „hochgradig symbolisch und emotional aufgeladene Kristallisationspunkte des kollektiven Gedächtnisses" handelt,[17] nicht um längere oder gar epische Narrationen. Bei Mythen, die nicht nur aus einer überhöhten Ein-Wort-Chiffre bestehen (vgl. Kapitel 2), würde man allenfalls hinsichtlich ihrer hauptsächlichen Mytheme von Erinnerungsorten sprechen. (Dies wäre z.B. beim Faust-Mythos der Teufelspakt.)

Unter *Geschichtsbild* hingegen wird zumeist eine relativ stabile Summe der geschichtlichen Vorstellungen eines Individuums oder einer Gruppe im Sinne einer Weltanschauung gefasst. Nach diesem Verständnis gehören zwar wiederum Mythen dazu, doch geht es hier einerseits meist nicht um *einzelne* Mythen, sondern um ein Zusammenspiel, andererseits nicht *ausschließlich* um Mythen, sondern durchaus auch um nicht-mythische Vorstellungen von Geschichte, zu denen v.a. allgemeine Paradigmen (z.B. Kulturpessimismus oder ein zyklisches Geschichtsbild) zu zählen sind.[18] Allerdings können einzelne historische Mythen, wenn sie so mächtig sind, dass sie als Basis für Ideologien dienen, in der Tat zur tragenden Säule für ganze Geschichtsbilder werden – z.B. der Mythos um die Oktoberrevolution („Roter Oktober“) als Basis des marxistisch-leninistischen Geschichtsbildes.

Der Mythos gilt, zumindest theoretisch, als nicht hinterfragbare Wahrheit – Roland Barthes spricht von einer „exzessiv gerechtfertigten Aussage“.[19] Es ist jedoch eine stets schwer zu klärende Frage, in welchem Maß ein Mythos tatsächlich *ernsthaft* oder nur *augenzwinkernd* geglaubt wird. Zweifel an der absoluten Wahrheit des Mythos hindern allerdings keineswegs daran, ihn zu pflegen und weiterzuspinnen. Nicht selten ist der Mythos zu anderen Erklärungsgrundlagen eine *Alternative*, und die Entscheidung zwischen beiden kann mehr oder minder in der Schwebe gehalten werden. Anastassios Kodakos stellt beispielsweise noch für die griechische Gesellschaft von 1993 fest, dass diese zwar auch im Schulunterricht die alten griechischen Mythen pflegt, dass man diese aber nur spielerisch und für den Moment glaubt, ohne sie deshalb zur dauernden Norm oder zum absoluten Bekenntnis zu erheben.[20] Man könnte als Beispiel auch einen christlichen Historiker nehmen: Als Christ mag er daran glauben, dass Christus gelebt, gewirkt und die Menschheit erlöst hat. Als Historiker muss er jedoch anerkennen, dass die Quellenlage zu Jesus dünn und widersprüchlich ist und sehr viele Fragen offen lässt. „Jesus“ war damals ein weit verbreiteter Name, sodass es schwierig ist, den fraglichen jüdischen Wanderprediger und angeblichen „Sohn Gottes“ in zeitgenössischen Quellen eindeutig zu identifizieren. Unser Historiker muss also, wenn er sich in einer wissenschaftlichen Arbeit auf den historischen Jesus bezieht, den Jesus der Bibel (mehr oder minder weitgehend) als historischen Mythos werten – selbst dann, wenn er persönlich ganz fest daran glauben sollte. (Auch für den islamischen Propheten Muhammad liegen kaum zeitgenössische Quellen vor. Es gibt sogar Islamwissenschaftler wie Muhammad Sven Kalisch, die bezweifeln, dass Muhammad überhaupt existiert hat.)[21] In nicht säkularisierten Gesellschaften fällt es Menschen jedoch meist schwer, diese gedankliche Trennung und religiöse Relativierung vorzunehmen, die nicht selten als Häresie aufgefasst würde und auch schwerwiegende strafrechtliche Konsequenzen haben kann. Darüber hinaus gibt es auch Fälle jenseits des Religiösen, vor allem im Bereich der Verschwörungsmythen, in denen es den Mythosgläubigen mit ihren Vorstellungen bitterer Ernst ist.

Wo wäre ein historischer Mythos vor diesen Hintergründen im Bewusstsein von Kollektiven und mithin auch im Geschichtsbewusstsein von Individuen zu verorten? In Erweiterung des Assmannschen Modells des kollektiven Gedächtnisses[22] liegt der Mythos parallel zum kulturellen Gedächtnis angesiedelt: Im kommunikativen Gedächtnis der Lebenden ist Geschichte noch polyvalent und nicht ausgehandelt, dann folgt nach der *floating gap* entweder die wissenschaftlich fundierte, tendenziell vereinheitlichte Erinnerung durch eine kleine Elite der *story tellers* – oder aber, weit über diese kleine Gruppe hinaus, der geglaubte Mythos als eine ‚Parallelwahrheit', wobei man annehmen darf, dass letzterer oft prägender für das Geschichtsbewusstsein in einer Gesellschaft wirkt als eine nur von relativ kleinen akademischen Kreisen rezipierte Manifestationen des kulturellen Gedächtnisses.[23]

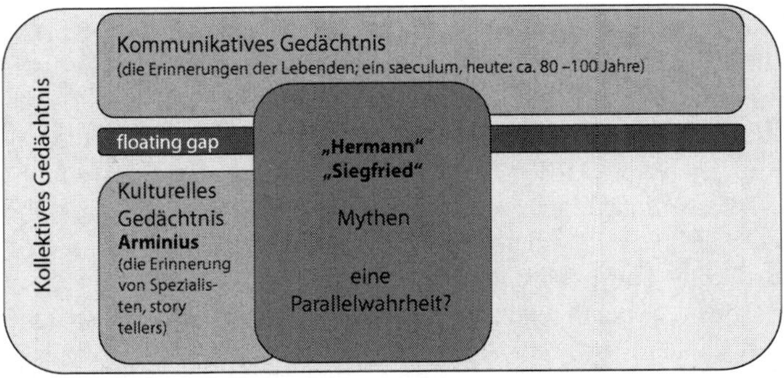

Abbildung 1: Mythen im Modell des kollektiven Gedächtnisses (F. Hinz)

‚Parallelwahrheiten' jedoch können auch als Bedrohung wahrgenommen werden. Hier wird nun oft der Geschichtswissenschaft die Aufgabe der Torwächterin zugewiesen. Ihre Aufgabe solle es sein, Fakten von Fiktionen, ‚objektive' Geschichte von Mythen zu trennen. Doch vermag sie diesen Anforderungen überhaupt zu genügen? Nicht von ungefähr erhebt die Geschichtswissenschaft nicht den Anspruch, die Wahrheit zu verkünden, die ja unabhängig von menschlicher Interpretation Gültigkeit haben müsste. Fest steht: Den *Mythos* schlicht als Gegensatz des *Logos* aufzufassen, führt in die Irre, denn beides bedeutet ursprünglich „Wort",[24] und Mythen sind auch keineswegs völlig irrational. (Odo Marquardt nennt den Mythos fiktiver als *history* und realer als eine *story*. [25] Das ist schön gesagt, trifft aber leider auch nicht auf alle Mythen zu, wie noch gezeigt wird.)

Was also macht (unwissenschaftliches und wissenschaftliches) historisches Denken aus und wie verhält es sich zu mythischem Denken?

1.2 Mythen und historisches Denken

1.2.1 Historisches Denken

Historisches Denken ist, so die prägnante Formulierung Jörn Rüsens, „Sinnbildung über Zeiterfahrung".[26] Eigentlich ist damit jegliches Erzählen, das sich vom Wortstamm ‚zählen' ableitet und darauf abhebt, dass man die Dinge in einer sinnvollen Reihenfolge äußert, historisch. Im engeren Verständnis geht es beim Historischen aber um eine Erzählung, die in einer erkennbaren Beziehung zu einer Chronologie steht, die mindestens ein als realhistorisch behauptetes Früher und ein Heute des Sehepunktes[27] kennt.

Der Aspekt des Realhistorischen ist hier das wesentliche Unterscheidungskriterium zum rein Fiktionalen, zur durch künstlerische Freiheit der Realität nicht verpflichteten Literatur. Wo aber liegt die klar bestimmbare Grenze? Im Sinne der Pandelschen Kategorie des Wirklichkeitsbewusstseins werden historisches Wissen und Überzeugungen während der Anpassung an immer neue Erfahrungen und Informationen in einer ständigen Spirale auf ihre Triftigkeit und Glaubwürdigkeit hin überprüft, d.h. ihre Koordinaten zwischen Fakt und Fiktion immer wieder bestätigt, nachjustiert oder auch radikal verschoben, wobei es eine rein faktische Geschichte ohne Überlieferungslücken füllende oder sinnstiftende fiktionale Zusätze oder ohne eine subjektive Perspektive nicht geben kann. Ein entwickeltes Geschichtsbewusstsein umfasst somit stets beides, Fakten und Fiktionen – und mithin auch Mythen.[28]

Man sagt, historisches Denken sei *conditio humana*. Doch wie funktioniert es, und wie wird es initiiert? – Eine erste wichtige Erkenntnis für die Ausbildung eines reiferen Geschichtsbewusstseins ist die, dass man ganz viel nicht weiß.[29] Dies schafft eine grundsätzliche Offenheit, Skepsis und Neugier. Am Anfang des Prozesses, der hier anhand des FUER-Modells[30] skizziert werden soll (das von allen Strukturmodellen historischen Denkens erstens am elaboriertesten ist und zweitens für jegliches historisches Denken gilt), steht stets eine Verunsicherung in Bezug auf Vergangenheit, Gegenwart und Zukunft. Dabei bestimmen oft unsere impliziten Vorannahmen, was wir überhaupt für relevant bzw. hinterfragenswürdig und was für unwichtig erachten.[31] Aus einer Verunsicherung gilt es sodann eine historische Frage zu formulieren, hinsichtlich der wir bereits bestimmte Vermutungen, Vorannahmen, Vorwissen und Vor-Urteile haben. Wir sind jedoch bereit, diese zu validieren und überlegen uns daher, mit welchen Mitteln wir unsere Frage beantworten können, d.h. wo wir uns informieren und mit welchen Methoden wir vorgehen können. Der eigentliche Prozess der historischen Sinnbildung geschieht in den ineinandergreifenden Operationen der Re- und der De-Konstruktion von Geschichte, wobei die De-Konstruktion sich auf die Analyse vorhandener historischer Narrationen bezieht, die Re-Konstruktion hingegen auf die Produktion eigener. Letztlich formulieren wir auf diese Weise einen Lösungsansatz, der wiederum unsere Vermutungen, Vorannahmen, Vor-Urteile und unser Vorwissen erweitert, bestätigt oder korrigiert. Dadurch erlangen wir eine neue Orientierung in der Zeit. Doch die somit erlangte Versicherung kann schnell wieder zu erneuten Verunsicherungen führen, so wie eine historische Erkenntnis eben sehr leicht zu neuen historischen Fragen führen kann, sodass der ganze Prozess auf einer höheren Ebene erneut beginnen kann – so der idealtypische Verlauf historischen Denkens. „History teaches us a way to make choices, to balance opinions, to tell stories, and to become uneasy – when necessary – about the stories told", erklärt auch Sam Wineburg.[32]

Historisches Denken stellt in jedem Fall einen kreativen Akt dar. Da es von einer bestimmten Gegenwart ausgehend Hoffnungen und Ängste hinsichtlich einer erwarteten Zukunft impliziert und sich erst vor diesem Hintergrund der Vergangenheit zuwendet, stellt es bei der Interpretation Analogien zu eben jener Gegenwart und erwarteten Zukunft her. Dies ist nicht nach einem starren Regelwerk möglich, sondern erfordert schon bei der historischen Frage ein gewisses Vorwissen und einen kleinen Funken Genialität: Denn es gibt nun einmal keine goldene Regel, nach der man ergiebige historische Fragen stellen könnte. Man muss mit immer neuen gegenwärtigen Sachverhalten und historischen Quellen konfrontiert in der Lage sein, auf Ideen zu kommen, inwiefern man bestimmte Fälle vergleichen oder wo man Ursachen und Wirkungen zu etwas erkennen könnte. Ich mache mir z.B. Gedanken darüber, ob es mir als aufrechtem Demokraten verboten oder erlaubt ist, jemanden notfalls umzubringen, der sich in meinem Staat zum Alleinherrscher aufschwingen will – oder ob es vielleicht sogar meine Pflicht ist. Hierzu suche ich Orientierung in der Geschichte und frage z.B. „Warum, wie und von wem wurde eigentlich Caesar ermordet?" oder „Was trieb die Attentäter auf Hitler an? Wer waren sie?". Oder ich mache mir Sorgen, dass die Corona-Pandemie meine Gesellschaft nachhaltig verändern wird, und frage mich: „Welche Auswirkungen hatten eigentlich die Erfahrungen der Pest auf Struktur und Mentalität der mittelalterlichen Gesellschaften?" Hierzu muss ich wissen, wer Caesar, wer Hitler und was die Pest war. Und in der Folge bin ich dann vielleicht reflektiert genug, Caesar nicht einfach in einen Topf mit Hitler zu werfen, oder in der Lage, mich darüber zu wundern, dass ein gesellschaftlicher Wandel selbst nach den verheerendsten Pestwellen damals praktisch nicht feststellbar war.

Was hinsichtlich der Funktionsweise von historischem Denken nicht nur im FUER-Modell sondern generell in entsprechenden Modellen noch zu wenig Beachtung findet, ist die Rolle von Emotionen, die aber durchaus ein Schlüssel zu historischer Erkenntnis zu sein vermögen.[33] Emotionen können dafür sorgen, dass wir aufmerksam werden, dass wir uns für etwas interessieren und somit überhaupt erst die Bereitschaft entwickeln, uns der Mühen historischen Denkens zu unterziehen,[34] das Sam Wineburg einen „unnatürlichen Akt" nennt.[35] Denn wir machen es uns gern bequem. Wir haben uns unsere Vorstellungen von der Welt zurechtgelegt und sehen diese gern bestätigt. Kritische Selbstreflexion und Hinterfragung unserer Überzeugungen hingegen ist nur mit Anstrengung zu erreichen. Gerade die Beschäftigung mit Geschichte aber kann diese wichtigen Kompetenzen einüben helfen: „Mature historical knowing teaches us [...] to go beyond our own image, to go beyond our brief life, and to go beyond the fleeting moment in human history into which we have been born."[36]

Der Mythos verführt durch die gezielte Ansprache von Emotionen und einfache Lösungsangebote. Doch der steinige, Emotionen ausklammernde Weg (*sine ira et studio*) zum „mature historical knowing" ist derjenige der Geschichtswissenschaft. Freilich wusste schon Thukydides, dass Geschichte mit kritischer Genauigkeit und demonstrativer Leidenschaftslosigkeit darzustellen den schmerzhaften Verzicht auf kurzweilige Unterhaltung der Zielgruppe bedeutet. Das ist ein hoher Preis. Auch wenn es Historikern zweimal gelang, einen Literaturnobelpreis zu erlangen,[37] bleibt es ungleich schwieriger, mittels eines geschichtswissenschaftlichen Textes literarischen Lesegenuss zu bereiten als durch Textgattungen, die neben ästhetischen nicht auch noch wissenschaftlichen Standards genügen müssen.

1.2.2 Wissenschaftliches historisches Denken

Was aber tun Historiker*innen genau, wenn sie historisch denken? Welche konkreten kognitiven Prozesse machen elaboriertes historisches Denken aus?[38] – Wissenschaft ist systematisch und überprüfbar. Die Systematik wissenschaftlichen historischen Erkenntnisgewinns entwickelte Johann Gustav Droysen mit seinem Vierschritt bestehend aus Heuristik (quellenbezogene Findekunst), Kritik (innere und äußere Quellenkritik), Interpretation und Darstellung.[39] Doch Pandel weist zu Recht darauf hin, dass es eine unangebrachte Verkürzung darstellt, allein dies als ‚Historische Methode' zu bezeichnen, denn Historiker*innen wenden eine Vielzahl weiterer Methoden an, zu denen u.a. quantitative, typisierende und prosopografische zählen.[40] Jörn Rüsen betont aber gleichwohl, dass die Historische Methode zumindest der Inbegriff der Regeln sei, die das historische Denken als Forschungsprozess bestimmen.[41]

Zu historisch-wissenschaftlich korrektem Vorgehen gehört es des Weiteren seit den Zeiten des Humanismus, dass realhistorische von nur imaginierter oder gar erdichteter Geschichte möglichst klar zu trennen ist, dass Quellen hinsichtlich ihrer Authentizität und dass Aussagen möglichst an den Originalquellen zu prüfen sind, dass man sich in einem möglichst leidenschaftslosen und objektiven Stil ausdrückt und dass man die Ergebnisse in einer zusammenhängend argumentierenden Narrationen darzulegen hat.[42] Außerdem sind alle Bezüge auf Quellen oder Darstellungen durch eindeutige Belege offenzulegen.

Wilhelm Dilthey prägte hinsichtlich der Frage, was wissenschaftliches historisches Denken sei, die These, dass es im Gegensatz zu den Naturwissenschaften, in denen der Versuch unternommen werde, die

Welt zu *erklären*, versucht, die Welt zu *verstehen*.[43] Dieser Ansatz ist, wie wir noch sehen werden, für unsere Fragestellung interessant. Verstanden werden sollen das Handeln von Menschen[44] und ihre Motive. Allerdings entzieht sich ein historischer Verstehendprozess (zumindest bislang) über grobe Ansätze des hermeneutischen Zirkels oder des Modells von FUER-Geschichtsbewusstsein hinausgehend der regelhaften Darstellung. Auch hier kommen kreative Elemente beim historischen Denken zum Tragen. Das *Interpretieren* schließlich ist die elaborierte Form des Verstehens, wenn es gilt, besondere formale oder inhaltliche Schwierigkeiten unter Zuhilfenahme von beispielsweise Kontextualisieren, Typologisieren, Generalisieren und Vergleichen zu überwinden.[45]

Dilthey unterschlug freilich, dass auch die Geschichtswissenschaft immer schon *auch erklärte*. Erklärungen, die auf Fragen nach dem Warum antworten, führen (meist in den Naturwissenschaften) bestimmte Ereignisse oder Phänomene auf Gesetzmäßigkeiten zurück.[46] Gesetzmäßigkeiten werden allerdings nicht in der Geschichtswissenschaft postuliert, sondern in der Geschichtsphilosophie. Die Geschichtswissenschaft geht nicht von einem Telos der Geschichte aus, auf das zwangsläufig alles hinausläuft, oder davon, dass sich menschliches Verhalten mit der Sicherheit von Naturgesetzen voraussagen ließe. Doch unterschwellig wurden zugegebenermaßen auch in der Historiografie immer schon vielfach generelle Verhaltensnormen von Menschen unterstellt, die zwar nicht den Charakter von Naturgesetzen haben, aber dennoch als recht verlässlich gelten. (Z.B.: „In Notzeiten neigen Menschen zu extremen Lösungsansätzen." oder „Wenn es den Menschen gut geht, sind sie weniger religiös.") Pandel unterscheidet beim historischen Denken kausales, nomologisches (menschlichen Verhaltensvorschriften folgendes), probabilistisches (auf Statistiken beruhendes) und narratives (durch Darstellung einer Ereigniskette herleitendes) Erklären.[47] Zudem werden auch zunehmend empirische Methoden auf Basis von Kategoriensystemen, die an die Quellen herangetragen werden, in der Geschichtswissenschaft angewendet, die analytische (und damit erklärende) Bestandteile aufweisen.[48] Jörn Rüsen formuliert denn auch, den früher als trennend gesehenen Gegensatz zwischen Verstehen und Erklären verbindend: „Interpretation ist diejenige historische Forschungsoperation, die intersubjektiv überprüfbar die quellenkritisch ermittelten Tatsachen der Vergangenheit zu Zeitverläufen zusammenfügt, die eine erklärende Funktion haben und als Geschichte dargestellt werden können."[49]

Die Vergangenheit ist menschlichem Verständnis jedoch nicht zugänglich, Historiker*innen können sich nur mit überlieferter Geschichte befassen und aus dieser versuchen, auf die Vergangenheit zu schließen. Erkenntnis ist dabei nur im Rahmen einer Konsensobjektivität möglich, d.h. sie kann lediglich valide, niemals unabhängig von menschlicher Erkenntnis wahr sein. Dabei gilt das „Vetorecht der Quellen" (Reinhard Koselleck). Das heißt, dass Historiker*innen nur das verwenden dürfen, was in den Quellen steht, anders gewendet aber auch, dass jede Interpretation nur so lange gilt, bis sie durch belastbare Quellen widerlegt werden kann.

Dies wiederum bedeutet, dass die Geschichtswissenschaft (in manchmal unbefriedigender Weise) auf dem oft schmalen Pfad der historischen Überlieferung zu wandeln hat und an diese, selbst wenn sie einem nicht triftig und sogar unglaubwürdig vorkommt, solange gefesselt ist, bis sich eine Quelle findet, die die vorhandenen relativiert und eine weitere Interpretation zulässt. Einerseits bietet dieses Vorgehen Sicherheit vor haltlosem Fabulieren, andererseits ist es vor allem dort ein lästiges Korsett, wo die Quellenlage dünn oder erkennbar einseitig bzw. monoperspektivisch ist, denn manchmal schreiben eben nur die ‚Sieger' die Geschichte, und nicht selten gibt es offensichtlich stumme Gruppen.

Es war mit Sicherheit sehr viel mehr in der Welt als das, was in der einen oder anderen Form überliefert wurde. (Ein Beispiel hierfür wird in Kapitel 6.1 ausgeführt.)

1.2.3 Mythisches historisches Denken

Mythisches historisches Denken unterscheidet sich vom idealtypischen historischen wissenschaftlichen Denken dadurch, dass es nicht auf Verstehen, sondern nur auf Erklären aus ist. Es geht nicht darum zu *verstehen*, warum angeblich 1284 eine Menge Jugendlicher aus Hameln verschwand, indem man nach Quellen sucht und diese gewissenhaft methodisch interpretiert, sondern die nicht weiter zu hinterfragende *Erklärung* lautet schlicht: „Der Rattenfänger hat sie weggeführt." Sind Mythos und Geschichtswissenschaft also Gegensätze? Herodot gilt genau deshalb als Vater der Geschichtsschreibung, weil er sich ausdrücklich gegen Sagen und Legenden wandte. Doch dann lesen wir in Ambrose Bierces *Wörterbuch des Teufels* die spöttischen Zeilen, ein Mythos sei „die Gesamtheit der Glaubensinhalte eines primitiven Volkes, betreffend seinen Ursprung, seine Frühgeschichte, seine Heroen, seine Gottheiten und so weiter, im Unterschied zu den wahren Berichten, die es später erfindet."[50] In der Tat: So einfach ist es nicht, dass der Mythos primitiv sei, die Wissenschaft hingegen komplex, dass aus dem *Mythos* der *Logos* folge und dass die aufgeklärte, kritische Wissenschaft, die sich auf ihre Rationalität so viel zu Gute hält, bar jeder Mythen wäre. Mittels der Historischen Methode vermeinten noch die Historiker des Positivismus, die historische Wahrheit wenn schon nicht zu erreichen, so ihr doch zumindest Stück für Stück näher kommen zu können. Mittlerweile ist man hier längst abgeklärter. Bereits Max Weber sah 1919 Wissenschaft nur noch als Fortschritt „ins Unendliche".[51]

Mythen können nämlich sehr wohl wissenschaftlich daherkommen. Allgemein ist zu konstatieren: Auch für diejenigen Schriften, die nur für kleine Fachkreise verfasst werden, gilt, was Hayden White 1973 in seiner *Metahistory* und anderen Schriften wieder ins Bewusstsein rief: „Auch Klio dichtet",[52] d.h. auch die Geschichtswissenschaft folgt literarischen Mustern und ist damit nicht nur Wissenschaft, sondern eben ein Stück weit immer auch noch Kunst.[53] Unabhängig von der Frage, ob es überhaupt historische Fakten außerhalb menschlicher Erfahrung geben kann, lässt sich nicht bezweifeln, dass diese Fakten nur mittels menschlicher Einbildungskraft und sprachlicher Strategien zueinander in Beziehung gesetzt werden können, um eine sinnvolle Geschichte zu erschaffen. Ob vergangenes Geschehen aber jemals einen Sinn hatte, kann niemand wissen.

Wenn man zudem bedenkt, dass keine Wissenschaft von sich behaupten kann, im vollen Wortsinn, d.h. abgesehen von menschlichen Interpreten, wahre Erkenntnisse hervorzubringen, wird ebenfalls deutlich, dass Mythos und Wissenschaft keine klar voneinander trennbaren Gegensätze sein können. Dies war es, was die Inquisition 1632 Galileo Galilei vorwarf: dass er behauptete, nicht nur eine plausible und praktikable neue wissenschaftliche Theorie über die Bewegung der Himmelskörper aufgestellt zu haben, sondern dass seine Theorie unabhängig von menschlichen Erkenntnismöglichkeiten uneingeschränkt der Wahrheit entspreche. Das wurde ihm als Anmaßung und Gotteslästerung ausgelegt.

In Bezug auf die Geschichtswissenschaft schrieb Droysen: „Die Geschichte [...] ist nicht ‚das Licht und die Wahrheit', aber ein Suchen danach, eine Predigt darauf, eine Weihe dazu".[54] – Die dem Religiösen entlehnte Wortwahl Droysens deutet bereits an, dass vieles in der Geschichtswissenschaft in letzter Konsequenz eben doch eine Glaubenssache ist und dadurch in den Bereich des Mythischen gerät. (Einige unserer unbeweisbaren Glaubenssätze mögen z.B. lauten: „Nichts ist vorherbestimmt." oder „Menschen machen Geschichte." usw.) Vielleicht ist dies sogar der wesentliche, theoretische, in der Praxis jedoch kaum durchzuhaltende Unterschied: dass seriöse Geschichtswissenschaft *begründete und diskutierbare Theorien* aufstellt, der Mythos aber *Wahrheiten* behauptet.

Vor diesen Hintergründen gilt, dass auch die Geschichtsschreibung, die ja nie *Abbild*, sondern auch nur *Sinnbild* von historischer Wirklichkeit sein kann, nicht vollständig ohne ihre eigenen Mythen auskommt. Wer dies glaubt, sitzt selbst einem Mythos auf: dem „Mythenbeendigungsmythos",[55] der bis in die Zeit der Aufklärung zurückgeht: Er besagt, dass erstens mittels der Historischen Methode alle Mythen gebannt würden und wir zweitens seitdem auch keine Mythen mehr benötigten. Grundsätzlich betrachtet ließe sich im Sinne der *postcolonial studies* aber behaupten, dass das gesamte Wissenschaftssystem des Fachs Geschichte keineswegs so objektiv ist, wie es vorgibt zu sein, sondern westlichen Ursprungs die westliche Herrschaft stützen soll. Wer mitreden will, kann dies nur auf Englisch oder allenfalls in den Sprachen der übrigen ehemaligen Kolonialmächte tun. Sprachen aber determinieren Konzepte und Denkschemata – man könnte auch sagen: Erfindungen. Vor diesem Hintergrund wird einsichtig, dass das Fach Geschichte, das zwingend von ethischen, religiösen, politischen, wirtschaftlichen und anderen Vorstellungen der sie Betreibenden geprägt ist, von *weißen Mythen* durchtränkt ist.[56] Es waren nun einmal Weiße, die die Welt in ihrer Gesamtheit entdeckten, vermaßen, beschrieben, benannten, klassifizierten, eroberten und zur Zeit des Imperialismus größtenteils militärisch und politisch beherrschten. Die meisten „großen" Gestalten der bei „uns" tradierten Weltgeschichte vereint seitdem die Eigenschaften, dass sie tot, weiß und männlich sind. Dies impliziert den Mythos von der Überlegenheit des weißen Mannes. Trotz aller antiimperialistischen, antikolonialen, antichauvinistischen, antirassistischen Gegenbewegungen mit ihren scharfsinnigen Kampfschriften, die seit den 1960er Jahren an Einfluss gewannen, lebt dieser Supermythos' neben anderen zählebigen Mythen in den dominanten europäischen Geschichtsnarrativen fort.

Man könnte auf höherer Ebene sogar behaupten, dass die diese Wissenschaftssysteme als Herrschaftsinstrument entlarvenden *postcolonial studies* (die ja maßgeblich auf Englisch an westlichen Eliteuniversitäten betrieben werden), nur wieder die andere Seite der Medaille der „White Mythologies" sind. Wir Menschen des Globalen Nordens sind in diesem überaus wirksamen Mythos befangen, und sich aus ihm zu befreien, stellt eine schwierige Herausforderung dar.

Ein weiteres Beispiel für Mythen in der Geschichtswissenschaft: Menschen haben Sehnsüchte. Gruppen haben Ziele. Beide sind mit starken Emotionen verbunden, die auf die Sinngebung von Geschichte, die Rüsen griffig als traditional, exemplarisch, genetisch und kritisch klassifizierte,[57] großen Einfluss haben. Die in den Schulgeschichtsbüchern vorherrschende Sinngebung ist heute die genetische, die eine Entwicklung zum Positiven suggeriert – von der primitiven Steinzeit über das angeblich ‚finstere' Mittelalter zur ‚Aufklärung', wo uns die Lichtmetapher erneut begegnet, in die Gegenwart hin zu einer noch besseren Zukunft. Ist dies aber etwas grundsätzlich anderes als eine säkularisierte Heilsgeschichte? Claude Lévi-Strauss nannte dies den „Mythos der Französischen Revolution",[58] andere nennen diese auch in der Geschichtswissenschaft weit verbreitete Grundannahme den „Mythos vom unaufhaltsamen Fortschritt der westlichen Zivilisation" oder den „Mythos des unaufhaltsamen weltgeschichtlichen Fortschritts zur Freiheit".[59]

Dies relativiert die angebliche Überlegenheit der Geschichtswissenschaft gegenüber dem Mythos. Handelt es sich also, wie Michael Borgolte vermutete, um zwei Formen historischer Erzählung, die sich beide durch je unabsehbare Produktivität und Variabilität auszeichnen?[60] Mythische Darstellung, so nochmals Borgolte, solle den Zusammenhang des Ganzen in den Blick nehmen, geschichtswissenschaftliche Betrachtung nach heutigem westlichen Verständnis hingegen führe ein Bewusstsein ihrer Begrenztheit, Relationalität und Relativität mit sich.[61] Der Mythos, auch und gerade indem er fiktionalisiert, deformiert nicht nur, wie Roland Barthes es ausdrückte,[62] sondern er überhöht, er übergeneralisiert, er zielt aufs Grundsätzliche, d.h. auf das, was für die Gruppe, an die er sich wendet, essentiell beziehungsweise existentiell ist. Das bedeutet anders gewendet, dass auch geschichtswissenschaftliche Narrationen, wenn sie sich auf die wirklich relevanten Themen beziehen und je mehr sie deshalb rezipiert werden und je populärer sie sind, sich desto mehr dem Mythos annähern. Die Geschichtswissenschaft also produziert gerade dann neue Mythen, wenn sie das tut, was immer wieder von ihr verlangt wird, nämlich wenn sie sich an ein breites Publikum wendet und die Komplexität ihrer Erkenntnisse allgemeinverständlich herunterbricht, wenn sie sich, beispielsweise historische Jubiläen aufgreifend und dabei mehr oder minder überzeugende Gegenwartsbezüge herstellend, mit gefälliger Lektüre dem Kommerz zuneigt und wenn sie in diesem Kontext zumindest in Ansätzen die Funktionen versucht zu erfüllen, die eher dem Mythos zukommen: wenn sie kollektive Identität stärkt oder zumindest implizit einen kollektiven Anspruch legitimiert – oder die angenommene Leserschaft zu etwas erziehen soll. Beides ist gar nicht selten der Fall.

Das heißt nicht, dass es keinen Unterschied gäbe zwischen Mythos und Historie, doch ist dieser Unterschied nicht absolut bestimmbar, sondern es gibt vielmehr eine signifikante Schnittmenge.

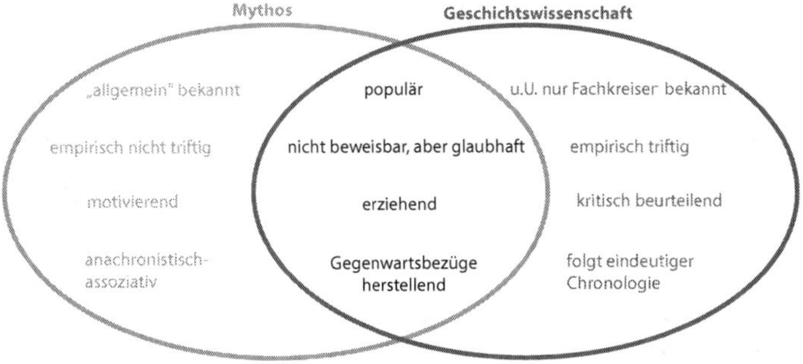

Abbildung 2: Die Schnittmenge zwischen Mythen und Geschichtswissenschaft (F. Hinz)

Mythen vermögen zu verschmelzen, das Große und Ganze ohne Rücksicht auf Widersprüche in den Blick zu nehmen. Auch und gerade Anachronismen sind ihnen oft gleichgültig. Dies ist eine weitere Problemzone der Geschichtswissenschaft, die um eine peinliche Verortung ihrer Argumentation in den Koordinaten der Zeit bemüht sein sollte. Denn auch die wissenschaftliche Geschichtsschreibung muss bisweilen die Gleichzeitigkeit des Ungleichzeitigen oder auch andersherum gewisse Wiederholungen über Zeiten und Räume hinweg zugeben. Auf diese Weise kann ein Mythos historische Wahrheiten auf anderen Ebenen formulieren als dies die Geschichtswissenschaft dürfte. Gerade in unserer Zeit ist das Schlagwort von den ‚gefühlten Wahrheiten' aktuell. Diese können sich z.B. auf kollektive Ängste richten und Hass hervorrufen, doch sie können z.B. auch Zuversicht einflößen und kollektive Anstrengungen ermöglichen. Vermutlich sind es besonders die essentiellen, ganz großen Fragen wie „Wer sind wir?" oder „Was ist der Sinn des Lebens?", für deren Beantwortung Mythen besser taugen als Wissenschaft.[63] Hinsichtlich der Historie sind es gerade die grundstürzenden Veränderungen, aus denen Gesellschaften ihre jeweilige Verfasstheit und Gegenwart herleiten, die typischerweise durch Mythen erklärt werden.[64] Während die kritische Geschichtswissenschaft die Tendenz aufweist, Geschichte zu relativieren, beansprucht der Mythos umfassende Geltung, wühlt auf, polarisiert und macht Geschichte relevant. Denn „eines", schreibt Odo Marquart, „ist die Wahrheit, ein anderes, wie sich mit der Wahrheit leben lässt: für jene ist – kognitiv – das Wissen, für dieses sind – vital – Geschichten da. Denn das Wissen hat es mit Wahrheit und Irrtum zu tun, die Geschichten mit Glück und Unglück".[65] Michael Blume, der über Religion und Hirnforschung promoviert hat, präzisiert: „Wahrheit ist [...] für menschliche Gehirne viel weniger relevant als Zugehörigkeit und Geborgenheit."[66] Daher werden Mythen für menschliche Gesellschaften stets wichtig bleiben und zumindest unterschwellig immer auch innerhalb der Geschichtswissenschaft ihren Ort haben.

1.2.4 Grundtypologie historischer Mythen

Es dürfte bereits deutlich geworden sein, dass der *historische Mythos* ein äußerst vielfältiges Phänomen ist. Verschwimmt der Begriff aber in völliger Beliebigkeit? Funktionieren historische Mythen in ihrer ganzen Bandbreite, also etwa der Mythos vom Heiligen Gral, der Mythos von den „Goldenen Zwanzigern" oder der Mythos um „Jack the Ripper", völlig gleich? Weisen sie alle dieselben Eigenschaften auf? – Schon bei oberflächlicher Betrachtung wird man dies verneinen. Es beginnt damit, dass es für die Existenz des Heiligen Grals keinen historischen Nachweis gibt, für die Taten des berüchtigtsten Serienmörders der Geschichte jedoch durchaus. Darüber, wie real und verbreitet das Phänomen der „Goldenen Zwanziger" war, lässt sich wiederum streiten, handelt es sich doch lediglich um Wertungen und Imaginationen, die sich aber (anders als beim Heiligen Gral) immerhin auf Realgeschichte beziehen.

Vor diesem Hintergrund liegt es nahe (wurde bisher aber, soweit ich es sehe, nirgends unternommen), historische Mythen für eine erste Grundtypologie nach Fiktionsgrad zu unterscheiden:

Bezeichnung	Merkmale	Beispiele
pseudohistorischer Mythos	rein fiktiv, sich dabei aber den Anschein des Historischen gebend	• Robin Hood • jüdische Weltverschwörung
Mythos durch Fiktionalisierung	fiktive Ausschmückung eines auf Fakten beruhenden historischen Kerns	• Dr. Faust • Dracula
Mythos durch Überhöhung	exemplarische oder generalisierende Überhöhung von Geschichte ohne fiktive Ausschmückung	• Alexanderzug • Untergang der Titanic

Tabelle 1: Grundtypologie historischer Mythen nach Fiktionsgrad

Der *pseudohistorische Mythos* gibt lediglich vor, historisch zu sein, während er tatsächlich völlig fiktiv ist. Der *Mythos durch Fiktionalisierung* basiert auf einem faktisch-historischen Kern, weist jedoch fiktive Zusätze auf, während der *Mythos durch Überhöhung* historisch-faktische Grundlagen hat und nicht fiktiv ausgeschmückt wird, aber auf einen Sockel gehoben wird, der ihn exemplarisch für bestimmte Ideen stehen lässt.

Die in der Tabelle zuletzt genannte exemplarische Überhöhung kann so weit gehen, dass der Mythos zum *pars pro toto* oder zur Metapher und damit zum Ein-Wort-Mythos wird. So steht *El Dorado*, ohne dass man dazu eine Geschichte erzählen müsste, für ein sagenhaft reiches (und zum Plündern bereites) Land, *Krösus* für einen sagenhaft reichen, *Einstein* für einen sagenhaft intelligenten oder *Mutter Teresa* für einen sagenhaft mildtätigen Menschen.

Von dieser Grundtypologie aus können wir uns nun gewinnbringend wichtigen Eigenschaften und Funktionen historischer Mythen zuwenden. Dabei wird es sich nicht vermeiden lassen, den einen oder anderen bereits genannten Aspekt wieder aufzugreifen, doch dann in systematischer und ausführlicherer Weise.

1 Kodakos, Anastassios, Menschen brauchen Mythen. Eine Studie zum Bildungswert des Mythos, Stuttgart 1993.

2 Rees, Jonas H.; Lamberty, Pia, Mitreißende Wahrheiten: Verschwörungsmythen als Gefahr für den gesellschaftlichen Zusammenhalt, in: Zick, Andreas u.a. (Hg.), Verlorene Mitte, feindselige Zustände. Rechtsextreme Einstellungen in Deutschland 2018/19, Bonn 2019, S. 203–222, hier S. 214–215.

3 Lamberti, Pia; Rees, Jonas H., Gefährliche Mythen: Verschwörungserzählungen als Bedrohung für die Gesellschaft, in: Zick, Andreas u. Küpper, Beate (Hg.), Die geforderte Mitte. Rechtsextreme und demokratiegefährdende Einstellungen in Deutschland 2020/21, Bonn 2021, S. 283–300, hier S. 290–291.

4 Max Weber nannte 1919 den Prozess der Aufklärung und Rationalisierung der Wissenschaften „die Entzauberung der Welt". (Weber, Max, Wissenschaft als Beruf, in: ders., Gesammelte Aufsätze zur Wissenschaftslehre, hg. von Johannes Winckelmann, Tübingen 1968, S. 582–613, hier S. 594).

5 Marquard, Odo, Lob des Polytheismus, in: Barner, Wilfried; Detken, Anke u. Wesche, Jörg (Hg.), Texte zur modernen Mythentheorie, Stuttgart 2012, S. 222–238, hier S. 222.

6 Simonis, Annette, Mythentheorie und -kritik, in: Nünning, Ansgar (Hg.), Metzler Lexikon Literatur- und Kulturtheorie. Ansätze – Personen – Grundbegriffe, Stuttgart/Weimar 1998, S. 388–390, hier S. 388.

7 Vgl. v.a. Eliade, Mircea, Das Heilige und das Profane. Vom Wesen des Religiösen, Frankfurt/M. 1998 (Paris 1965). Ders., Mythos und Wirklichkeit, Frankfurt/M. 1988 (Paris 1963).

8 Symptomatisch für dieses Verständnis ist die aktuelle Reihe „Alles Mythos! – 20 populäre Irrtümer über ..." des Theiss-Verlages. Hier werden Themenfelder von der Steinzeit über den Wilden Westen bis hin zur BRD behandelt.

9 Da sich Mythen auf Realitäten beziehen, werden sie als „wahre Geschichten" rezipiert. Vgl. dazu Eliade, Mircea, Mythos und Wirklichkeit, Frankfurt/M. 1988, S. 16.

10 Rüsen, Jörn, Grundzüge einer Historik, Teil: 1: Historische Vernunft: die Grundlagen der Geschichtswissenschaft, Göttingen 1983, S. 85–116. Vgl. hierzu auch Bernhard, Roland; Hinz, Felix u. Meyer-Hamme, Johannes, Was ist ein historischer Mythos? Versuch einer Definition aus kulturwissenschaftlicher und geschichtsdidaktischer Perspektive, in: Bernhard, Roland u.a. (Hg.), Mythen in deutschsprachigen Geschichtsschulbüchern. Von Marathon zum Élysée-Vertrag, Göttingen 2017, S. 11–31, hier S. 20–23.

11 Ähnliche Konzeptionen gibt es bei anderen Theoretikern. Für Rüsens Arbeiten bedeutend war Lübbe, Hermann, Geschichtsbegriff und Geschichtsinteresse. Analytik und Pragmatik der Historie, Basel 1977.

12 Rüsen, Jörn, Zeit und Sinn. Strategien historischen Denkens, Frankfurt/M. 1990, S. 98.

13 Rüsen, Jörn, Historik. Theorie der Geschichtswissenschaft, Köln/Weimar/Wien 2013, S. 226.

14 Körber, Andreas, Historical Thinking and Historical Competencies as Didactic Core Conceptsm, in: Bjerg, Helle u.a. (Hg.), Teaching Historical Memories in an Intercultural Perspective. Concepts and Methods – Experiences and Results from the TeacMem Project, Berlin 2014, S. 69–94, hier S. 90–92.

15 Assmann, Aleida, Das neue Unbehagen an der Erinnerungskultur. Eine Intervention, München 2013, S. 30–33.

16 Vgl. hier die drei mythenschwangeren Bände: François, Etienne; Schulze, Hagen (Hg.), Deutsche Erinnerungsorte, München 2001/2002.

17 Pflüger, Christine, Erinnerungsorte, in: Mayer, Ulrich u.a. (Hg.), Wörterbuch Geschichtsdidaktik, Schwalbach/Ts. ²2009, S. 59–60.

18 Demantowsky, Marko, Geschichtsbild, in: Mayer, Ulrich u.a. (Hg.), Wörterbuch Geschichtsdidaktik. Schwalbach/Ts. ²2009, S. 82–83.

19 Barthes, Roland, Mythen des Alltags, in: Barner, Wilfried; Detken, Anke u. Wesche, Jörg (Hg.), Texte zur modernen Mythentheorie, Stuttgart 2012, S. 91–105, hier S. 100.

20 Kodakos, Anastassios, Menschen brauchen Mythen. Eine Studie zum Bildungswert des Mythos, Stuttgart 1993, S. 151.

21 Reinle, Dominik, Streitfall: Hat Mohammed gelebt? Debatte unter Islamwissenschaftlern. WDR, 8.10.2008. https://www1.wdr.de/dossiers/religion/islam/islamtheologenausbildung116.html (abgerufen 23.9.2022).

22 Assmann, Jan, Das kulturelle Gedächtnis. Schrift, Erinnerung und politische Identität in frühen Hochkulturen, München ²1997, S. 48–66.

23 „Nicht durch seine Geschichte wird einem Volke seine Mythologie, sondern umgekehrt wird ihm durch seine Mythologie seine Geschichte bestimmt." (Cassirer, Ernst, Philosophie der symbolischen Formen. Zweiter Teil: Das mythische Denken, Hamburg 2010, S. 6).

24 Hölkeskamp, Karl-Joachim, Mythos und Politik – (nicht nur) in der Antike. Anregungen und Angebote der neuen „historischen Politikforschung", in: Historische Zeitschrift 288 (2009), S. 1–50, hier S. 19.

25 Marquard, Odo, Lob des Polytheismus, in: Barner, Wilfried; Detken, Anke u. Wesche, Jörg (Hg.), Texte zur modernen Mythentheorie, Stuttgart 2012, S. 222–238, hier S. 223.

26 Rüsen, Jörn, Historik. Theorie der Geschichtswissenschaft, Köln/Weimar/Wien 2013, S. 44.

27 Chladenius, Johann Martin, Allgemeine Geschichtswissenschaft, worinnen der Grund zu einer neuen Einsicht in allen Arten der Gelahrheit gelegt wird. Leipzig 1752, S. 91–115.

28 Assmann, Jan, Mythos und Geschichte, in: Altrichter, Helmut; Herbers, Klaus u. Neuhaus, Helmut (Hg.), Mythen in der Geschichte, Freiburg/Br. 2004, S. 13–28, hier S. 28.

29 Wineburg, Sam, Historical Thinking and Other Unnatural Acts. Charting the Future of Teaching the Past, Philadelphia 2001, S. 150.

30 Körber, Andreas; Schreiber, Waltraud u. Schöner, Alexander, Kompetenzen historischen Denkens. Ein Strukturmodell als Beitrag zur Kompetenzorientierung in der Geschichtsdidaktik, Neuried 2007.

31 Wineburg, Sam, Historical Thinking and Other Unnatural Acts. Charting the Future of Teaching the Past, Philadelphia 2001, S. 113.

32 Ebd., S. ix.

33 „Mature historical cognition is more: It is an act that engages the heart.“ (Ebd., S. 22).

34 Vgl. auch Rüsen, Jörn, Historik. Theorie der Geschichtswissenschaft, Köln/Weimar/Wien 2013, S. 43.

35 Wineburg, Sam, Historical Thinking and Other Unnatural Acts. Charting the Future of Teaching the Past, Philadelphia 2001, S. 7.

36 Ebd., S. 24.

37 Theodor Mommsen (1902) u. Winston Churchill (1953).

38 Wineburg, Sam, Historical Thinking and Other Unnatural Acts. Charting the Future of Teaching the Past, Philadelphia 2001, S. xii.

39 Droysen, Johann Gustav, Grundriss der Historik, Leipzig ^{2}1875, S. 13–25.

40 Pandel, Hans-Jürgen, Geschichtstheorie, Schwalbach/Ts. 2017, S. 69.

41 Rüsen, Jörn, Historik. Theorie der Geschichtswissenschaft, Köln/Weimar/Wien 2013, S. 170.

42 Pandel, Hans-Jürgen, Geschichtstheorie, Schwalbach/Ts. 2017, S. 70.

43 Dilthey, Wilhelm, Ideen über eine beschreibende und zergliedernde Psychologie [1894], in: ders., Gesammelte Schriften Bd. V, Leipzig 1924, S. 139-240, hier S. 144.

44 Pandel, Hans-Jürgen, Geschichtstheorie, Schwalbach/Ts. 2017, S. 89.

45 Ebd., S. 92 u. S. 127.

46 Rüsen, Jörn, Historik. Theorie der Geschichtswissenschaft, Köln/Weimar/Wien 2013, S. 161.

47 Pandel, Hans-Jürgen, Geschichtstheorie, Schwalbach/Ts. 2017, S. 117. Rüsen versteht ein intentionales Erklären (menschliche Absichten ergründend) als „verstehen“. (Rüsen, Jörn, Historik. Theorie der Geschichtswissenschaft, Köln/Weimar/Wien 2013, S. 165).

48 Ebd., S. 97–98.

49 Rüsen, Jörn, Historik. Theorie der Geschichtswissenschaft, Köln/Weimar/Wien 2013, S. 185.

50 Bierce, Ambrose, Aus dem Wörterbuch des Teufels, Frankfurt/M. (1911) 1966, S. 72.

51 Weber, Max, Wissenschaft und Beruf, in: ders., Geistige Arbeit als Beruf. Vier Vorträge vor dem Freistudentischen Bund. Erster Vortrag, München/Leipzig 1919, online unter: https://de.wikisource.org/wiki/Wissenschaft_als_Beruf (abgerufen 5.12.2021).
52 White, Hayden, Auch Klio dichtet oder Die Fiktion des Faktischen. Studien zur Tropologie des historischen Diskurses (Sprache und Geschichte, Bd. 10), Stuttgart 1986.
53 Droysen, Johann Gustav, Grundriss der Historik, Leipzig ^{2}1875, S. 78.
54 Ebd., S. 38.
55 Marquard, Odo, „Lob des Polytheismus“ (1979), in: Barner, Wilfried, Detken, Anke u. Wesche, Jörg (Hg.), Texte zur modernen Mythentheorie, Stuttgart 2012, S. 222–238, hier S. 230.
56 Young, Robert J.C., White Mythologies. Writing History and the West, London/New York ^{2}2004.
57 Rüsen, Jörn, Historik. Theorie der Geschichtswissenschaft, Köln/Weimar/Wien 2013, S. 209–215.
58 Lévi-Strauss, Claude, Das Wilde Denken [1962], Frankfurt/M. 1973, S. 292.
59 Marquard, Odo, „Lob des Polytheismus“ (1979), in: Barner, Wilfried, Detken, Anke u. Wesche, Jörg (Hg.), Texte zur modernen Mythentheorie, Stuttgart 2012, S. 222–238, hier S. 228.
60 Borgolte, Michael, Historie und Mythos, in: Kramp, Mario (Hg.), Krönungen. Könige in Aachen – Geschichte und Mythos. Katalog der Ausstellung, Bd. 2., Mainz 2000, S. 839–846, hier S. 841.
61 Ebd., S. 844.
62 Barthes, Roland, Mythen des Alltags, in: Barner, Wilfried, Detken, Anke u. Wesche, Jörg (Hg.), Texte zur modernen Mythentheorie, Stuttgart 2012, S. 91–105, hier S. 99.
63 Jamme, Christopher, Mythos, in: Reinalter, Helmut; Brenner, Peter J. (Hg.), Lexikon der Geisteswissenschaften. Sachbegriffe – Disziplinen – Personen, Köln/Wien/Weimar 2011, S. 571–578, hier S. 577.
64 Assmann, Jan, Mythos und Geschichte, in: Altrichter, Helmut; Herbers, Klaus; Neuhaus, Helmut (Hg.), Mythen in der Geschichte, Freiburg/Br. 2004, S. 13–28, hier S. 19.
65 Marquard, Odo, Lob des Polytheismus, in: Barner, Wilfried; Detken, Anke u. Wesche, Jörg (Hg.), Texte zur modernen Mythentheorie, Stuttgart 2012, S. 222–238, hier S. 224.
66 Blume, Michael, Verschwörungsmythen. Woher sie kommen, was sie anrichten, wie wir ihnen begegnen können, Ostfildern ^{2}2020, S. 23.

2. Eigenschaften und Funktionen

2.1 Eigenschaften

Um das Phänomen ‚Mythen' für die Historik und den Geschichtsunterricht handhabbarer zu machen, seien zu den Eigenschaften von Mythen im Folgenden aus den Kulturwissenschaften einige für das Fach Geschichte nützliche Thesen zusammengestellt und weitergedacht:

alle Mythen	Mythen durch Fiktionalisierung und Überhöhung	Mythen durch Fiktionalisierung
sind an keine bestimmten Formen gebunden	haben appellativen Charakter	bedürfen keiner Begründung (denn sie sind die Begründung)
sind an keine bestimmten Inhalte gebunden	weisen Botschaften auf, die durch jeweilige Gegenwart bestimmt sind	sprechen gezielt Emotionen an
	weisen harten narrativen Kern, aber variable Hülle auf	bedienen Stereotype
	besitzen langlebige archetypische Matrix	haben ihre eigene Zeit

Tabelle 2: Eigenschaften von Mythen

Für Mythen gilt generell, dass sie an keine bestimmten Formen gebunden sind. Von daher sind alle literaturwissenschaftlichen Ansätze zum Mythos, denen teilweise auch die Geschichtsdidaktik folgte, diesen über seine Erzählweise zu bestimmen, gescheitert. Ihre Abgrenzung zu Sagen, Legenden und Märchen ist nicht möglich, unterliegt sie doch einem Kategorienfehler: Mythen können in *jeder* Gestalt erscheinen – vom Epos bis zur Chiffre, vom Gedicht bis zum ikonischen Bild. Und natürlich können auch Märchen Mythen wie den vom „deutschen Wald" oder vom „bösen Wolf" transportieren. Nicht zuletzt ihre formale Anpassungs- und Wandlungsfähigkeit machen Mythen so wirkungsstark.

Ebenso wenig lassen sich Mythen auf bestimmte Themen reduzieren. *Alles* kann zum Mythos werden – Gegenstände wie die Bundeslade, Räume wie das Bermuda-Dreieck, Zeiten wie die „Goldenen Zwanziger" , Gruppen wie die Amazonen, Ereignisse wie Luthers Thesenanschlag und – vor allem – historische Personen.

Für historische Mythen sowohl durch Fiktionalisierung als auch durch Überhöhung gilt:

1. Sie haben appellativen Charakter. Sie enthalten eine Aussage, eine wichtige Botschaft,[1] die der Rezipient nicht selten für sich in einem einzigen Satz zu formulieren in der Lage wäre. So könnte die Botschaft des Mythos von „Romulus und Remus" heißen: „Nehmt euch in Acht, ihr Feinde Roms: Um unsere Herrschaft zu verteidigen, würden wir sogar unsere eigenen Brüder erschlagen. – Euch allemal!" Oder der Mythos um die „Trümmerfrauen" könnte auf die Formel gebracht werden: „Den deutschen Frauen ist die erste wichtige Aufbauarbeit nach dem Krieg zu verdanken. Dafür haben sie Anerkennung verdient!"[2] Hinsichtlich dieser Appelle ist allerdings zu beachten:

2. Die Botschaften von Mythen (durch Fiktionalisierung und Überhöhung) sind durch die jeweilige Gegenwart bestimmt,[3] und daher stetem Wandel unterworfen. Sie werden durch kollektive *Arbeit am Mythos* weiterentwickelt oder aber *ad acta* gelegt.[4] Während der Kleinen Eiszeit und des Dreißigjährigen Krieges (mit einem Klimax zwischen 1626–1639) forderte der Hexenmythos in Europa 50.000 bis 60.000 Todesopfer.[5] Die Existenz vieler Menschen schien durch Gewalt und Armut akut gefährdet, also suchte man Sündenböcke. Dem von einer starken Volksfrömmigkeit geprägten Zeitgeist entsprechend wurde der bereits virulent existente Hexenmythos als Erklärungsmuster herangezogen und immer weiter ausgebaut und bestimmten Menschen Schadenszauber unterstellt: Man ging sogar davon aus, dass Hexen und Hexer keine Einzelphänomene, sondern alle in einer teuflischen Sekte vereint seien, sodass man hier von einem regelrechten Verschwörungsmythos sprechen kann. Eine „Hexe" galt als „Zaunreiterin' zwischen Gott und dem Teufel, Natur und Kultur, ‚Wildnis und Zivilisation'".[6] Als sich die klimatischen, wirtschaftlichen und demographischen Verhältnisse besserten, verlor der Hexenmythos an Überzeugungskraft. Die Zeit der Hexenverfolgungen ist heute zwar in Europa vorbei, aber auch jetzt noch ist der Hexenmythos verbreitet. 1991 glaubten (so Erhebungen des Instituts für Demoskopie Allensbach und des Wickert Instituts) mindestens 10% der Deutschen an Magie bzw. Hexen.[7] Während in der Frühen Neuzeit die Fremdzuschreibung und Beschuldigung der Hexerei für die Betroffenen mit ziemlicher Sicherheit den Tod bedeutete, bezeichnen sich seit den 1950er Jahren Menschen zunehmend freiwillig als „Hexer" oder „Hexe" und haben sich (meist digital) tatsächlich vielfach in Kollektiven („Coven" – Hexenzirkel) zusammengefunden. Hexengläubigkeit ist heute in Westeuropa die am weitesten verbreitete Form des Neopaganismus und als „Wicca" in Großbritannien eine anerkannte Religion. Dabei leben die heutigen, selbsternannten „Hexen" und „Hexer" vom Mythos der frühneuzeitlichen Hexen, zu dem auch ihre ungerechte Verfolgung gehört. Wer sich heute als „Hexe" oder „Hexer" bezeichnet, tut dies zumeist, um eine alternative Lebensweise zu markieren, die einen guten Schuss Esoterik impliziert. Der Hexenmythos hat sich also in Westeuropa von einer tödlichen Fremdzuschreibung in eine befreiende Selbstbezeichnung gewandelt, dabei aber seinen Kern, den Glauben, dass es Menschen mit magischen Kräften gibt, erhalten.

3. Mythen durch Fiktionalisierung und Überhöhung weisen einen harten Kern[8] *auf, haben aber eine variable (‚wabernde') Hülle.* Heidi Hein Kircher hat den Mythos mit einem Pudding verglichen,[9] den man bekanntlich nicht an die Wand nageln kann. Der Nucleus eines Mythos jedoch ist sein Unverzichtbares, Unteilbares, Unveränderbares und Beständiges, wozu mindestens seine Hauptaussage, sein Appell oder seine Botschaft gehört, bisweilen auch ein fester Personenkreis (z.B. die Ritter der Tafelrunde), eine besondere Tat (z.B. „Kleopatra nimmt sich mit Schlangen das Leben") oder eine charakteristische Landschaft (der „Wilde Westen" z.B. muss sich eben durch eine wilde, aride Natur auszeichnen). Da sich Mythen wie gesagt auf schlichtweg alles beziehen können, ist es unmöglich, dies genauer zu fassen.

Erläutern lässt sich ein Mythen-Kern besonders gut am Mythos vom Heiligen Gral. Der unverzichtbare Kern der Gralsmythen besagt, dass er ein heilsbringender Gegenstand sei, ein mobiles Jerusalem sozusagen. Doch dann beginnen auch schon die Unklarheiten: Ist er ein Kelch? Oder besteht er aus Schrifttafeln, vielleicht gar aus einem Stein? Oder muss es statt *san gral* vielmehr *sang real* heißen, handelt es sich mithin um das Blut der Nachfahren Christi?[10] Ein weiterer Kernaspekt des Mythos besteht darin, dass er verborgen ist. Nur ganz wenige Eingeweihte (Auserwählte) kennen seinen geheimen Ort. – Rund um diesen Ort und die Abenteuer der Gralssuchenden gibt es in unzähligen Geschichten ebenso unzählige Varianten.[11]

Vielen Mythen haftet etwas Geheimnisvolles an, denn das weckt das Interesse der Menschen. Nicht zuletzt gilt dies für Verschwörungsmythen, die geradezu davon leben, den Glauben an unsichtbare ‚finstere' Mächte, die die eigentlichen Strippen ziehen, zu schüren. Betrachten wir den Mythos von der „Jüdischen Weltverschwörung" finden wir diesen im Roman *Biarriz* von Hermann

Goedsche (alias Sir John Retcliffe), der 1868 erschien. Wolfgang Benz erläutert:

„Die Szene [auf dem Prager Judenfriedhof] aus Goedsches Schauerroman wurde zum Nukleus der modernen Verschwörungsmythologie. Das Streben nach jüdischer Weltherrschaft, der Kampf der Juden gegen die Mehrheit, die Fixiertheit der Juden auf materielle Werte, das Beharren auf religiöser und kultureller Eigenart, auf eigener Sitte und eigenem Brauch, auf eigener Sprache und der – nach der Behauptung der Judenfeinde – durch religiöses Gebot sanktionierten Nichtgeltung ethischer Normen der Mehrheit für die jüdische Minderheit fassen alle Topoi des Judenhasses zusammen. Die fiktionale Szene auf dem Prager Judenfriedhof bildet den leicht fasslichen Kern der Legende von der jüdischen Weltverschwörung gegen alle anderen.“[12]

4. Mythen durch Fiktionalisierung und Überhöhung enthalten eine langlebige archetypische Matrix.[13] Mythen sind zwar auch sterblich, aber man weiß nie genau, wann sie wirklich tot sind und wie lange unter der Asche ihrer Hülle noch die Glut ihrer Botschaften glimmt. Sollten diese für bestimmte Personen Gruppen wieder relevant werden, kann es leicht geschehen, dass der Mythos sich unverhofft zu neuem Leben erhebt und in an die jeweilige Gegenwart angepasster Gestalt wieder an Kraft gewinnt.

Ein für die deutsche Geschichte bedeutsamer Mythos ist in dieser Hinsicht jener vom „Gang nach Canossa“: 1077. König Heinrich IV., vom Papst gebannt und dadurch in seiner Legitimität als Herrscher bedroht, überquert mit Frau und Kind die verschneiten und von seinen Feinden kontrollierten Alpen, um Papst Gregor VII. in Norditalien zu treffen und die Lösung des Banns zu erwirken. Er stellt ihn in der Burg Canossa und tut vor dieser öffentlich Buße, indem er angeblich drei Tage und Nächste barfuß vor derselben im Schnee ausharrt und den Papst um Erbarmen anfleht. Die Frage, ob das ein diplomatisches Husarenstück oder eine beklagenswerte weil folgenschwerste Selbsterniedrigung eines deutschen Königs gewesen ist (oder beides), blieb offen.[14] Die Angelegenheit geriet nach dem Ende des Investiturstreits (d.h. nach Friedrich II.) in Vergessenheit, doch der Mythos glomm weiter. Dann rief Bismarck während des Kulturkampfs, der ja auch ein Machtkampf der protestantischen Preußen (und Hohenzollern) gegen den Vatikan war, einer plötzlichen Eingebung folgend aus: „Nach Canossa gehen wir nicht!“ – und der Mythos war neu geboren.[15]

Abbildung 3: Ein Bild sagt mehr als tausend Worte? – „Heinrich vor Canossa" von Eduard Schwoiser (1860)

Abbildung 4: Sockel der Canossa-Säule auf dem Großen Burgberg, Bad Harzburg. Errichtet 1877, saniert und Vergoldung der Inschrift 2018 (Foto: Schmul, CC BY-SA 3.0)

Vor allem für Mythen durch Fiktionalisierung gilt:

5. Sie erscheinen als nicht hinterfragbar. Sie geben vor, metaphorisch, allegorisch oder symbolisch gekleidete letzte Wahrheiten zu verkünden. Sie bedürfen keiner Begründung, denn sie *sind* die Begründung. In Bezug auf den Jean d'Arc-Mythos lautet die Frage eben *nicht* „Wie kann es denn sein, dass ausgerechnet ein Bauernmädchen Frankreich vor den übermächtigen Engländern retten konnte?", sondern die Antwort auf die Frage „Wie wurde Frankreich vor den übermächtigen Engländern gerettet?" lautet: „Durch Jean d'Arc". Die Frage lautet nicht: „Wie kommt eine arme, alte Frau zu magischen Kräften?", sondern die Antwort auf die Frage „Warum war es in XY dann und dann so kalt, dass das Vieh im Stall erfror?" lautet: „Die Hexe war's!" – Basta.

6. Mythen durch Fiktionalisierung sprechen gezielt Emotionen an.[16] Sie sind nicht nüchtern oder sachlich. Typische Gefühle, auf die

Mythen abzielen, sind Mitleid, Bewunderung oder Abscheu. Bereits die griechischen Mythen, die, noch bevor es Geschichtsschreibung überhaupt gab, nicht zuletzt vom Theater inspiriert waren, spielen auf menschliche Grunderfahrungen wie Liebe und Hass, Treue und Verrat, Niederlage und Triumph, Glück und Verzweiflung, Macht und Schwäche, Mut und Furcht u.v.m. an. Wenn Medea ihre Kinder tötet, sind wir entsetzt, wenn Achill den Leichnam des tapferen Hektors schändet, sind wir empört, oder wenn der nach vielen Jahren zurückkehrende Odysseus einzig von seinem alten Hund wiedererkannt wird, sind wir gerührt. Dies gilt ähnlich für eindeutig historische Mythen – auch wenn diese nicht in epischer Form vorliegen und daher nicht die emotionale Wucht eines Wechselbads an Gefühlen entfalten können wie die genannten antiken Epen. So beinhaltet der Mythos um John F. Kennedy immerhin zunächst die tiefe Verehrung einer lichtgestaltigen Führungsfigur der westlichen Welt, dann den Schock seiner Ermordung, die Wut auf die Hintermänner und schließlich das Gefühl der Hilflosigkeit und einer alles in Frage stellenden Unsicherheit darüber, dass diese nicht ausgemacht und bestraft werden können (oder sollen).

7. Sie bedienen Stereotype. Sie sollen allgemein verstanden werden und greifen allein schon daher oft Klischees und Vorurteile auf. Die Helden der Mythen sind edel, stark, mutig, standhaft und tapfer. Frauen sind anmutig, schwach und schön. (Ausnahmen bestätigen die Regel. Gerade *weil* die knabenhafte Johanna von Orleans derart gegen das Klischee vom „schwachen Geschlecht" verstößt, ist ihre Erscheinung so außergewöhnlich. Als Edelmann in seinen besten Jahren wäre sie ja nichts so Wundersames.) Die feindlichen Anderen sind äußerlich hässlich und innerlich böse. Bei Verschwörungsmythen sind dabei häufig antisemitische Tendenzen erkennbar. Zudem werden Volksweisheiten (wie z.B. „Hochmut kommt vor dem Fall" oder „Wer Wind sät, wird Sturm ernten") bedient.

8. Mythen durch Fiktionalisierung haben ihre eigene Zeit. Entweder entziehen sie sich insgesamt einer zeitlichen Einordnung, weil sie eine ganze Reihe an Gegenwarten in sich vereinen, in denen am Mythos ‚gearbeitet' wurde (z.B. enthält der Bismarck-Mythos auch eine gehörige Portion des Luther- und des „Hermann"-Mythos in sich, denn alle haben mit einem ‚Kampf gegen Rom' zu tun), oder sie geben über die inneren Zeitverläufe keine genaue Auskunft – so wie sich das mythische Arkadien nicht zuletzt durch die Abwesenheit von Zeit (und Stress) auszeichnet –, und/oder er steht exemplarisch für überzeitliche Einsichten und Botschaften (z.B. Titanic-Mythos: „Wer Menschenwerk als ‚unsinkbar' bezeichnet, lästert Gott und hat den Untergang verdient!"). In diesem Sinne enthält solch ein Mythos dann sogar zyklische Elemente, indem er nämlich unterstellt, dass die angesprochenen Probleme uralt sind und sich auch in Zukunft immer wiederholen werden. (Hinsichtlich des Problems menschliche Hybris könnte man auch die Mythen vom „Turm zu Babel" oder vom nationalsozialistischen „Tausendjährigen Reich" anführen.) Der vielfach mythisch ausgeschmückte Mord an Julius Caesar steht exemplarisch für das Phänomen des Tyrannenmordes an sich, welches seitdem zu verschiedenen Zeiten und von verschiedenen politischen Gruppen höchst konträr beurteilt wurde und wird. So wie jeder spätere „Kaiser" sich in die Tradition Caesars stellte, verstand sich mancher aufrechte Demokrat und Revolutionär als potenzieller Brutus oder Cassius. „Caesar" wurde schon vor Julius Caesars Lebzeiten oft ermordet und wird wohl auch in Zukunft noch oft ermordet werden.

An diesem Beispiel erkennt man schließlich, dass Mythen nicht moralisierend sein müssen. Bisweilen bewirken sie gerade durch ihre moralischen Brüche zur Reflexion anregende Irritationen, ohne klar Position zu beziehen. Romulus erschlägt seinen Bruder. War das im höchsten Maß verwerflich, verständlich oder vielleicht sogar notwendig? Oder alles zusammen?

2.2 Funktionen

Um nach dieser Analyse ihrer Eigenschaften noch besser zu verstehen, was Mythen im Hinblick auf Geschichte ausmacht, ist ein Blick auf die Funktionen geboten, die sie für die Gruppen erfüllen, die sie pflegen.

Auch zu den Funktionen von historischen Mythen seien einige Thesen formuliert:

alle Mythen	Mythen durch Fiktionalisierung und Überhöhung	Mythen durch Fiktionalisierung
bieten Orientierung	präsentieren eine Leistungsschau	vermögen das Unerklärliche und Bedrohliche zu erklären
motivieren und mobilisieren		können etwas legitimieren (Ursprungsmythos)

Tabelle 3: Funktionen historischer Mythen

Für alle historischen Mythen gilt:

1. Sie bieten Orientierung. Oft stellen sie den Kampf zwischen zwei Begriffen oder Prinzipien dar. Sie deuten die Welt und verpflichten eine Gruppe, die sie kennt und sie annimmt, auf ein entsprechendes Wir-Gefühl. So konnten sich z.B. beim Canossa-Mythos mit Heinrich IV. alle Deutschen durch ‚Rom' gedemütigt sehen und sich in dem Vorsatz vereinigt fühlen, es nie wieder zu etwas Vergleichbarem kommen zu lassen. ‚Rom' ist hier auch in anderen deutschen Mythen (z.B. um „Hermann den Cherusker" oder Luther) als das Andere definiert, gegen das man sich als ‚guter Deutscher' abzugrenzen und durchzusetzen habe.[17] Verschwörungsmythen erlauben es ihren Anhänger*innen, sich der Mehrheitsgesellschaft überlegen zu fühlen, weil diese (als Herde von „Schlafschafen" – *sheeples*) von der großen Verschwörung nichts ahnt.[18] Werden derartige Mythen zu einem komplexen System ausgebaut, können sie die Basis für Ideologien[19] oder gar einer ideologischen Ersatzreligion bilden.[20]

2. Mythen mobilisieren und motivieren. Wie bereits im vorigen Kapitel behandelt, sprechen sie Emotionen an und vermögen auf diese Weise Sehnsüchte und Leidenschaften zu bedienen. Für die sich hieraus ergebende Strahl- und Schubkraft hat Jan Assmann den Begriff der „Mythomotorik" geprägt.[21] So appelliert der Mythos um Spartacus, der zu einer Ikone der politischen Linken avancierte, bis heute an die Unterdrückten, sich gegen die mächtigen ‚Imperialisten' und ‚Kapitalisten' zur Wehr zu setzen. Der ein historisch lange zurückliegendes Ereignis aufgreifende Mythos dient als Exemplum für die Gegenwart und Zukunft.

Für historische Mythen durch Fiktionalisierung und Überhöhung gilt:

3. Sie präsentieren eine Leistungsschau.[22] Beim Mythos „Wirtschaftswunder" z.B. soll ausgesagt werden: „Seht her, was wir nach dem Krieg, nach dieser totalen Niederlage wieder (fast) aus eigener Kraft geschafft haben. Das grenzt an ein Wunder." Insbesondere bei Mythen über Schlachten, Politiker, Erfinder und Künstler ist diese Botschaft deutlich, und sie gilt nicht nur für Erfolgs- sondern oft auch für Untergangsmythen (vgl. Kap. 3) wie z.B. um den Fall der jüdischen Festung Masada (74 n.Chr.) oder dem um die Schlacht bei den Thermopylen (480 v.Chr.), während der eine erlesene Auswahl Spartaner demonstrativ den Heldentod anstrebte, um den Führungsanspruch der Polis gegenüber Athen zu bekräftigen.

Abbildung 5: Gedenktafel am Ort der Schlacht bei den Thermopylen (480 v.Chr.) (Foto: Michael Görgl, CC BY-SA 3.0)

Am Ort des Geschehens ist bis heute in Stein gemeißelt die von Simonides von Keos (557/556–468/467) formulierte und durch Friedrich Schiller auch für den deutschsprachigen Raum verewigte Auffor-

derung hinterlegt: „Wanderer, kommst du nach Sparta, berichte dort, du habest uns hier liegen gesehen, wie es das Gesetz befahl." (Schiller, Der Spaziergang, 1795) – An den jüdischen Untergangskampf gegen die Römer erinnernd geloben die israelischen Rekrut*innen noch heute: „Masada darf nie wieder fallen!"
Bei Verschwörungsmythen hingegen kann es sich durchaus auch um eine negative Leistungsschau handeln, deren fataler Lauf durch Widerstand aufzuhalten ist.

Für historische Mythen durch Fiktionalisierung gilt:
4. Sie können das Unerklärliche, Bedrohliche erklären helfen und Ängste des Ausgeliefert-Seins nehmen. Sie besagen in diesem Fall, dass nichts auf der Welt durch Zufall geschieht, dass mithin alles einen Sinn hat. Denn die Welt ist nicht erst seit heute so komplex, dass man sich weder als Einzelner noch als Gruppe die Kräfte, die die Gegenwart bestimmen, vollständig zu erschließen vermag. Der vereinfachende Mythos hingegen kann mit Allegorien und Symbolen arbeiten und auf diese Weise eine Distanz schaffen, die Überblick und Sicherheit ermöglicht.[23] „Der Schrecken, der zur Sprache zurückgefunden hat, ist schon ausgestanden", bemerkt Hans Blumenberg.[24] Karl-Joachim Hölkeskamp ergänzt in dieser Hinsicht, dass der Schrecken, der gebannt werden soll, sogar kathartisch wirken könne, denn „die gemeinsamen Reisen in das ‚fremde Land' des Mythos führen immer wieder zurück in die Heimat, die sich dabei erneuert."[25] – Das klingt positiv, doch sollte dabei bedacht werden, dass diese Funktion historischer Mythen durchaus eine schreckliche Kehrseite hat und eine Menge Opfer fordern kann, wenn nämlich statt Chaos zu sehen Muster und Intention unterstellt[26] und für ansonsten Unerklärliches Schuldige definiert werden. „Das Bedürfnis nach Erklärungen", so Roland Imhoff, „haben Menschen immer, aber es ist besonders groß in Situationen, in denen sie vermeintlich wenig Kontrolle über ihr Leben haben. Verschwörungsmythen ermöglichen scheinbar diese Kontrolle: Das Ereignis ist vorbei, wenn man den wenigen verantwortlichen Personen in den Arm fällt."[27] Derartige Verdachtsmomente werden heutzutage bisweilen durch ‚Trolle' staatlich gezielt gefördert, um genau arbeitende Medien zu diskreditieren und auf diese Weise eine Unsicherheit in den Gesellschaften zu erzeugen, die (durch die Sehnsucht nach Orientierung und dem ‚starken Mann' an der Staatsspitze à la „Putin hilf!") der Nährboden für autokratische Regierungsformen ist.

5. Mythen durch Fiktionalisierung können einen Anspruch legitimieren. Oft handelt es sich dabei um Ursprungsmythen mit einem offenen oder verdeckten Herrschaftsanspruch. So begründet der Mythos um „Wilhelm Tell" beispielsweise nicht zuletzt den schweizerischen Anspruch auf Unabhängigkeit oder rechtfertigt international gewendet das Recht auf Tyrannenmord im Namen der Freiheit.

Mit dem Aspekt der Legitimation hängt auch zusammen, dass Mythen in manchen Fällen von einer Verantwortung ablenken können. Ein Mythos kann rechtfertigen, wo die Realität der Schuld und Verantwortung faktisch nicht zu leugnen ist.[28] Ein Beispiel hierfür wäre der Mythos von der „sauberen Wehrmacht". Auch Verschwörungsmythen können dieses Bedürfnis bedienen. Michael Butter erklärt: „Wer Barack Obama als Präsidenten ablehnte, weil er schwarz ist, und unbedingt verhindern wollte, dass Hillary Clinton ihm nachfolgte, weil sie eine Frau ist, sah sich aus gutem Grund dem Vorwurf ausgesetzt, rassistisch und sexistisch zu sein. Wer aber Obama und Clinton als Marionetten einer auf eine Neue Weltordnung zielenden Konspiration sah, kann diese Vorwürfe zumindest für sich abtun."[29]

Ähnlich funktionierten in Europa auch Verschwörungsmythen in Bezug auf 2015/16 Geflüchtete anderer Hautfarbe, Kultur und/oder Religion.[30]

Nachdem wir nun die Funktionen einzelner Mythen für die Menschen, die an sie glauben, behandelt haben, stellt sich die Frage: Wie funktionieren Mythen untereinander? – Sie können sich *schichten*, *koppeln* (bzw. *ansippen*) und *kapern*.

Mythenschichtung möchte ich das Phänomen nennen, das zum Beispiel beim Epochenmythos *Mittelalter* vorliegt: Zunächst initiierte die Renaissance im Zuge ihrer Selbsterfindung den Mythos vom *finsteren Mittelalter*, auf den die deutsche Romantik in Reaktion auf die Aufklärung und auf Napoleon dann den Mythos vom *edlen Mittelalter* auflegte. Ein Mythos wird auf den nächsten geschichtet, sodass Historiker*innen heute ihre Not damit haben, sich durch all die verzerrenden Mythen, die ihnen auch in fachwissenschaftlichen Schriften der späteren Zeiten begegnen, zur Realgeschichte zurückzuarbeiten. Thomas Martin Buck konstatierte 2020 zu Recht: „Das historische Mittelalter ist hinter einer dicken und fast undurchdringlichen Rezeptionsschicht verborgen, die abgetragen und reflektiert werden muss, wenn man zu der Zeit zwischen 500 und 1500 vordringen und sie historisch tatsächlich verstehen will."[31]

Eine *Mythenkopplung* (bzw. *Mythenansippung*) liegt hingegen dann vor, wenn Mythen mit anderen Mythen in einem direkten Verweissystem verbunden werden. Zumeist geschieht dies auf Grundlage einer Analogie, die bestimmte Funktionen des Mythos erfüllt. In Kapitel 5.3. wird ausführlich die Kopplung der (manchmal deutlich, manchmal nur wahrscheinlich) auf Arminius verweisenden Mythen um „Hermann", „Irmin" und „Siegfried" mit den späteren um Martin Luther, Bismarck, Hitler und sogar Ché Guevara demonstriert. Hier liegt jeweils ein Urmythos vor, der eine bestimmte Aussage und Legitimationskraft besitzt. Spätere Mythen stellen dann einen Bezug her. Dieser kann in einer behaupteten familiären Verwandtschaft bestehen oder aber in einer ideellen. Letztere kann dann durch „Übersetzung" bestimmter Elemente des Mythos (*Mytheme* od. *Mythologeme*) in den neuen Kontext hergestellt werden, wobei die Transformation nur dann funktioniert, wenn sie von der Zielgruppe auch verstanden wird. Wenn beispielsweise eine Frau durch einen Stier entführt wird, auf den sie sich gesetzt hat, denken wir gleich an Europa, wenn jemand eine Botschaft an eine Kirchentür nagelt, an Luther, oder wenn jemand ein Schwert, das fest in einem großen Stein steckt, mühelos herauszieht, dann denken wir an Arthus und Excalibur und vermuten, dass er sich damit gerade als ein rechtmäßiger König (von England) erwiesen hat. Wenn also der Verweis erkannt wird, kann die Botschaft des Ursprungsmythos auf den neuen übertragen werden, und auf diese Weise können ganze Netzwerke von Verweisen entstehen, sodass sich Mythen auch gegenseitig stützen, indem der eine den anderen beglaubigt.

In diesem Sinne gibt es auch Mythen, die oft gemeinsam auftreten oder Schnittmengen aufweisen, ohne dass sie direkt gekoppelt würden. Dies ist praktisch in der gesamten antiken Mythenwelt der Fall, indem bestimmte mythische Figuren (Götter und Heroen) in allen möglichen Konstellationen vorkommen. Doch das Phänomen tritt auch außerhalb der klassischen Mythologie auf: Wo Seejungfrauen auftauchen, könnte im nächsten Moment auch ein gefährliches Seeungeheuer ein Schiff verschlingen, zum Mythos von El Dorado gesellen sich nicht selten der Amazonen-Mythos oder der Mythos vom Jungbrunnen. Und auch bei Mythen mit größerem faktischen Gehalt gibt es diese Mythengemeinschaften. Wo von der „Stunde Null" gesprochen wird, sind die „Trümmerfrauen" nicht weit, zur Bestätigung des Mythos von der „sauberen Wehrmacht" wurde gern der Mythos um Erwin Rommel, den „Wüstenfuchs", bemüht, und der Mythos um

Richard Löwenherz, den ‚tapfersten aller Kreuzritter', *erfordert* geradezu den Saladin-Mythos (den ‚edlen Heiden') als würdigen Gegenpart, sonst funktioniert er einfach nicht.

Bei einer *Mythenkaperung* werden erfolgreiche Mythen regelrecht übernommen. Die Römer beispielsweise knüpften ihre anfangs wenig glanzvolle Geschichte an diejenige des allseits bekannten und bewunderten Troja: Ihr Stammvater soll niemand Geringeres als Aeneas gewesen sein, der, prominent in Vergils *Aenaeis* überliefert, seinen Vater Anchises, aus dem trojanischen Königsgeschlecht, auf den Schultern trug (was seine *pietas* bewies) und seinen Sohn Askanios (lat. Askanius oder auch Iulus) an der Hand führte, als er aus dem brennenden Troja entkam und nach Westen, nämlich nach Latium, floh und dort den Grundstein für das spätere Rom legte. Seine Frau Krëusa konnte er nicht mitnehmen, und auch das ist wichtig, denn es kam in der römischen Welt auf die männliche Erbfolge an. Romulus und Remus, die eigentlichen Gründer der Stadt (deren Mutter Rhea Silvia bisweilen auch „Ilia" genannt wurde) galten als Aeneas direkte Nachkommen. Der Name des Gründers des eigentlichen römischen Imperiums, Iulius Caesar, spielt auf „Iulus" an, und Caesar behauptete, dass auch *er* direkt von Aeneas abstammte. Doch damit nicht genug: Rom ist bekanntlich nach Romulus benannt (oder umgekehrt), der seinen Bruder Remus erschlug. Damit war Remus für die Römer aus dem Spiel, obwohl er zunächst über die gleiche Legitimität, Stärke und Machtbefugnis verfügte wie sein Bruder. Diesen Umstand nutzte die Stadt Siena für ihren eignen Ursprungsmythos aus. Als Siena als *Saena Iulia* eine römische Colonia wurde, hatte auch sie, genau wie Rom, die Wölfin mit den Zwillingen als Wappen. Doch führte sie ihre Herkunft nicht auf Romulus zurück, sondern auf Remus. Dieser, so der Ursprungsmythos der Stadt, habe ebenfalls zwei Söhne gehabt, nämlich Seniu und Aschius, denen ihrerseits die Flucht aus Rom gelang. Sie seien dann in die Gegend des späteren Siena gekommen, wo sie zwei Feuer entfachten. Das eine Feuer habe schwarzen, das andere weißen Rauch entwickelt, worüber sich die Farben des Stadtwappens herleiten. Den Namen erhielt die Stadt dann vom älteren der beiden Remus-Söhne. Um den Anspruch des kleineren Siena gegenüber der Hauptstadt des Imperium Romanum mit seiner *Lupa Capitolina* (und später mächtigen Nachbarn wie Florenz) zu betonen, ist die Romulus und Remus säugende *Lupa Senese* noch heute in der Altstadt Sienas in Bildern und Skulpturen allgegenwärtig.

Abbildung 6: Die Lupa Senese, Giovanni Pisano (ca. 1248–nach 1314), Dom von Siena (Foto F. Hinz)

Die bisherigen Ausführungen folgten der Einteilung in *pseudohistorische Mythen*, *Mythen durch Fiktionalisierung* und *Mythen durch Überhöhung*. Es müssen allerdings noch einige weitere, zu der Grundtypologie quer liegende, Mythen-Typen erläutert werden, um historische Mythen genauer fassen zu können.

1 Barthes, Roland, Mythen des Alltags (1957), in: Barner, Wilfried; Detken, Anke u. Wesche, Jörg (Hg.), Texte zur modernen Mythentheorie, Stuttgart 2012, S. 91–105, hier S. 91–92.

2 Tauber, Leonie, Mythos Trümmerfrauen. Von der Trümmerbeseitigung in der Kriegs- und Nachkriegszeit und der Entstehung eines deutschen Erinnerungsortes, Bonn 2015.

3 Assmann, Jan, Mythos und Geschichte, in: Altrichter, Helmut; Herbers, Klaus u. Neuhaus, Helmut (Hg.), Mythen in der Geschichte, Freiburg/Br. 2004, S. 13–28, hier S. 15.

4 Blumenberg, Hans, Arbeit am Mythos, Frankfurt/M. 1979.

5 Behringer, Wolfgang (Hg.), Hexen und Hexenprozesse in Deutschland, München [7]2010, S. 8.

6 Ebd., S. 7.

7 Ders., Hexen. Glaube, Verfolgung, Vermarktung, München [7]2020, S. 17–18.

8 Blumberg, Hans, Arbeit am Mythos (1979), in: Barner, Wilfried; Detken, Anke und Wesche, Jörg (Hg.), Texte zur modernen Mythentheorie, Stuttgart 2003, S. 194–218, hier S. 194.

9 Hein-Kircher, Heidi, Überlegungen zu einer Typologisierung von politischen Mythen aus historiographischer Sicht – ein Versuch, in: dies.; Hahn, Hans Henning (Hg.), Politische Mythen im 19. und 20. Jahrhundert in Mittel- und Osteuropa, Marburg 2006, S. 407–424, hier S. 407.

10 Lincoln, Henry; Baigent, Michael und Leigh, Richard, The Holy Blood and the Holy Grail, London 1982.

11 Vgl. z. B. Mertens, Volker, Der Gral. Mythos und Literatur, Stuttgart 2007.

12 Benz, Wolfgang, Die Protokolle der Weisen von Zion. Die Legende von der jüdischen Weltverschwörung, München [4]2019, S. 35.

13 Wunenburger, Jean-Jacques, Mytho-phorie. Formen und Transformationen des Mythos (1994), in: Barner, Wilfried; Detken, Anke u. Wesche, Jörg (Hg.), Texte zur modernen Mythentheorie, Stuttgart 2003, S. 290–300, hier S. 299.

14 Zum hist. Hintergrund vgl. Weinfurter, Stefan, Canossa. Die Entzauberung der Welt, München [3]2007.

15 Zum Mythos vgl. Oexle, Otto Gerhard, Canossa, in: François, Etienne; Schulze, Hagen (Hg.), Deutsche Erinnerungsorte, München 2009, Bd. 1, S. 56–67 od. Münkler, Herfried, Die Deutschen und ihre Mythen, München [4]2015, S. 203–207.

16 Hein-Kircher, Heidi, Überlegungen zu einer Typologisierung von politischen Mythen aus historiographischer Sicht – ein Versuch, in: dies.; Hahn, Hans Henning (Hg.), Politische Mythen im 19. und 20. Jahrhundert in Mittel- und Osteuropa, Marburg 2006, S. 407–424, hier S. 408.

17 Dass die Deutschen sich im Hinblick auf die Reichsidee gleichwohl auch als Erben Roms betrachteten, steht auf einem anderen Blatt. Wie bereits dargelegt sind dem Mythos Widersprüche gleichgültig.

18 Butter, Michael, „Nichts ist wie es scheint." Über Verschwörungstheorien, Berlin ^{3}2020, S. 104.

19 Hein-Kircher, Heidi, Überlegungen zu einer Typologisierung von politischen Mythen aus historiographischer Sicht – ein Versuch, in: dies.; Hahn, Hans Henning (Hg.), Politische Mythen im 19. und 20. Jahrhundert in Mittel- und Osteuropa, Marburg 2006, S. 407–424, hier S. 420. Sie vergleicht diesen Prozess mit dem Aufbau eines Mosaiks, in dem die einzelnen Mythen aufeinander aufbauen und sich gegenseitig ergänzen.

20 Hein-Kircher, Heidi, Überlegungen zu einer Typologisierung von politischen Mythen aus historiographischer Sicht – ein Versuch, in: dies.; Hahn, Hans Henning (Hg.), Politische Mythen im 19. und 20. Jahrhundert in Mittel- und Osteuropa, Marburg 2006, S. 407–424, hier S. 409.

21 Assmann, Jan, Mythos und Geschichte, in: Altrichter, Helmut; Herbers, Klaus u. Neuhaus, Helmut (Hg.), Mythen in der Geschichte, Freiburg/Br. 2004, S. 13–28, hier S. 23.

22 Hein-Kircher, Heidi, Überlegungen zu einer Typologisierung von politischen Mythen aus historiographischer Sicht – ein Versuch, in: dies.; Hahn, Hans Henning (Hg.), Politische Mythen im 19. und 20. Jahrhundert in Mittel- und Osteuropa, Marburg 2006, S. 407–424, hier S. 408.

23 Marquard, Odo, „Lob des Polytheismus", in: Barner, Wilfried; Detken, Anke u. Wesche, Jörg (Hg.), Texte zur modernen Mythentheorie, Stuttgart 2012, S. 222–238, hier S. 224.

24 Blumenberg, Hans, Arbeit am Mythos (1979), in: Barner, Wilfried; Detken, Anke u. Wesche, Jörg (Hg.), Texte zur modernen Mythentheorie. Stuttgart 2003, S. 194–2018, hier S. 195.

25 Hölkeskamp, Karl-Joachim, Mythos und Politik – (nicht nur) in der Antike. Anregungen und Angebote der neuen „historischen Politikforschung", in: Historische Zeitschrift 288 (2009), S. 1–50, hier S. 49.

26 Butter, Michael, „Nichts ist wie es scheint." Über Verschwörungstheorien, Berlin ^{3}2020, S. 106.

27 Imhoff, Roland, in: „Finstere Mächte im Hintergrund", in: Badische Zeitung, 19.5.2020, S. 9.

28 Keil, Lars-Broder, Fiktionen im Geschichtsbewusstsein. Wie Legenden und Mythen das Bild von vergangener Wirklichkeit beeinflussen können, in: Horn, Sabine; Sauer, Michael (Hg.), Geschichte und Öffentlichkeit. Orte – Medien – Institutionen, Göttingen 2009, S. 32–39, hier S. 33.

29 Butter, Michael, „Nichts ist wie es scheint." Über Verschwörungstheorien, Berlin ³2020, S. 112.

30 Vgl. ein ausführliches Beispiel in Kap. 6.2.

31 Buck, Thomas Martin, Das Mittelalter – ein „erkalteter Erinnerungsort" der vormodernen europäischen Geschichte, in: Hinz, Felix u. Körber, Andreas (Hg.), Geschichtskultur – Public History – Angewandte Geschichte, Göttingen 2020, S. 513–531, hier S. 518.

3. Typologien

Wie bereits mehrfach festgestellt, kann sich ein Mythos inhaltlich auf alles beziehen. Einige Inhalte jedoch lassen sich besonders häufig feststellen und seien im Folgenden etwas näher betrachtet und klassifiziert:[1]

Bezeichnung	Beispiele
Personenmythos	Priesterkönig Johannes, Johanna von Orleans, Arthus
Gruppenmythos	Amazonen, Piraten, Hexen, Cowboys
Gegenstandsmythos (Totem- u. Schatzmythos)	Wahres Kreuz, Bernsteinzimmer, Turiner Grabtuch, Bundeslade
Zeitmythos	„finsteres Mittelalter", „Aufklärung"
Raummythos	Arkadien, El Dorado, Bermuda-Dreieck
Wandermythos	Zug der Israeliten, Zug der Azteken, der „Marsch auf Rom" (Faschisten in Italien), der „Lange Marsch" (China)
Entrückungsmythos	Kyffhäusermythos, Quetzalcóatl-Mythos (Azteken)
Ideenmythos	angeblicher Glaube in der FNZ, dass die Erde eine Scheibe sei; angebliche allgemeine Kriegsbegeisterung 1914
Ereignismythos (z.B. Schlachten-, Revolutions- u. Katastrophenmythen)	Sturm auf die Bastille, „Wunder von Bern"
Verschwörungsmythos (Verschwörungstheorie)	„Jüdische Weltverschwörung" , 9/11 als Werk der Bush-Regierung

Tabelle 4: Die inhaltliche Ebene historischer Mythen (ohne Anspruch auf Vollständigkeit)

Bei *Personenmythen* wird das Narrativ personalisiert, das heißt die Rahmenbedingungen, wirksamen Strukturen und Kontexte narrativ in einer verklärten Persönlichkeit aufgehoben. Auf diese Weise wird das Geschichtsbild verengt, sodass andere beteiligte Personen neben der fokussierten keinen Platz mehr haben. Im Mythos „Priesterkönig Johannes" wird beispielsweise die für die lateinischen Christen des Mittelalters unüberschaubare Situation des fernöstlichen und schwarzafrikanischen Christentums zu einem mythischen Großreich unter einem „Priester Johannes" zusammengefasst, von dem zwar detaillierte Beschreibungen vorliegen, das es aber gleichwohl so nie gegeben hat. Mit diesem Mythos verband sich unter anderem die Erwartung, dass man nach erfolgreicher Kontaktaufnahme mit dem Priesterkönig den Islam in einem gemeinsamen Kreuzzug würde besiegen können.[2]

Abbildung 7: Personenmythos: Priesterkönig Johannes auf einer frühneuzeitlichen Karte in Äthiopien (Atlas de Diego Homen, 1561 Portugal)

Ein weiterer mächtiger Personenmythos wäre derjenige der Jungfrau von Orleans (Jean d'Arc). In ihm ist die hochkomplexe Situation des Hundertjährigen Krieges zwischen England und Frankreich 1429 auf ihre Person fokussiert. Die „wundersame" Wende im Krieg wird fast ausschließlich ihrem Wirken (beziehungsweise demjenigen Gottes) zugeschrieben.[3]

Sofern sich Personenmythen auf realhistorische Menschen beziehen, waren dies oft solche, die durch besondere Eigenschaften oder Leistungen zur Projektion von Mythen auf sich einluden. Besonders gilt dies für charismatische Persönlichkeiten, wobei Charisma von Max Weber als eine für „außeralltäglich [...] geltende Qualität einer Persönlichkeit" definiert wird, „um derentwillen sie als mit übernatürlichen oder übermenschlichen oder mindestens spezifisch außeralltäglichen, nicht jedem anderen zugänglichen Kräften oder

Eigenschaften begabt oder als gottgesendet oder als vorbildlich und deshalb als ‚*Führer*' gewertet wird."[4] In diesem Sinne galt Alexander der Große (zumindest in der antiken Mittelmeerwelt) als der begabteste Feldherr aller Zeiten, Nostradamus als mit einer wundersamen Hellsichtigkeit begabt oder Elvis Presley schlicht als der „King of Rock'n Roll".

Mythen beziehen sich nicht nur auf Einzelpersonen, sondern bisweilen ebenso auf Gruppen. Die Gruppen, Gegenstände, Zeiten oder Räume, um die es hier geht, sind solche, die Sehnsüchte wecken, Begehrlichkeiten auslösen, oder (positive wie negative) Faszination auslösen.

Gruppenmythen sind keine Mythen, die von den Bezeichneten selbst gepflegt werden, sondern solche, die von Außerhalb in Bezug auf sie kursier(t)en. Ein Beispiel wären die Amazonen, um die nicht nur in der griechischen Welt Mythen kreisten und deren Bekanntheit sogar Homer schon bei seinen Rezipienten voraussetzte, sondern später, da ihre Heimat weiter im Vagen blieb, auch unter den spanischen und portugiesischen Entdeckern und Eroberern Südamerikas, wodurch – so jedenfalls die gängigste These der Wissenschaft – der Amazonas durch Francisco de Orellana, der 1540–42 als erster Europäer den Fluss der Länge nach befuhr, seinen Namen erhielt.[5]

Abbildung 8: Gruppenmythos Amazonen. Amazonenrelief am Maussoleion, Halikarnassos (368 bis 350 v. Chr.) (Foto: Carole Raddato, CC BY-SA 2.0)

Im Gegensatz zu den Amazonen, auf die sich im nördlichen Schwarzmeerraum nur spärliche archäologische Funde beziehen lassen, handelt es sich bei den Piraten des 18. Jahrhunderts zwar um eine historisch eindeutig verbürgte Gruppe, doch ist das in der Geschichtskultur verbreitete Bild von ihr durch Vorstellungen von Freiheit der Meere, Männlichkeit und Abenteuerromantik stark verzerrt. Der Gruppenmythos „Piraten" ist ein Evergreen der Geschichtskultur und wird seit 2003 vor allem durch die Spielfilmreihe *Pirates of the Carribean* (USA)[6] weiter angeheizt.

Eine andere Mythenkategorie lässt sich als *Gegenstandsmythen* bezeichnen. Meist handelt es sich um Totems oder Schätze. Auch von diesen entfalteten einige eine ganz besondere Wirkungskraft. Zu den einflussreichsten Gegenstandsmythen zählt zweifellos der Heilige Gral, dessen historische Faktizität jedoch auf äußerst dünner Grundlage steht und bei dem unklar bleibt, ob es sich ursprünglich eher um einen keltischen Herrschaftsmythos oder um ein (un-?) christliches Heilssymbol handelt. Die Kenntnis von Gralslegenden war und ist jedoch, von Chrétien de Troyes (Perceval, um 1180) und Wolfram von Eschenbach (Parzival, 1200–1210) episch besungen, weit verbreitet.[7] Ein Beispiel für ein historisch belegtes Objekt, das den Gralsmythos beeinflusst haben wird, ist das „Wahre Kreuz", einst die wertvollste Reliquie der Christenheit und seit der Schlacht von Hattin 1189 verschollen. Heute weiß man nicht einmal mehr mit Sicherheit, wie dieser überaus bedeutungsgeladene Gegenstand, von dem sich noch einige Splitter an anderen abendländischen Reliquien finden,[8] ausgesehen hat.

Abbildung 9: Gegenstandsmythos „Wahres Kreuz". Filmszene aus Kingdom of Heaven (R. Ridley Scott, USA/E/GB/D)

Ebenso ranken sich Mythen um zahlreiche angebliche Schätze (z.B. um den durch Hagen von Tronje im Rhein versenkten „Nibelungenhort“) oder auch historisch belegte, die jedoch verschwanden und nicht mehr aufgefunden wurden (z.B. das „Bernsteinzimmer“ oder die Bundeslade).

Selbst mit bestimmten Epochen sind Mythen verbundenen, die man als *Zeitmythen* bezeichnen kann. So gibt es nicht nur verklärte „goldene Zeitalter“ in den Geschichtsnarrationen verschiedener größerer und kleinerer Gruppen, sondern in Absetzung zu diesen auch besonders mythische „dunkle“ Vorzeiten bzw. überlieferungsarme *Dark Ages*. Ein typisches Beispiel sind die europäischen Epocheneinteilungen: Hier hat das Mittelalter einen besonders „finsteren“ Ruf.[9] Bis heute werden Spielfilmszenen vom breiten Publikum nur dann als „echt mittelalterlich“ akzeptiert, wenn sie von Dreck und Gewalt geprägt sind. Die britische Komikergruppe Monty Python persiflierte diesen Mythos in unübertroffener Weise in ihrem Film *Monty Python and the Holy Grail* (dt. *Die Ritter der Kokosnuss*, 1975), in dem sie die Landbevölkerung regelrecht im Schlamm wühlen und die Aristokratie sinnlos-brutale Zweikämpfe bis zur völligen Verstümmelung austragen lässt.

Abbildung 10: Zeitmythos „finsteres Mittelalter“: Dreck und Gewalt sind obligatorisch. King Arthur im Streit mit einer anarcho-syndikalistischen Landkommune: „Help! Help! I'm being repressed!“ (Monty Python and the Holy Grail, GB 1975)

Seinen schlechten Ruf bekam das „Mittelelter“ während der Renaissance, die es auch überhaupt erst erfand und durch Jacob Burckhardts weltberühmte fachwissenschaftliche Schrift *Die Geschichte der Renaissance in Italien* (1878) einen eigenen strahlenden Mythos erhielt. Wie stark diese Mythen selbst heute noch Geschichtsvorstellungen verzerren, sieht man daran, dass Hexenverbrennungen oft irrtümlich mit dem Mittelalter assoziiert werden, weil es zu mittelalterlichen Stereotypen so gut zu passen scheint, und eben nicht, wie es korrekt wäre, mit der für so fortschrittlich gehaltenen Frühen Neuzeit. Dabei spielt es auch eine Rolle, dass die relative Modernität von Inquisitionsprozessen heute gar nicht mehr verstanden wird. Die populären Vorstellungen vom Mittelalter differieren mittlerweile so stark von den wissenschaftlichen, dass man in Anlehnung an Valentin Groebner heute von einem „Primär-“ und einem „Sekundärmittelalter“ spricht.[10]

Eine andere Kategorie ließe sich als *Raummythen* bezeichnen.[11] Diese können unter anderem Inseln (z.B. Elysion, die „Insel der Seligen“), vage Gebiete (z.B. „Ultima Thule“), Reiche (z.B. dasjenige des „El Dorado“), Städte (z.B. Atlantis) oder noch kleinere Lokalitäten (z.B. den Jungbrunnen) betreffen. Raummythen spiegeln sich nicht nur in historischen Texten, sondern ebenso in einer Vielzahl von Karten wider.[12] Ähnlich wie bei den Gegenstandsmythen geht es hier inhaltlich oft um Erlösung oder um Macht und Reichtum.

Abbildung 11: Raummythos Arkadien: Et in Arcadia ego. Les Bergers d'Arcadie (Nicolas Poussin, späte 1630er, Öl auf Leinwand, 81 x 121 cm, Louvre)

Ein besonders reichhaltiges Beispiel für einen Raummythos ist die mythische Verklärung der historischen Landschaft Arkadien: Sie stand insbesondere während des 17. Jahrhunderts exemplarisch für ein Zurück-zur-Natur, für die Sehnsucht, aus den Zwängen des von gesellschaftlichen Regeln geprägten Alltags auszubrechen und zwischen antiken Ruinen ein bedürfnisloses, idyllisches ‚Schäferleben' führen zu können, in dem nur gesungen, getanzt, gescherzt und still betrachtet wird: „Et in Arcadia ego!" (lat. = Auch ich in Arkadien!) lautete die gängige Devise.[13]
Dabei zeigt sich, wie sowohl Räume als auch Zeiten zum Teil austauschbare Chiffren sind, denn letztlich bleibt unklar, ob „Arkadien" im Mythos tatsächlich ein Land ist, oder ob es nicht eher ein goldenes Zeitalter beschwört, das entweder unerreichbar in der Vergangenheit liegt, eine paradiesische Zukunft beschreiben soll oder einfach als geistige Parallelwelt aufgefasst wurde.

Realhistorisch weit folgenreicher als der Arkadien-Mythos war derjenige vom sagenhaften Goldland „El-Dorado". Der Glaube an die Existenz des „Goldenen Mannes" und seines Reiches[14] war lange Zeit so stark, dass zahlreiche Expeditionen sich im 16. Jahrhundert auf die strapaziöse Suche nach ihm machten.[15] Erst als das riesige Gebiet des nördlichen Südamerikas als im Wesentlichen erkundet gelten konnte, ließ die Sogwirkung des Mythos nach.

Daneben gibt es auch eine ganze Reihe mythischer Reisebeschreibungen in fantastische Welten, die teilweise einen historischen Kern aufweisen.[16]

Die Sehnsucht nach einer mythischen Welt führt den Mythos nahe an die Utopie, den „Unort", für die exemplarisch Thomas Morus idealtypischer Inselstaat *Utopia* (1516) zu nennen wäre. Der Mythos jedoch ist nicht so konkret wie die bis ins Detail entworfene und damit auch unflexiblere Utopie, an deren reale Existenz wohl auch niemand glaubte, da die Utopie *per definitionem* ein ideeller Ort ist.

Von Raummythen zu unterscheiden sind dezidierte *Wandermythen*. Zwar bewegen auch sie sich bisweilen von einem mythischen Ort fort, über weitere mythische Orte zu einem dann oft realen, aber mythisch aufgeladenen Ort hin (nämlich meist zu einem „gelobten Land"), doch stehen die einzelnen Stationen auf der Wanderung hier symbolisch für die Entwicklung der Gruppe, die den Mythos als ihren eigenen pflegt. Ein prägendes Beispiel ist der biblische Auszug der Israeliten aus Ägypten, ihre wundersame Durchquerung des Roten

Meeres, ihre Wüstenwanderung mit Anfechtungen (Ex, Num) und schließlich die Eroberung Kanaans (Num), des Landes, das Gott ihnen versprochen hatte. (Die neutestamentarische Entsprechung findet sich im Leidensweg Christi entlang der *via dolorosa*. Auch er findet am Kreuz letztlich zur Bestimmung seines Lebens, erleidet dort den Tod und transzendiert mit Überschreiten dieser Schwelle zurück zum Nur-noch-Göttlichen.) An diesem Muster orientierten sich erkennbar zahlreiche andere altweltliche Wandermythen, z.B. jener um die mittelalterlichen Kreuzzüge oder beim (vermutlich erst kolonialzeitlichen) Herkunftsmythos der Azteken. Deren Überlieferung weiß von einem mythischen Ursprungsort namens Aztlan, der ziemlich genau ihrer späteren Stadt Tenochtitlán glich. Auch sie ziehen durch öde Landstriche, müssen Opfer erbringen, erleiden Verluste und müssen Proben bestehen, ehe sie geläutert und gestärkt den Ort erreichen, an dem sie Anfang des 14. Jahrhunderts ihren Staat errichteten. Während sich die letzten Stationen dieses Wandermythos noch genau lokalisieren lassen, verliert sich die erste Hälfte der genannten und beschriebenen Orte im Mythisch-Ungewissen. Entscheidend bei Wandersagen ist in jedem Fall: Die Gruppe, die ankommt, ist nicht mehr dieselbe wie diejenige, die aufbrach.

Abbildung 12: Wandermythos der Azteken: Auf dem Weg in das „gelobte Land" (Tira de Peregrinación/Codex Boturini, 16. Jh., Detail von fol. 4). Die dargestellten Personen stellen Untergruppen der Azteken dar. Auf dem Rücken tragen diese „heilige Bündel" mit ihren Göttern. Auf dem Weg bringen sie Menschenopfer dar.

Eine weitere häufig anzutreffende Mythenart mit Raumbezug ist der *Entrückungsmythos*. Eine typische Spielart dieser Mythen wäre der in vielen Kulturen anzutreffende Bergentrückungsmythos vom Herrscher, der zwar gestorben aber nicht tot ist und im Berg schläft, um einst zurückzukehren und sein Reich wieder aufzurichten. Im deutschen Raum wäre der Kyffhäusermythos hierfür ein Beispiel. Entstanden in den Wirren des Interregnums (1250–1273) nach dem Tod Friedrichs II. und ursprünglich auf diesen gemünzt, verlagerte sich der Mythos im Zuge des erwachenden deutschen Nationalismus allmählich auf dessen Großvater Friedrich I. „Barbarossa", da dieser „deutscher" erschien und sich gegen die Päpste stets besser hatte behaupten können als sein gleichnamiger Enkel. Zudem war „Barbarossas" Grab nicht greifbar wie dasjenige Friedrichs II. und anderer Kaiser, da sein Fleisch in der Kathedrale von Antiochia beigesetzt wurde und seine Knochen in derjenigen von Tyrus im Heiligen Land, wobei das dortige Grab nach der mamelukischen Eroberung 1291 dann aber wohl zerstört wurde und jedenfalls später nicht mehr auffindbar war. Die Gebrüder Grimm widmeten dem Mythos 1816 in ihrer Sammlung die Kunst-Sage „Friedrich Rotbart auf dem Kyffhäuser", ebenso machte Friedrich Rückert den Stoff 1817 populär. Nach der Reichsgründung 1871 wurde dieser Mythos wieder relevant. 1874 beauftragte die Reichsregierung Johann Nepomuk Sepp, das Grab in Tyrus zu lokalisieren und die Gebeine nach Deutschland zurückzubringen, doch Sepp wurde bei seinen Grabungen nicht fündig.[17] Aus Mangel an einer ehrwürdigen Tradition erklärte man, obwohl der neue kleindeutsche, protestantisch dominierte Nationalstaat einen deutlich anderen Charakter hatte als das Heilige Römische Reich (ein Vielvölker-Personenverbandsstaat mit römisch-katholischen Kaisern), dieses zum Vorgänger des neuen Reiches und versuchte, an dessen lange Geschichte anzuknüpfen. Auf der ehemaligen Reichsburg Kyffhausen in Thüringen wurde daher 1890–86 zu Ehren Kaiser Wilhelms I. das Kyffhäuser-Nationaldenkmal errichtet, dessen Hauptfigur den just erwachten Kaiser „Rotbart" darstellt, mit dem Wilhelm nun gewissermaßen versippt wurde.

Entrückungsmythen treffen wir auch in Amerika an: Während der Eroberung Mexikos 1519–21 berichtete Hernán Cortés, dass die Azteken ihn für einen Fürsten hielten, der vor langer Zeit über sie geherrscht und sie dann verlassen hatte – nicht ohne versprochen zu haben, dass er einst wiederkomme und die Herrschaft erneut übernehme. Dieser „entrückte" Fürst wurde in späteren Versionen mit dem gleichnamigen Nahua-Gott Quetzalcóatl und dem Heiligen Thomas vermengt, sodass sich nachträglich kaum noch ergründen lässt, was die Azteken 1519 tatsächlich von den Spaniern gehalten haben mögen. (Vgl. Kap. 6.1.1)

Abbildung 13: Der im Berg „entrückte" Kaiser Friedrich I. Barbarossa, Kyffhäuser-Denkmal (Foto: Reinhard Kirchner, CC BY-SA 3.0)

Im Fall der *Ideenmythen* wird Menschen der Vergangenheit eine bestimmte Vorstellung unterstellt, die sie gar nicht hatten. Ein Paradebeispiel hierfür wäre – als Aspekt des Mythos vom „finsteren Mittelalter" – der Mythos, dass die kirchlich beeinflussten Gelehrten vor Kolumbus und Magellan davon ausgegangen seien, dass die Erde nicht kugelförmig sondern eine flache Scheibe sei. Dieser Mythos wurde noch bis vor Kurzem selbst in Schulbüchern mit einem Stich ‚belegt', der aus dem 19. Jahrhundert stammt und nicht, wie stets ausgewiesen, aus dem 16. Jahrhundert. Richtig ist, dass die führenden Gelehrten (nicht zuletzt in Italien, Spanien und Portugal) immer wussten, dass die Erde eine Kugel war. Lediglich die Ausmaße derselben waren strittig. Wie verbreitet dieser Mythos bis vor Kurzem selbst in Geschichtsschulbüchern noch war, wies 2013 Roland Bernhard nach.[18]

Abbildung 14: Ideenmythos „flache Erde": Der Mensch der Renaissance durchdringt seinen bisher noch engen Horizont, Holzschnitt von Camille Flammarion, 1888 – und nicht aus dem 16. Jahrhundert, wie immer wieder fälschlich behauptet.

Ein weiteres Beispiel wäre das ebenfalls bis vor Kurzem noch in Schulgeschichtsbüchern kolportierte „Augusterlebnis" von 1914 – die irrige Vorstellung, dass es zum Beginn des Ersten Weltkrieges in Deutschland eine alle Gesellschaftsschichten gleichermaßen betreffende Begeisterung für den Krieg gegeben habe. Mittlerweile hat sich herausgestellt, dass dies lediglich einer Wunschvorstellung der Regierung und vieler Intellektueller, Schriftsteller und Künstler entsprach.[19]

Als Sammelbegriff für Vorkommnisse jeder Art ließen sich *Ereignismythen* definieren. Hier lassen sich die große Anzahl an Schlachtenmythen verorten sowie die mit ihnen verwandten Revolutionsmythen. Ebenso jedoch wurden bestimmte als katastrophal empfundene Unglücke wie Schiffsuntergänge oder Terroranschläge als Mythen verarbeitet. Ein Beispiel wäre der berühmte „Sturm auf die Bastille", der in keinem Geschichtsschulbuch fehlen darf, am 14. Juli 1789 stattfand und gemeinhin als Beginn der Französischen Revolution und daher als Geburt der moderne Westlichen Welt gilt. Die ihm im Nachhinein zugemessene Bedeutung erforderte eine heroische Ausschmückung und Überhöhung des Ereignisses. Die militärische Bedeutung der Eroberung der Bastille war jedoch relativ gering. Ungefähr 8.000 bewaffnete Pariser wollten in der von ca. 100 (ausländischen) Söldnern bewachten Festung Waffen für den Aufstand erbeuten. Das Ereignis erlangte seine ungeheure Bedeutung, weil der Kommandant der Bastille das Feuer eröffnen ließ und erstens die Revolution dadurch ihre ersten 98 ‚Märtyrer' erhielt (die später in einer Ehrenliste Aufnahme fanden)[20] und zweitens die Bastille dadurch zum Symbol der Unterdrückung durch das *Ancien Régime* wurde. Seit 1890 ist der 14. Juli der Französische Nationalfeiertag.

Ein anderes Beispiel wäre das „Wunder von Bern", als die Fußballnationalmannschaft der Bundesrepublik Deutschland die WM 1954 überraschend gegen Ungarn gewann. Dieses unter den Deutschen freudig aufgenommene Ereignis, neun Jahre nach Ende des Zweiten Weltkriegs, trug entscheidend dazu bei, dass sich die Bevölkerung der Bundesrepublik mit ihrem 1949 gegründeten Staat identifizierte. Die emsige ‚Arbeit' an diesem Mythos gebar schließlich weitere Untermythen wie den „Geist von Spiez" oder die Rede vom „Fritz-Walter-Wetter". Ein fest verankerter deutscher Erinnerungsort dürfte auch – solange Fußball für viele Deutsche wichtig ist – der mitreißende Live-Radiokommentar Herbert Zimmermanns zu den letzten sechs Minuten des Spiels bleiben: „[...] und Bozsik [...], der rechte Läufer der Ungarn, am Ball. Er hat den Ball – verloren diesmal, gegen Schäfer, Schäfer nach innen geflankt – Kopfball – abgewehrt – aus dem Hintergrund müsste Rahn schießen – Rahn schießt! – Tooooor! Tooooor! Tooooor! Tooooor!" Das Spiel wurde bereits mehrmals verfilmt, u.a. von Sönke Wortmann 2003 – der übrigens auch den ähnlich gelagerten Fußballmythos des „Sommermärchens" (deutscher WM-Titel 2006) auf die Kinoleinwand brachte. Das „Wunder von Bern" befeuerte eine Aufbruchstimmung, die letztlich auch den Mythos des „Wirtschaftswunders" verstärkte, der sich ebenfalls in diese Kategorie der „Ereignismythen" einordnen ließ. (Das starke Wirtschaftswachstum der Bundesrepublik war weder wundersam noch einzigartig, denn einerseits hatten 80% der deutschen Industrieanlagen den Krieg heil überstanden,[21] das *Know-How* sowieso, andererseits war der damalige wirtschaftliche Aufschwung keineswegs nur ein bundesrepublikanisches Phänomen.)

Abbildung 15: Ereignismythos: Helmut Rahn schoss im Berner Wankdorfstadion am 4. Juli 1954 das entscheidende Tor, das die Nationalmannschaft der Bundesrepublik Deutschland erstmals zum Fußballweltmeister werden ließ.

Ereignisse, die als besonders tiefgreifend wahrgenommen werden und schwer begreiflich sind, gehen oft mit *Verschwörungsmythen* bzw., wie Karl Popper sie 1945 nannte, „Verschwörungstheorien"[22] einher. Ich möchte sie allerdings in diesem Buch lieber „Verschwörungsmythen" nennen. Auch wenn die bisweilen zu lesende Argumentation, eine Theorie müsse immer wissenschaftlich sein,[23] nicht zu überzeugen vermag (und wir ja auch bereits festgestellt haben, dass Wissenschaft keinen strikten Gegensatz zum Mythos darstellt), muss man Michael Blume doch darin zustimmen, dass hinsichtlich ihres Charakters die Bezeichnung von Verschwörungstheorien als „Verschwörungsmythen" zweifellos treffender ist.[24]

Diejenigen, die an Verschwörungsmythen glauben, gehen dabei von drei Grundannahmen aus: 1. Nichts geschieht durch Zufall. 2. Die Dinge sind nicht so, wie sie zu sein scheinen oder wie sie offiziell dargestellt werden. 3. Alles hängt irgendwie miteinander zusammen.[25] Dies hat zur Folge, dass von Anhänger*innen dieser Mythen angenommen wird, dass eine kleine, oft nicht näher bestimmbare Gruppe von Personen mächtig genug war oder ist, aus dem Verborgenen heraus Prozesse von z.T. großer und sogar globaler Tragweite zu steuern. Wenn es diesen angeblichen Verschwörern um nichts weniger geht, als die Weltherrschaft zu erringen, und sie zu diesem Zweck angeblich (fast) schon alle öffentlichen Bereiche (v.a. die Presse) unter ihre Kontrolle gebracht haben, sprechen Analytiker*innen, die nicht an diese Mythen glauben, von einer „Superverschwörungstheorie". Es gibt kaum ein neueres historisches Großereignis, an das sich nicht ein oder sogar mehrere Verschwörungsmythen knüpften: sei es der Angriff auf Pearl Harbour (1941, angeblich von der US-Regierung geduldet, um die zögernde Bevölkerung für einen Kriegseintritt der USA zu gewinnen), die Ermordung John F. Kennedys (1963, angeblich von mehreren Tätern oder vom CIA oder ausländischen Mächten verübt), die erste Mondlandung (1969, hat angeblich gar nicht real stattgefunden), die Anschläge von 9/11 (2001, u.a. angeblich von der Bush-Regierung initiiert, um einen Kriegsgrund gegen den Irak zu konstruieren – teilweise wird sogar bezweifelt, dass überhaupt Flugzeuge beteiligt waren), die starken Migrationsbewegungen aus Syrien 2015/16 (angeblich von Feinden Europas oder einzelner Nationalstaaten wie z.B. Ungarns organisiert, um diese zu schwächen, vgl. Kap. 6.2.1) oder die derzeit andauernde Covid-19-Pandemie (angeblich lanciert, um ein weltweites Impfprogramm durchsetzen zu können, das dazu dient, die Geimpften zu kontrollieren).[26] Der historisch wohl folgenschwerste Verschwörungsmythos war derjenige von einer angeblichen globalen Verschwörung von Juden zur Erlangung der Weltherrschaft, der insbesondere von den Nationalsozialisten propagiert wurde und ihnen als Vorwand für die Ermordung aller jüdischer Menschen diente, derer sie habhaft werden konnten (Mythos von der „jüdischen Weltverschwörung“). An diesem Beispiel einer Superverschwörungstheorie sieht man auch, inwiefern bei Verschwörungsmythen alles miteinander zusammenhängt: „Der Jude“ (als Kollektivsingular) steckte angeblich hinter allem, was die Nationalsozialisten als schlecht erachteten, wobei Widersprüche – wie bei anderen Mythen auch – keine große Rolle spielten: hinter der deutschen Kriegsniederlage im Ersten Weltkrieg („dem Dolchstoß“), hinter der Tatsache, dass die Deutschen eben doch nicht ‚reinrassig‘ waren (Juden als „Parasiten“), oder hinter dem Kommunismus und dem ideologischen Feind, der Sowjetunion, („jüdischer Bolschewismus“) – aber genauso hinter dem weltweiten Großkapitalismus, dem Aktien- und Bankensystem, bei dem Individuen wie auch Staaten verschuldet waren („Finanzjudentum“). Ganz pauschal hieß es zur NS-Zeit „Die Juden sind unser Unglück!“ Es wurde unterstellt, dass Juden sich weltweit heimlich gegen Deutschland verschworen hätten. Wer also war schuld daran, dass die Wehrmacht die Rote Armee nicht bezwingen konnte? Wer war schuld daran, dass die USA in den Zweiten Weltkrieg eingriffen? – Nach der Verschwörungslogik des NS-Regimes und seiner Vordenker waren es jeweils „die Juden“. Daher, so die Argumentation, sollten sie wie „Schädlinge“ „ausgerottet“ werden. Der bis zum letzten Tag des „Dritten Reiches“ durchgeführte Mord an den jüdischen Menschen Europas war in der Logik dieses Verschwörungsmythos der Ersatzsieg der Nationalsozialisten und ihrer Unterstützer.[27]

Als „zentrales Referenzdokument“ (Wolfgang Benz) für die Faktizität einer jüdischen Weltverschwörung galten (und gelten manchen noch heute), millionenfach gedruckt, in alle verbreiteten Sprachen übersetzt und frei im Internet zugänglich, die antisemitischen und antifreimaurerischen sogenannten „Protokolle der Weisen von Zion“.[28] Vermutlich Anfang des 20. Jahrhunderts im zaristischen Russland entstanden, erfuhren sie zahlreiche Erweiterungen und bekamen weltweit, v.a. auch in Deutschland in Verbindung mit dem Dolchstoßnarrativ nach der Kriegsniederlage 1918, eine verhängnisvolle Wirkmacht. Das NS-Regime vermied allerdings eine direkte Bezugnahme auf die Schrift und ließ sie seit 1939 nicht wieder auflegen, da es wohl befürchtete, dass man in vielen darin den jüdischen Verschwörern unterstellten Herrschaftsentwürfen ihre eigenen wiedererkennen würde.

Die Zionistischen Protokolle

Das Programm der internationalen Geheim-Regierung

Hammer-Verlag / Leipzig

Abbildung 16: Verschwörungsmythos: „Die Zionistischen Protokolle“. Antisemitische Hetzschrift von Theodor Fritsch (1852–1933). Hammer-Verlag. Leipzig, 1924

Ebenso äußerte es sich widersprüchlich dazu, ob es die „Protokolle“ für authentisch oder für eine Fälschung hielt. Stattdessen beriefen sich die Nationalsozialisten lieber allgemein auf die „innere Wahrheit“ des damals allseits bekannten Textes.[29] (Auf die Frage, auf welche Weisen Mythen geglaubt werden können und dass sie nicht einfach als Gegenpol zur „Wahrheit“ aufgefasst werden dürfen, wurde bereits hingewiesen.) Soweit zur inhaltlichen Ebene. Auf der Deutungsebene lässt sich folgende Unterscheidung von Mythen vornehmen:

Bezeichnung	Beispiel
Gründungsmythos	„753“: Gründung Roms durch Romulus und Remus, Rütlischwur
Erfolgsmythos (u. Rettungsmythos)	Thesenanschlag Luthers, Schlacht von Marathon
Untergangsmythos (u. Opfermythos)	Schlacht bei den Thermopylen, Selbstmord Hitlers

Tabelle 5: Die Deutungsebene historischer Mythen

Bei dieser Auflistung will bedacht sein, dass sowohl die Erfolgs- als z.T. auch die Untergangsmythen als Gründungsmythen fungieren. Das leuchtet bei den Erfolgsmythen sofort ein. Bei den Rettungsmythen wird das „Gerettete“ auf eine höhere, gefestigtere Stufe gestellt. Durch z.B. die Schlacht von Marathon wurden nicht nur die Kernländer der Hellenen und (viel später) „Europa“ gerettet, sondern zugleich Athens Suprematieanspruch über alle anderen Griechen und seine Vorbildfunktion für die wehrhaften Demokraten Europas begründet.[30] Wie aber verhält es sich mit den Untergangsmythen? Hier gilt das Prinzip des Mythos vom Phönix, der zwar verbrennt, sich aber dann verjüngt aus der eigenen Asche erhebt. Auf diese Weise können Katastrophen entweder zu transzendierenden Wandlungen oder inszenierten Opfern gedeutet werden. Den ersten Fall haben wir fast idealtypisch in der biblischen Geschichte von der Kreuzigung und Auferstehung Christi. Das Christentum ist der beste Beweis dafür, wie gut Untergangsmythen als Gründungsmythen funktionieren. Das Kreuz – der römische Galgen – hat es auf diese Weise zum Symbol einer Weltreligion gebracht. In anderen Untergangsmythen steht das Selbstopfer im Vordergrund. Dieses Opfer gilt, indem man bewies, dass man bis zum Äußersten zu gehen bereit war, einerseits als Warnung für zukünftige Feinde, andererseits als anspornendes Vorbild für die Erben, die auf dieser Grundlage die reinigende Wiedergeburt einläuten können. Nicht umsonst führten römische – und sogar noch mittelalterliche – Adelsgeschlechter ihre Abstammung auf Überlebende des untergegangenen Troja zurück.[31] Für die spätere deutsche Geschichte ist der Untergangsmythos der Nibelungen die maßgebliche Vorlage: Auch als die Burgunden merken, dass sie in die Falle gelockt werden sollen, aus der es kein Entkommen mehr geben kann, denken sie keinen Augenblick an Flucht, sondern stellen sich der Rache Krimhilds und entscheiden sich damit bewusst für den Tod. Die Wirkung dieses Mythos für die Politik und Geschichte des Deutschen Reiches kann kaum überschätzt werden. Nicht umsonst behandelt der erfolgreichste historische Roman der Gründerzeit (!) einen Untergangsstoff: Felix Dahns *Ein Kampf um Rom* (1876) schildert auf über tausend Seiten den heldenhaften Untergangskampf der Ostgoten in Italien. Auf die Spitze trieben den demonstrativen Untergang zahlreiche führende Nationalsozialisten. Nachdem sie zunächst versucht hatten, die in Stalingrad untergegangene 6. Armee zu nationalsozialistischen Burgunden zu stilisieren, inszenierten sie bei Kriegsende den eigenen Tod. Obwohl nicht alle Hitlers Beispiel folgten, waren es doch weit mehr als bislang bekannt, die nicht nur sich selbst, sondern z.T. sogar ihre Familien töteten.[32] Wenn die Hymne der DDR mit der Zeile „Auferstanden aus Ruinen“ begann,[33] dann machte man sich hier ebenfalls den Mythos der auf den ‚totalen Krieg‘ folgenden ‚totalen Niederlage‘ zu Nutze – wenn auch nicht im Sinne Hitlers, sondern begründete damit den Mythos, dass die Katastrophe von 1945 ein reinigendes Feuer gewesen sei, auf dass nun „die Sonne, schön wie nie/über Deutschland scheint“.

Zu den Personenmythen ist hinsichtlich der Deutungsebene zu ergänzen, dass es sich dort zumeist um Heldenmythen handelt. Diese Helden dienen in der großen Mehrheit als positive Identifikationsfiguren, doch finden sich auch einige Schurken (wie z.B. Billy the Kid oder Jack the Ripper) darunter. Hier stehen bei der Rezeption Grusel und Sensationslust im Vordergrund. In nicht wenigen Fällen ist jedoch des einen Held des anderen Schurke (z.B. Ernesto „Ché“ Guevara oder Osama bin Laden), sodass sich hier oft keine rezipient*innenunabhängige Klassifikation vornehmen lässt.

Kommen wir schließlich zur Wirkungsebene. Hier nimmt Odo Marquard die erkenntnistheoretisch wichtige Differenzierung zwischen *Monomythos* und *Polymythos* vor.[34]

Bezeichnung	Beispiel
Monomythos	„jüdische Weltverschwörung"
Polymythos	Mythos Kreuzzüge

Tabelle 6: Die Wirkungsebene historischer Mythen

Als Monomythos bezeichnet Marquard einen Mythos, der keine konkurrierenden Mythen neben sich duldet. Derartige Mythen treten vor allem in autokratischen Regimen auf. Ein Beispiel wäre der bereits mehrmals genannte Mythos von der „jüdischen Weltverschwörung". Der Glaube an die Gefahr, die angeblich von Juden für Deutschland ausging, war zur Zeit des Nationalsozialismus geradezu Staatsdoktrin.

Der Polymythos ist die typischere und harmlosere Variante. Er zeichnet sich durch eine besondere Vieldeutigkeit, durch synchronen Variantenreichtum und große Wandelbarkeit aus.

Man könnte andererseits mit Karl-Joachim Hölkeskamp von *primären Mythen* sprechen, die gezielt gestiftet werden – diese werden dann meist zu verordneten Monomythen – und *sekundären Mythen*, die kollektiv diskursiv ausgehandelt werden.[35] Als um 1800 die Monomythen der Aufklärung wirkmächtig wurden, verschwanden Polymythen deswegen jedoch nicht einfach. Sie lebten nach Marquard in der Kontroversität beispielsweise sowohl innerhalb der Geschichtswissenschaft als auch historischer Romane fort.[36] Inhaltlich wäre ein solcher Polymythos derjenige der Kreuzzüge,[37] denn kaum ein historisches Thema wurde und wird so kontrovers diskutiert wie dieses. Es beginnt damit, dass der Begriff ‚*Crusade*' im Englischen ganz allgemein den leidenschaftlichen Einsatz für eine gute und gerechte Sache meint, während das deutsche Wort ‚Kreuzzug' heute einen intoleranten Angriff auf den liberalen Zeitgeist meint. Bezeichnend ist auch, dass zu den Kreuzzügen fast für jede der involvierten Gruppen (bzw. der sich als deren Erben verstehenden Gruppen) eigene Zählungen vorliegen, da von diesen ganz unterschiedliche Kampagnen als ‚Kreuzzüge' gewertet werden. Und schließlich ist das Phänomen, an das sich weitere Mythen wie zum Beispiel derjenige um die Tempelritter oder den Heiligen Gral ranken, auch heute noch zumindest als Metapher präsent. Die sehr unterschiedlichen Erinnerungen an die Kreuzzüge sind aber vielfach mit Emotionen geladen und für jedes Land Europas und des Mittelmeerraumes ein relevantes Thema.[38]

1 Weitentwickelt auf Basis von: Hein-Kircher, Heidi, Überlegungen zu einer Typologisierung von politischen Mythen aus historiographischer Sicht – ein Versuch, in: dies.; Hahn, Hans Henning (Hg.), Politische Mythen im 19. und 20. Jahrhundert in Mittel- und Osteuropa, Marburg 2006, S. 407–424, hier S. 411–413.

2 Baum, Wilhelm, Die Verwandlungen des Mythos vom Reich des Priesterkönigs Johannes. Rom, Byzanz und die Christen des Orients im Mittelalter, Klagenfurt 1999.

3 Krumeich, Gerd, Jeanne d'Arc. Die Geschichte der Jungfrau von Orleans, München 2006.

4 Weber, Max, Wirtschaft und Gesellschaft: Soziologie: unvollendet 1919–1920, in: ders., Studienausgabe der Max-Weber-Gesellschaft, Bd. 23, hg. von Borchardt, Knut; Hanke, Edith u. Schluchter, Wolfgang, Tübingen 2014, S. 490–491.

5 Oviedo y Valdés, Gonzalo Fernández de, Historia general y natural de las Indias [1535], lib. VI., cap. XXXIII.

6 Mittlerweile ist allein hier eine ganze Industrie anhänglich. (http://pirates.disney.com/, abgerufen 28.8.2016). Disney, Playmobil, Lego und andere Labels sind längst auf den Zug aufgesprungen.

7 Mertens, Volker, Der Gral. Mythos und Literatur, Stuttgart 2003.

8 Der wohl bekannteste dieser Splitter befindet sich im Reichskreuz (urspr. 1024–1030), heute in der Schatzkammer der Wiener Hofburg ausgestellt.

9 Buck, Thomas Martin, Das Mittelalter zwischen Vorstellung und Wirklichkeit, in: ders.; Brauch, Nicola (Hg.), Das Mittelalter zwischen Vorstellung und Wirklichkeit. Probleme, Perspektiven und Anstöße für die Unterrichtspraxis, Münster/New York/München/Berlin 2011, S. 21–54.

10 Buck, Thomas Martin, Das Mittelalter – ein „erkalteter Erinnerungsort" der vormodernen europäischen Geschichte, in: Hinz, Felix; Körber, Andreas (Hg.), Geschichtskultur – Public History – Angewandte Geschichte. Geschichte in der Gesellschaft: Medien – Praxen – Funktionen, Göttingen 2020, S. 513–531, hier S. 514.

11 Eco, Umberto (Hg.), Die Geschichte der legendären Orte und Städte, München 2013; Manguel, Alberto; Guadalupi, Gianni, The Dictionary of Imaginary Places, San Diego/New York/London 1999.

12 McLeod, Judith A., Atlas der legendären Länder. Von Atlantis bis zum Garten Eden, Hamburg 2012.

13 Maisak, Petra; Fiedler, Corinna, Arkadien. Landschaft vergänglichen Glücks, Frankfurt/M./Leipzig 1992.

14 Gemeint war ein sagenhafter Herrscher, der über so viel Gold verfügte, dass er es sich leisten konnte, über und über mit Gold bestäubt rituelle Bäder zu nehmen.

15 Hinz, Felix, Conquest and Creation of New Empires. Spanish-Indian Encounters, in: Aldrich, Robert; McKenzie, Kirsten (Hg.), The Routledge History of Western Empires, New York 2014, S. 17–32, hier S. 22–25.

16 Pleticha, Heinrich (Hg.), Die Fahrt nach nirgendwo. Erdachte Reisen – erfundene Länder, Stuttgart/Wien 2003.

17 Görich, Knut, Friedrich Barbarossa. Eine Biografie, München 2011, S. 11–18, S. 600 u. S. 649–651.

18 Bernhard, Roland, Geschichtsmythen über Hispanoamerika. Entdeckung, Eroberung und Kolonisierung in deutschen und österreichischen Schulbüchern des 21. Jahrhunderts, Göttingen 2013, S. 41–110.

19 Ullrich, Volker, Kriegsbegeisterung, in: Hirschfeld, Gerhard; Krumeich, Gerd u. Renz, Irina (Hg.) in Verbindung mit Pöhlmann, Markus, Enzyklopädie Erster Weltkrieg, Paderborn 2014, S. 630–631, hier S. 630.

20 Thamer, Hans-Ulrich, Die Französische Revolution, München [5]2019, S. 34.

21 Echterkamp, Jörg, Die Bundesrepublik Deutschland 1945/49–1969, Paderborn/München/Wien/Zürich 2013, S. 25.

22 Popper, Karl, Die offene Gesellschaft und ihre Feinde. Bd. II: Falsche Propheten: Hegel, Marx und die Folgen, Tübingen [8]2003, S. 111.

23 Blume, Michael, Verschwörungsmythen. Woher sie kommen, was sie anrichten, wie wir ihnen begegnen können, Ostfildern [2]2020, S. 19.

24 Ebd.

25 Butter, Michael, „Nichts ist, wie es scheint." Über Verschwörungstheorien, Berlin [3]2020, S. 22.

26 Vgl. auch: Levy, Joel, Verschwörungstheorien. 50 umstrittene Verschwörungen und was wirklich dran ist, Köln 2019.

27 Snyder, Timothy, Bloodlands. Europa zwischen Hitler und Stalin, München [5]2015, S. 226 u. S. 235.

28 Vgl. Benz, Wolfgang, Die Protokolle der Weisen von Zion: Die Legende von der jüdischen Weltverschwörung, München 2019.

29 Hagemeister, Michael, Die Protokolle der Weisen von Zion, in: Reinalter, Helmut (Hg.), Handbuch Verschwörungstheorien, Leipzig 2018, S. 209–215, hier: S. 212.

30 Hölkeskamp, Karl-Joachim, Mythos und Politik – (nicht nur) in der Antike. Anregungen und Angebote der neuen „historischen Politikforschung", in: Historische Zeitschrift 288 (2009), S. 1–50, hier S. 29–31.

31 „Die ungebrochene Bedeutung der Troja Deszendenz nicht nur für das ‚self-fashioning' einzelner Familien, sondern auch für ganz verschiedene und verschiedenartige Selbst-Definitionen von Völkern, Dynastien und Städten im Europa des Mittelalters ist [...] ein besonders beeindruckendes Beispiel sowohl für die Langlebigkeit als auch die geradezu universellen Anschlußmöglichkeiten, die dieser Mythos bot." (Hölkeskamp, Karl-Joachim, Mythos und Politik – (nicht nur) in der Antike. Anregungen und Angebote der neuen „historischen Politikforschung", in: Historische Zeitschrift 288 (2009), S. 1–50, hier S. 25).

32 Liebrandt, Hannes, „Das Recht mich zu richten, das spreche ich ihnen ab!" Der Selbstmord der nationalsozialistischen Elite 1944/45, Paderborn 2017.

33 Gedichtet von Johannes R. Becher, 1949.

34 Marquard, Odo, „Lob des Polytheismus", in: Barner, Wilfried; Detken, Anke u. Wesche, Jörg (Hg.), Texte zur modernen Mythentheorie, Stuttgart 2012, S. 222–238, hier S. 227.

35 Hölkeskamp, Karl-Joachim, Mythos und Politik – (nicht nur) in der Antike. Anregungen und Angebote der neuen „historischen Politikforschung", in: Historische Zeitschrift 288 (2009), S. 1–50, hier S. 3.

36 Marquard, Odo, „Lob des Polytheismus", in: Barner, Wilfried; Detken, Anke u. Wesche, Jörg (Hg.), Texte zur modernen Mythentheorie, Stuttgart 2012, S. 222–238, hier S. 236.

37 Vgl. Jaspert, Nikolas, Ein Polymythos: Die Kreuzzüge, in: Altrichter, Helmut; Herbes, Klaus u. Neuhaus, Helmut (Hg.), Mythen der Geschichte, Freiburg/Br. 2004, S. 203–235. Vgl. auch: Hinz, Felix, Mythos Kreuzzüge. Selbst- und Fremdbilder in historischen Romanen (1786–2012), Schwalbach/Ts. 2014.

38 Vgl. Hinz, Felix; Meyer-Hamme, Johannes (Hg.), Controversial Histories. Current Views on the Crusades, Abingdon/New York 2020.

4. Mythen und Geschichtsdidaktik

4.1 Mythen in der geschichtsdidaktischen Forschung

Die Fachliteratur zur Historik und Geschichtsdidaktik hat sich des Themas ‚Mythen' bislang nur zaghaft angenommen. Womöglich als zu wenig griffiger Gegenstand gemieden, findet es allenfalls am Rande Erwähnung. Zwar erkennt Eugen Kotte im Verlauf der 1990er Jahre einen Schub in der historisch-politischen Beforschung des Mythos, doch die Ergebnisse aus dieser Zeit sind noch zu wenig differenziert. Offensichtlich haben Wolfgang E. J. Weber,[1] Frank Becker,[2] Anne Völker-Rasor,[3] Herfried Münkler[4] oder Eugen Kotte selbst recht verschiedene Mythenbegriffe und versuchen zudem – international (notwendig) und interdisziplinär (ebenfalls notwendig, aber die Gefahr der Verwirrung bergend) – eine *Gesamtdefinition*, was zum Scheitern verurteilt sein musste. Symptomatisch ist der Versuch Kottes, der, die Ergebnisse 2010 zusammenzufassend, für seine Begriffsbestimmung in endlos addierenden Sätzen eine ganze Seite benötigt.[5] In *Geschichte lernen* 52 (1996) stellt Hans-Jürgen Pandel, der zu den wenigen dezidierten Geschichtsdidaktiker*innen gehört, die für den Mythos größeres Interesse aufbrachten, im Basisartikel die wichtige Leitfrage: „Sagen, Mythen, Legenden – Wieviel Fiktion verträgt unser Geschichtsbewusstsein?"[6] Allerdings erfährt der Mythos in diesem Beitrag noch eine lediglich negative Konnotation und wird tendenziell als etwas Primitives betrachtet. In seinem späteren Werk über historisches Erzählen versucht Pandel, den Mythos als eine bestimmte Erzählform zu fassen,[7] was sich aus gezeigten Gründen ebenfalls als nicht überzeugend erwies. Auf diesem Irrweg wandelte er freilich nicht allein. Da gegenwärtig die domänenspezifische narrative Kompetenz gleichsam als historische Königskompetenz gilt, wird auf den Mythos immer wieder in dieser Weise rekurriert.

Den zielführenderen Ansatz, Mythen als eigene Formen historischen Denkens aufzufassen und sich Gedanken über ihre spezifischen Funktionsweisen zu machen, verfolgte innerhalb der geschichtsdidaktischen Zunft bislang – soweit ich sehe – außer wiederum Hans-Jürgen Pandel niemand. Den ertragreichsten Versuch, eine Typologie von Mythen zu entwerfen und von dort aus über den Mythos als Phänomen nachzudenken, unternahm bislang 2006 die Neuzeit-Historikerin Heidi Hein-Kircher.[8] Von hier und dem Tagungsband *Mythen in deutschsprachigen Schulgeschichtsbüchern* (2017)[9] ausgehend wurden im selben Jahr gemeinsam mit Roland Bernhard, Susanne Grindel und nicht zuletzt Johannes Meyer-Hamme erste Vorüberlegungen zu dem in diesem

Band (Kap. 2–3) präsentierten Tableau zu Typologie, Eigenschaften und Funktionen historischer Mythen entwickelt.[10]

Dass es historische Mythen gab und gibt, lag schon lange auf der Hand. Politik und Schulbuchverlage waren daher bislang gezwungen, auch ohne ausgegorenes wissenschaftliches Rüstzeug auf die Tatsache zu reagieren, dass das Fach Geschichte sich nicht nur historischen Mythen zu stellen hat, sondern (dies war den Praktiker*innen weniger bewusst und den Politiker*innen weniger wichtig offenzulegen) auch selbst Mythen produziert. Welcher Art waren die Unterrichtsmaterialien, die auf dieser Grundlage bisher erstellt wurden?

Beginnen wir mit den von den Kultusministerien vorgegebenen deutschen Bildungsplänen für das Fach Geschichte, nach dem sich Schulgeschichtsbücher und der schulische Geschichtsunterricht auszurichten haben. Dort wird deutlich werden, dass die bisherige geschichtswissenschaftliche und geschichtsdidaktische Mythenforschung, vielleicht weil sie zu wenig griffige Ergebnisse lieferte, bis auf den eine allgemeinverständliche Sprache findenden Münkler gar nicht rezipiert wird – von Ansätzen anderer Disziplinen ganz zu schweigen.

4.2 Mythen als Thema in den Bildungsplänen

Ein Blick in die Lehrpläne zeigt, dass die großen mythischen Epen wie *Ilias*, *Odyssee* oder das *Nibelungenlied* Schüler*innen heute eher im Fach Deutsch sowie gegebenenfalls in den Fächern Altgriechisch und Latein begegnen. Im Fach Geschichte ist dies nur selten der Fall. Aus Sicht der Politik, die eine bestimmte kollektive Identität fördern möchte, liegen die Stärken der antiken Mythen in ihrer religiösen und ethnischen Neutralität,[11] sodass sie gleichsam zum humanistischen Bildungskanon gezählt werden können. Germanische Mythen hingegen gelten seit ihrer rassisch-ideologischen Indienstnahme durch den Nationalsozialismus als nachhaltig desavouiert und fristen heute allenfalls noch in Wagners Opern ein auf die deutsche ‚Hochkultur' beschränktes Dasein.

Seit vielen Jahren ist die Tendenz festzustellen, dass in den Curricula der Kernbereich „volkstümliche Bildung" (Heimatsagen, mythisierende Historien, Brauchtum) gekürzt wird, um Raum zu schaffen für Themen gesellschaftlicher, wirtschaftlicher, naturwissenschaftlicher und technischer Art, die die Lebenswirklichkeit der Schüler*innen vermeintlich stärker beeinflussen.[12] In den deutschen gymnasialen Bildungsplänen sind im Fach Geschichte (Stand 2021) in den einzelnen Bundesländern folgende Thematisierungen von Mythen explizit erwähnt:

Bundesland	Sekundarstufe I	Sekundarstufe II
Baden-Württemberg	„die Expansion Roms zum Großreich darstellen (Gründungsmythos; Imperium: Expansion, Imperium Romanum)"	--
Bayern	--	„‚Volk' als Konstrukt eines Geschichtsbildes: Rom und die Germanen am Beispiel von Arminius/Hermann; Rolle historischer Ursprungsmythen bei der ‚Erfindung der Nation' in späteren Epochen"
Berlin	--	--
Brandenburg	--	--
Bremen	--	--
Hamburg	--	--
Hessen	„Sagengestalten: Achill und Odysseus" „Gründungssage Roms 753 v. Chr."	--
Mecklenburg-Vorpommern	„Einige griechische Sagen kennenlernen und deuten" „Troja; Mykene und Schliemann: Am Beispiel archäologischer Ausgrabungen Zusammenhänge zwischen Mythen und Geschichte erschließen (Exkursion nach Neubukow oder Ankershagen)" „den Mythos des Sturms auf die Bastille beurteilen" „der Mythos Napoleon im historischen Spielfilm"	--
Niedersachsen	„die Welt der Griechen (z. B. [...] Mythos und Logos)" „Elemente der nationalsozialistischen Ideologie [...]: Führermythos"	„Mythos ‚Renaissance'" „Nation – Begriff und Mythos (z. B. Münkler)" [als ein Wahlmodul:] „Mythen • Beispiele von Mythen (z. B. Troja, Nibelungen, Wilder Westen, Che Guevara, Ostalgie) • Analyse und Dekonstruktion der Inhalte und Intentionen • Rekonstruktion (z. B. Ausstellung, Essay, Leserbrief)" „Analyse und Dekonstruktion der Inhalte und Intention historischer Filme/Filmsequenzen, Geschichtsportale (Entmythisierung)" „Mythenbildung und Entmythisierung: [...] • Bedeutung und Funktion von Mythen • Einzelfallanalyse von Mythen, u. a. Arminius/Hermann, Tannenberg, ‚Stunde Null' • das ‚deutsche Mittelalter' – Mythos und Realität"
Nordrhein-Westfalen	--	--

Bundesland	Sekundarstufe I	Sekundarstufe II
Rheinland-Pfalz	--	„vgl. die Beurteilung Bismarcks u. a. als: Mythos der Nationalisten und Faschisten, ‚der weiße Revolutionär', ‚Wegbereiter Hitlers', ‚Realpolitiker', ‚Preuße'"
Saarland	[die SuS] „vergleichen den Gründungsmythos Roms mit den tatsächlichen Ursprüngen der Stadt" „Auswertung von Sagen und Legenden aus dem Nahraum (z. B. zum Hl. Wendelin)"	„Dekonstruktion, Hinterfragen von Geschichtsdarstellungen, Deutungen, Vorurteilen, Mythen und Legenden"
Sachsen	--	„Ausdrucksformen nationalen Selbstverständnisses – Die Wirkung von Mythen: Beurteilen der Funktion von Mythen zur Definition der Nation: Legitimationsfunktion von Mythen Mythen als Ausdruck des Kampfes gegen Unterdrückung und für Freiheit • Frankreich: Johanna von Orleans • USA: Revolution und Freiheitsmythos im Film • Deutschland: Schlacht im Teutoburger Wald • Schweiz: ‚Rütlischwur'" „Mythen als nationale Identitätsstifter am Beispiel Frankreich – Idee von Staatsnation und Freiheit: Auswahl eines Beispiels: Karl der Große, Johanna von Orleans, Napoleon, Sturm auf die Bastille" „Mythen zu Begründung der Staatsnation aus der Kulturnation und deren Ausdrucksformen im Deutschen Kaiserreich: Auswahl eines Beispiels: Arminius/Hermann, Barbarossa, Friedrich der Große, Bismarck" „Mythen und ihre Instrumentalisierung in der Weimarer Republik und im Nationalsozialismus: • Dolchstoßlegende • Preußenkult im Film"
Sachsen-Anhalt	„Götter und Mythenwelt"	--
Schleswig-Holstein	--	„Die Idee der Nation: Die Nation – ein Mythos?"
Thüringen	„Welt- und Menschenbilder: [...] mythische und religiöse Vorstellungen" „Barbarossalegende – Funktion eines Herrschermythos"	--

Tabelle 7: Thematisierung historischer Mythen in den Kernlehrplänen Geschichte Gymnasium der Länder (2021)

Die Zusammenstellung zeigt, dass Mythen zwar in den meisten gymnasialen Bildungsplänen des Fachs Geschichte Erwähnung finden, allerdings durchgängig auf Basis oberflächlicher und auch keineswegs einheitlicher Mythenbegriffe. So werden Mythen einmal im religiösen Verständnis als Geschichte, die von Göttern, Halbgöttern und Helden handelt, oder aber im historisch-politischen Sinn verstanden (vgl. Kap. 1), einmal als Mythos durch Fiktionalisierung, einmal als solcher durch Überhöhung, während Monomythen nirgends von Polymythen unterschieden werden. D.h. ein Gefühl für die Relevanz von Mythen ist vorhanden – insbesondere in Niedersachsen, wo das Thema 2017 sogar Abiturthema war –, aber ohne sich dabei auf eine bestimmte Mythentheorie zu stützen. Unter denjenigen Bildungsplänen, die Behandlung von Mythen fordern, herrscht darüber kein Konsens, welchen Mythen ein besonderer Bildungswert zukommt: mehrfach genannt werden die Sage von Romulus und Remus (3x Sek. I) sowie der „Hermann"-Mythos (3x Sek. II). Ansonsten wird eine bunte Mischung aus griechischen (z.B. *Ilias*, *Odyssee*), internationalen (Ché Guevara), deutschnationale (z.B. Nibelungensage, Barbarossa/Barbarossalegende, Friedrich der Große, Bismarck, Dolchstoßlegende, Führermythos), weiteren nationalen (z.B. Rütlischwur, Johanna von Orleans, Sturm auf die Bastille, Napoleon, Wilder Westen) sowie lokalen Mythen (z.B. St. Wendelin) angeführt. Der Europa-Mythos wird nirgends erwähnt, was politisch aufschlussreich ist. In den Konkretisierungen überwiegen klar (deutsch-)nationale Mythen.

Während es in der Sekundarstufe I um das Kennenlernen von Mythen gehen soll sowie in der Beurteilung ihres Gehalts an realgeschichtlichen Fakten, wird für die Sekundarstufe II ein Hinterfragen der Funktionen von Mythen gefordert. Das macht hinsichtlich einer Steigerung der Anforderungsniveaus Sinn. Allerdings fällt auch auf, dass in fünf Bundesländern Mythen in den Bildungsplänen überhaupt nicht vorkommen, und in neun nur in entweder der Sekundarstufe I oder in der Sekundarstufe II, wobei entweder also nur Grundlagen gelegt werden oder aber man in der Sekundarstufe II mit der Tür ins Haus fällt. Lediglich Niedersachsen und das Saarland führen ihre Schüler*innen in der Sekundarstufe I an Mythen heran, um das Thema dann in der Sekundarstufe II auszubauen. Unter dem Strich muss man feststellen, dass dieser Befund der Relevanz historischer Mythen für das Geschichtsbewusstsein nicht gerecht wird.

Gehen wir abschließend noch einmal einige Schritte zurück und betrachten die deutschen Bildungspläne aus der Distanz: Seitens der Politik, die Lehrpläne meist nur ‚fortschreibt' statt sie nach jedem Regierungswechsel grundlegend umzugestalten, ist es durchaus gewollt, dass die Eltern sich mit ihren Kindern über das im Geschichtsunterricht Gelernte verständigen können, denn der Geschichtsunterricht soll auch generationenübergreifende historische Identität schaffen. Allein schon der allen vertraute Themen-Kanon birgt in seiner Lenkung auf Identität seine Mythen: Warum Ägypten und nicht Babylon? (Weil Ägypten Moses in Ägypten gut aufgenommen wurde und die Heilige Familie nach Ägypten floh, und weil der Turm zu Babel von Gott vernichtet wurde und die Babylonier den Tempel zerstörten. Hier wird der frühere Einfluss der Kirche auf die Lehrpläne noch deutlich.) Warum die Griechen? (Weil sie religionsübergreifend als europäisches Bildungsgut, Athen als Wiege der Demokratie und die Hellenen insgesamt als Verteidiger Europas angesehen wurden/werden.) Warum Rom? (Weil Rom als paradigmatisches Imperium gilt, als dessen Erbe sich erst das Heilige Römische Reich, dann das Deutsche Reich und schließlich auch die Bundesrepublik mit dem Bundesadler sahen bzw. sehen, weil das römische Recht bis heute einflussreich ist und weil Rom später mit der Christianitas als identisch betrachtet wurde.) Von Rom aus geht es dann (bisweilen über das römische Germanien – aber meist nur das römische) mitten ins westeuropäische Mittelalter. Dieser inhaltliche Kanon ist seit Bestehen des Geschichtsunterrichts stabil und bietet mit seinen geografischen Sprüngen eine ganz spezielle Perspektive auf Geschichte, die man theoretisch auch ganz anders konstruieren könnte. (Was ist z.B. mit China, dem viele Entwicklungen gebühren, die gemeinhin Europa zugeschrieben werden? Was ist mit den Slawen, die in weiten Teilen des heutigen Deutschlands siedelten? Was ist mit Byzanz, der christlichen Supermacht des Mittelalters?)

4.3 Mythen in Geschichtsschulbüchern

Die seitens der Kultuspolitik der Länder noch immer zu beobachtenden Tendenzen, in der Geschichte nicht zuletzt eine ‚Lehrmeisterin des Lebens' und mithin auch eine Ansammlung politisch und moralisch bedeutsamer Lehrstücke zu sehen, setzt sich in den Schulgeschichtsbüchern, die in den meisten Bundesländern noch ein Prüfverfahren bestehen müssen, bevor sie an Schulen eingesetzt werden dürfen, fort.[13] Nicht umsonst gelten Schulgeschichtsbücher als „unsere soziale und nationale Autobiografie"[14] und erweisen sich daher immer wieder als ergiebige kultur- und v.a. mentalitätsgeschichtliche Quellen. War im 19. Jahrhundert ein völlig unbekümmerter Umgang mit mythischen Elementen in Geschichtsschulbüchern zu beobachten, die noch echte Helden kannten, an denen sich z.B. die männliche Jugend für kommende Kriege ein Beispiel nehmen sollte, ist damit spätestens im Zuge der 68er-Bewegung Schluss. Statt des Paukens der großen nationalen Meistererzählung wurde nun das eigenständige Denken der Lernenden in den Fokus gerückt, was auch als Bollwerk gegen politische Leichtgläubigkeit und damit als ein Stück Demokratie-Erziehung gedacht war. Seitdem werden Mythen in Schulgeschichtsbüchern (teilweise den Bildungsplänen folgend) bisweilen explizit thematisiert. Eine kleine Stichprobe unter Werken, die nach dem Jahr 2000 publiziert wurden, ergab, dass z.B. im Hinblick auf das niedersächsische Abiturthema 2017 „Mythen" Buchners *Kolleg Geschichte* (Ausgabe Niedersachsen Abitur 2017) dem Thema „Nation – Begriff und Mythos" und „Mythos und Identität" sechs Seiten widmete, wobei es unter anderem darum geht, wie die Mythen um Arminius, Luther und die „Stunde Null" ' zusammenhängen.[15] Das ebenfalls im Buchner-Verlag erschienene Schulgeschichtsbuch *Das waren Zeiten 2 Berlin-Brandenburg* von 2017 thematisiert (wenngleich im Bildungsplan nicht gefordert) auf einer ganzen Seite mit Foto, kritischem Darstellungstext und Aufgaben den Mythos „Trümmerfrauen",[16] *Reise in die Vergangenheit, Baden-Württemberg 5/6, differenzierte Ausgabe* von Westermann (2016) auf einer Doppelseite das Thema Troja unter der Überschrift „Mythos und Archäologie",[17] das *Kursbuch Geschichte* von Cornelsen (2014) auf einer Doppelseite den „Hermann"-Mythos.[18] Bei anderen Verlagen wird man nur hier und da fündig. *Geschichte und Geschehen 5* (Sekundarstufe 1) aus dem Hause Klett (2007) widmet z.B. drei Seiten Material der Frage, ob Europa Mythen brauche (was in den Bildungsplänen wie gesagt unterbelichtet blieb), sowie eine Seite wiederum dem „Hermann"-Mythos.[19] Doch zum klassischen Methodenrepertoire von Schulgeschichtsbüchern gehört der Umgang mit Mythen bisher eindeutig nicht – auch nicht in der Oberstufe.[20]

Einem Mythos allerdings wird noch heute in Schulgeschichtsbüchern eine solche Bedeutung zugemessen, dass er in praktisch keinem Kapitel zur römischen Geschichte fehlen darf: der Sage von „Romulus und Remus" – eigentlich immer illustriert durch die Kapitolinische Wölfin. Beispiele wurden in Werken *aller* einschlägiger

Verlage gefunden: C.C.Buchner, Cornelsen, Klett, Oldenbourg, Schöningh und Westermann. Offenbar halten ihn die Herausgeber*innen, Autor*innen und Redakteur*innen von Schulgeschichtsbüchern unabhängig von meist fehlenden Vorgaben der Bildungspläne Geschichte für nach wie vor *zentral* auch für die deutsche historische Identität. In den meisten Fällen wird der Inhalt des Mythos nur referiert (was in diesem Fall relativ einfach ist), doch manchmal sollen die Lernenden sich auch schon über den Sinn der Sage Gedanken machen.[21] Eher nebenbei fällt in einigen Schulbüchern darüber hinaus (oft mit Bild) der Begriff „Dolchstoßlüge“ oder „Dolchstoßlegende“.[22] Auch hier ist der Mythos explizit als solcher benannt, wenngleich ohne Vertiefung. Zumeist geschieht die Behandlung von Mythen eher indirekt über bestimmte Objektivationen der Geschichtskultur, z.B. wenn auf einer Methodendoppelseite zum Thema „Denkmäler verstehen“ das Kyffhäuser-Denkmal vorgestellt[23] oder auf einer Seite ein Projektvorschlag zum Vergleich verschiedener Filme über Johanna von Orleans unterbreitet wird („Projekt: ‚Jeanne d'Arc als Kinoheldin – Fiktion und Wahrheit im Film‘“).[24]

Neben diesen explizit als Lehrmaterialien aufgedeckten Mythen transportieren Schulgeschichtsbücher jedoch (analog zu den Wissenschaften, vgl. Kap. 1.2.3) noch implizit ihre eigenen Mythen. Dies geschieht auch heute noch oft über den Darstellungstext, der, obwohl Schulgeschichtsbücher heute so angelegt sind, dass sie zum eigenständigen Denken anregen, meist von den Aufgaben ausgenommen ist und dementsprechend rein rezeptiv genutzt wird, als würde er direkt vom lieben Gott stammen. Dabei ließe sich dieses Problem, wie Roland Bernhard aufzeigte, leicht umgehen, indem Darstellungstexte in Schulgeschichtsbüchern Kontroversen aufzeigen, berechnend Lücken lassen, Fragen aufwerfen und generell eine „aufgeraute“[25] Oberfläche aufweisen könnten, die es den Lernenden ermöglichen, eine distanzierte Haltung zu den Texten aufzubauen und eigene Fragen an die Geschichte zu stellen.

Die Zuspitzung in bestimmten überlieferungsarmen Bereichen auf immer wieder dieselben Quellen führt darüber hinaus zu Traditionen mythischen Charakters, die sich bisweilen über Generationen eingeschliffen haben. Die großen Mythen durch Überhöhung haben heute noch immer ihre immer wiederholten Bilder: Die Kapitolinische Wölfin wurde bereits erwähnt, und in welchem Schulbuchkapitel zum „Absolutismus“ darf Hyacinthe Rigauds Gemälde des „Sonnenkönigs" fehlen? Verstärkt wird diese Tendenz der ikonographischen Mythentradierung dadurch, dass in Schulgeschichtsbüchern nicht selten noch immer Historienbilder des 19. Jahrhunderts oder aber Propagandabilder verherrlichende Perspektiven reproduzieren – sei es z.B. Karl Theodor von Pilotys Gemälde von der Ermordung Caesars, Jacques-Louis Davids monumentale Gemälde von Napoleon, sei es Eugène Delacroix' Bild „Die Freiheit führt das Volk" (1830) – oder seien es z.B. auch Fotografien von Kaiser Wilhelm II. (dem ersten echten Medienstar; „Majestät brauchen Sonne!") oder Propagandafotos von Hitler (Führermythos) .

Q3 *Am 1. August 1914 in Berlin:* Kriegsbegeisterte Jugendliche ziehen durch die Stadt (Foto).

Abbildung 17: Mythos „Augusterlebnis" – unkritisch kolportiert in einem Schulgeschichtsbuch von 2015. Dazu die Aufgabe: „Beschreibe anhand von Q3 die Stimmung in der Bevölkerung."[26] (Zeitreise 2. Ausgabe G, Berlin 2015, S. 187)

Teilweise finden sich ganze Bildprogramme wieder, die sogar ansonsten ausgewogene Darstellungstexte und Materialien geradezu konterkarieren. Dies gilt z.B. für die vielen Schulbuchdarstellungen der Reformation, in denen die Gemälde Lucas Cranachs die Protestanten verherrlichen, ohne dass katholische Bilder dem qualitativ etwas entgegenzusetzen hätten.[27] Diese Tatsache wird wohlgemerkt nicht thematisiert, sondern läuft unterschwellig, vielleicht sogar den Gestaltern gar nicht bewusst, mit, wenn sie sich nicht vielleicht denken: „Dieses Bild hat etwas Mitreißendes und könnte das Kapitel für die Lernenden spannender machen", oder „Dieses Bild ist berühmt, daher sollten die Lernenden es kennen."

Bisweilen geschieht die Mythenpflege auch noch subtiler, wenn z.B. als Ikon, das den Lernenden die Orientierung im Schulgeschichtsbuch erleichtern soll, für den der römischen Geschichte gewidmeten Abschnitt ausgerechnet die Bronze der Römischen Wölfin gewählt wird.[28]

Darüber hinaus finden sich – wenig erstaunlich – auch noch die bereits erwähnten „*white mythologies*" in Schulgeschichtsbüchern. Trotz eines Aufbrechens der rein nationalen Perspektive läuft die Narration von Bildungsplänen und Schulbüchern immer noch in nationalen Bahnen, wobei ethnisch-kulturell Anderes (z.B. Juden und Muslime) zwar genannt, aber immer noch unverbunden mit dem Haupterzählstrang bleibt. Weltgegenden wie Australien oder Afrika kommen (von Ägypten abgesehen) nur in Opferrollen vor, die islamische Welt (vom Mythos des angeblich multikulturellen Andalusiens abgesehen) nur im Zusammenhang mit Konflikten (Karl Martell, Reconquista, Kreuzzüge, Nahost-Konflikt, 9/11 und die Folgen). Der weiße „Westen" hingegen gilt ein wenig zu selbstgewiss als Krone der Schöpfung, ohne dass man hier meint, sich viel mit außereuropäischen Kulturen und ihren Leistungen beschäftigen zu müssen.
Auch die in Kapitel 6.1. näher behandelte Legende von den spanischen Konquistadoren als „Weißen Göttern" wäre ein Exempel für einen unkritisch aus der Wissenschaft in Darstellungstexte von Schulgeschichtsbüchern übernommenen Mythos. So heißt es beispielsweise noch im Jahr 2009 in *Forum Geschichte* 7 unter der Überschrift „Die Ankunft der ‚Weißen Götter'":

„Die Götter, die nach alter aztekischer Überlieferung vor langer Zeit im Osten verschwunden waren, kehrten zurück. Tatsächlich hatten die spanischen Ankömmlinge Ähnlichkeit mit dem Bild, das sich die Azteken von ihrem Gott Quetzalcóatl machten: Er hatte weiße Haut und trug einen Bart. Die Spanier erreichten Tenochtitlán genau zu dem Zeitpunkt, an dem nach aztekischem Kalender mit der Rückkehr der Götter zu rechnen war."[29]

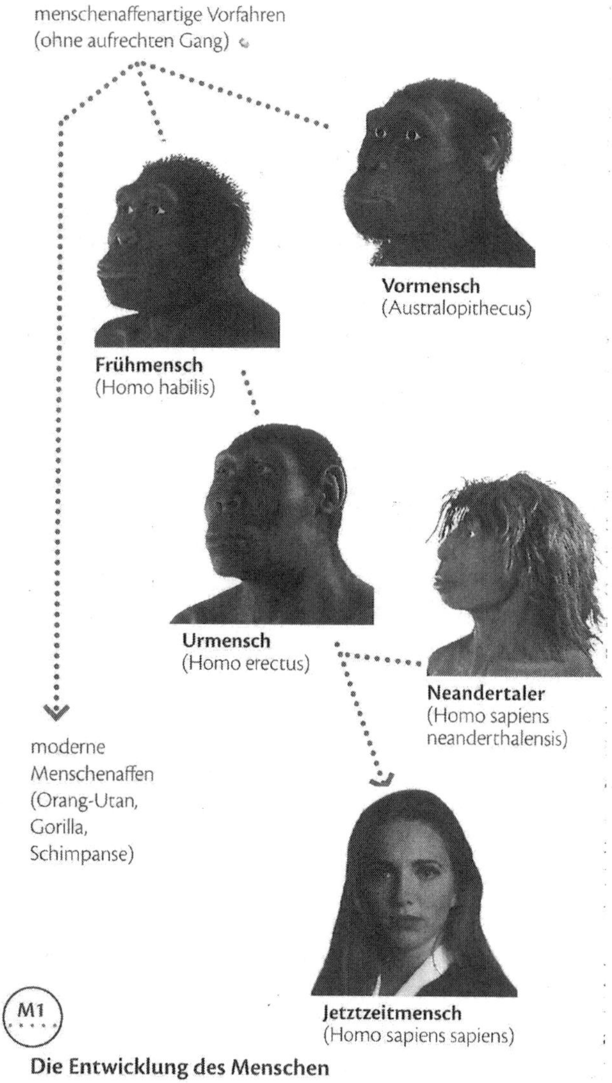

Abbildung 18: Immerhin eine Frau: Aus schwarz wird weiß. Die menschliche Evolution in einem Schulgeschichtsbuch von 2010[30] (Regenhardt, Hans-Otto (Hg.), Forum Geschichte kompakt, NRW, Bd. 1: Von den frühen Kulturen bis zum Ende des Mittelalters, Berlin 2010, S. 24)

Ähnliches wie für Schulgeschichtsbücher gilt für die die einschlägigen Zeitschriften zur geschichtsdidaktischen Unterrichtspraxis. Ein Themenheft „Historische Mythen“ gab es bis vor Kurzem nur bei „Geschichte in Wissenschaft und Unterricht“[31](mit nur zwei Beiträgen zum Thema), doch lagen durchaus hier und dort Einzelbeiträge zu konkreten Mythen vor.[32] Neu erschienen ist bei „Praxis Geschichte“ 2022 nun ein Heft zum Thema „Legenden, Mythen, Lügen – Kontinuität und Wandel“,[33] allerdings ohne theoretisch einführenden Basisartikel, was freilich nicht verwundert, wenn man bedenkt, dass die Geschichtsdidaktik hierzu bislang noch nicht viel Handfestes entwickelt hatte.

4.4 Geschichtsdidaktische erkenntnisleitende Interessen zum Thema „Mythen“

Geschichtsbewusstsein umfasst stets sowohl Fakten als auch Fiktionen, mithin auch Mythen,[34] und Ziel eines guten Geschichtsunterrichts muss es sein, ein „reifes“ Geschichtsbewusstsein aufzubauen. Dazu gehört es, ein Bewusstsein dafür auszubilden, dass es verschiedene Wissens- und Glaubensebenen gibt, die einander durchdringen, sich teils widersprechen, aber nicht selten auch stützen. Das bereits angesprochene Phänomen der Mythenkopplung beispielsweise evoziert ein System von Verweisen und Bezügen, in dem ein Mythos den nächsten anzieht und sich mit diesem verwebt. Auf diese Weise können recht umfängliche Mythengespinste entstehen, die sich quer durch die verschiedenen Manifestationen von Geschichtskultur ziehen. Doch nur wer kundig ist, bemerkt sie, weiß sie zu deuten und ggf. zu parieren.

Wie lässt sich bei Lernenden ein kompetenter Umgang mit historischen Mythen anbahnen? Bereits Hans-Jürgen Pandel war der Meinung, dass im Geschichtsunterricht nicht jeder Mythos dekonstruiert oder sogar „destruiert“ werden sollte.[35] Pandel gebührt auch, soweit ich sehe, das Verdienst, sich als Erster ernsthafte Gedanken darüber gemacht zu haben, warum sich die Beschäftigung mit Mythen im Geschichtsunterricht lohnt. Diese Ideen sind – wenn mit den bisherigen Überlegungen vereinbar – in der folgenden Aufzählung berücksichtigt:

- Der Mythos bedeutet eine eigene historische Erkenntnisform, die durch Wissenschaft nicht vollständig ersetzt werden kann.
- Die Geschichtswissenschaft befindet sich im ständigen Kampf

gegen Mythen – stärkt dabei jedoch bestehende und generiert sogar neue.[36]

- Historische Mythen waren immer schon wichtiger Bestandteil des Geschichtsbewusstseins.[37]
- Mythen sind Bildspender für die Geschichtskultur[38] – und bisweilen auch konkret der Geschichtswissenschaft.
- Mythen sind politische Machtfaktoren.[39]

Wer keine Mythen und ihre Wirkungsweisen kennt, hat kaum eine Chance, in Anspielungen oder im Subtext historischer oder auch politischer Narrationen im Sinne der historischen Fragekompetenz Mythen zu vermuten. (Bevor man Subtexte wahrnehmen kann, muss man freilich zunächst einmal in Erwägung ziehen, dass es Subtexte gibt, wie wiederum Wineburg richtig bemerkt.[40]) Die Kenntnis zumindest einiger exemplarischer Mythenerzählungen und ihrer Mytheme scheint daher grundsätzlich eine notwendige Voraussetzung dafür zu sein, mit Mythen später auch kritisch umgehen zu können. In der folgenden Übersicht seien einige Elemente genannt, die hierzu notwendig scheinen:

Elemente für einen historisch-kritischen Umgang mit Mythen durch Fiktionalisierung und Überhöhung: Die Schüler*innen können ...
1. die emotionale Suggestionskraft der mythischen Erzählung empfinden,
2. den Mythos als solchen erkennen,
3. den Fiktionsgrad des Mythos ungefähr ermessen,
4. eine Gruppe identifizieren, für die der Mythos bedeutsam war oder ist,
5. frühere u. ggf. heutige Funktion(en) des Mythos benennen; den Mythos als Monomythos oder Polymythos klassifizieren,
6. die Bedeutung des Mythos für die eigene Lebenswelt erläutern,
7. Überlieferungstraditionen herleiten; ggf. Mythenschichtungen u. Mythenkopplungen erkennen (De-Konstruktion) und
8. das theoretische Verständnis der Mythengenese auf die eigene Lebenswelt anwenden: erkennen, wie und weshalb wann ggf. neue Mythen entstehen.

Die genannten acht Aspekte sind nicht als Niveaustufen in dem Sinne zu verstehen, dass eine Stufe eine zwingende Voraussetzung der nächsten sei. Vielmehr handelt es sich um grob nach Anforderungsgrad geordnete Aspekte, die im Geschichtsunterricht vielfach im Zusammenspiel behandelt werden müssten. Die genannten Fertigkeiten zu beherrschen, wäre nicht nur ein Zugewinn an Kompetenzen, historische Quellen kritisch reflektieren und beurteilen zu können, sondern würde, da Mythen nicht nur Phänomene der Vergangenheit sind, gleichzeitig dazu beitragen, mündige Bürger*innen zu erziehen.

4.5 Vorkenntnisse zum Thema ‚Mythen' bei Studierenden

Mythen werden also, wenig überraschend, desto wahrscheinlicher bemerkt und verstanden, je besser man sich in mythischen Welten auskennt. Als ich an verschiedenen Hochschulen Seminare zum Thema „historische Mythen" gab, um mich dem Thema anzunähern, stellte ich jedoch immer wieder fest, dass die Kenntnis von Mythen, die noch vor wenigen Jahrzehnten zum selbstverständlichen Teil der Allgemeinbildung gezählt werden konnten, heute bei Studierenden nicht mehr einfach vorausgesetzt werden dürfen. Um hier etwas mehr Klarheit zu erlangen, führte ich daher in den Sommersemestern 2016 (Univ. Paderborn) und 2018 (PH Freiburg) eine identisch angelegte schriftliche Umfrage über die Bekanntheit einer (zugegebenermaßen recht beliebigen) Auswahl von 91 historischen Mythen durch.[41] Obwohl die Ergebnisse einer Erhebung, die auf der schmalen Basis von 52 Personen erhoben wurde, nicht übergeneralisiert werden darf, zeigt sie doch interessante Tendenzen, die hier – wiederum in Auswahl – kurz vorgestellt seien. Die Aufgabe lautete jeweils: „Bitte kreuzen Sie in der folgenden Liste diejenigen Personen und Begriffe an, bei denen Sie ggf. erläutern könnten, weshalb sie bedeutsam sind oder was sie bezeichnen."

Mythos (nach Bekanntheitsgrad geordnet)	bekannt bei Studentinnen Univ. Paderborn (17)/ PH Freiburg (13), insges. 30	bekannt bei Studenten Univ. Paderborn (12)/ PH Freiburg (10), insges. 22	bekannt bei insgesamt (52)
Romulus und Remus	16+13=29	10+9=19	48 = ca. 92 %
Luther, Martin (u. Thesenanschlag)	15+13=28	10+10=20	48 = ca. 92 %
Troja	16+10=26	11+9=20	46 = ca. 88 %
Luther King, Martin	14+11=25	10+10=20	45 = ca. 87 %
„Wirtschaftswunder“	11+11=22	10+10=20	42 = ca. 81 %
Trümmerfrauen	10+13=23	8+10=18	41 = ca. 79 %
„Wunder von Bern“	12+11=22	10+9=19	41 = ca. 79 %
Atlantis	11+10=21	11+9=20	41 = ca. 79 %
Odysseus	16+7=23	9+6=15	38 = ca. 73 %
„Dolchstoßlegende“	11+9=20	9+9=18	38 = ca. 73 %
Jack the Ripper	10+9=19	10+9=19	38 = ca. 73 %
„Rattenfänger von Hameln“	14+8=22	10+5=15	37 = ca. 71 %
Kleopatra	12+9=21	8+7=15	36 = ca. 69 %
Guevara, Ernesto „Ché“	9+7=16	9+8=17	33 = ca. 63 %
Canossa	8+8=16	9+6=15	31 = ca. 60 %
Siegfried	11+5=16	8+7=15	31 = ca. 60 %
Wilhelm Tell	8+9=17	6+7=13	30 = ca. 58 %
Arthus	10+6=16	10+4=14	30 = ca. 58 %
Hannibal	8+7=15	7+8=15	30 = ca. 58 %
Johanna von Orleans	10+6=16	9+2=11	27 = ca. 52 %
„Hermann der Cherusker“	11+2=13	9+4=13	26 = ca. 50 %
El Dorado	6+2=8	8+7=15	23 = ca. 44 %
Rommel, Erwin („der Wüstenfuchs“)	5+5=10	7+5=12	22 = ca. 42 %
Bernsteinzimmer	6+4=10	7+5=12	22 = ca. 42 %
Nostradamus	7+4=11	6+4=10	21 = ca. 40 %
Attila	5+3=8	8+5=13	21 = ca. 40 %
„jüdische Weltverschwörung“	6+1=7	7+6=13	20 = ca. 38 %
Störtebeker	4+5=9	5+6=11	20 = ca. 38 %
Marathon	6+1=7	8+4=12	19 = ca. 37 %

Mythos (nach Bekanntheitsgrad geordnet)	bekannt bei Studentinnen Univ. Paderborn (17)/ PH Freiburg (13), insges. 30	bekannt bei Studenten Univ. Paderborn (12)/ PH Freiburg (10), insges. 22	bekannt bei insgesamt (52)
„saubere Wehrmacht“	3+5=8	4+6=10	18 = ca. 35 %
Aeneas	4+2=6	6+3=9	15 = ca. 29 %
Billy the Kid	3+1=4	3+8=11	15 = ca. 29 %
Karl Martell	5+0=5	6+2=8	13 = ca. 25 %
Kroisos (Krösus)	8+0=8	3+1=4	12 = ca. 23 %
Lawrence von Arabien	1+3=4	4+4=8	12 = ca. 23 %
Saladin	3+1=4	5+2=7	11 = ca. 21 %
Parzival	3+0=3	4+3=7	10 = ca. 19 %
Müntzer, Thomas	1+1=2	2+1=3	5 = ca. 10 %
„Schwarze Legende“	1+0=1	0	1 = ca. 2 %
Alarich (und sein Grab im Busento)	0	0	0
Langemarck	0	0	0

Tabelle 8: Aktuelle Bekanntheit verschiedener Mythen bei Studierenden

Das Ergebnis scheint bei aller Vorsicht der Interpretation darauf hinzudeuten, dass (wenn z.B. gerade einmal 29 % mit dem Namen Aeneas oder gar nur 19 % etwas mit Parzival anzufangen wissen) im Schulunterricht um mythische Epen ein Bogen gemacht wird. Dass von 91 Mythen ausgerechnet der Titanic-Mythos als der bekannteste abschnitt, verweist auf die Macht der Bilder im Kopf und auf die Emotionen, über die Mythen funktionieren. Sicherlich hatte hier der Blockbuster von 1997 einen nicht unerheblichen Anteil. Dass jedoch der Gründungsmythos Roms (ca. 92 %) unter deutschen Jugendlichen weit bekannter ist als Siegfried oder der Mythos vom Gang nach Canossa (beides ca. 60 %) ist politisch aufschlussreich und – wie oben dargelegt – auf seine breite Rezeption in den Schulgeschichtsbüchern zurückzuführen. Überhaupt fällt auf, dass alle im späten 19. und frühen 20. Jahrhundert relevanten Nationalmythen heute offenbar kaum noch eine Rolle spielen. Den einst in Deutschland so verbreiteten Langemarck-Mythos (in mehreren deutschen Großstädten auch heute noch mit einem Straßennamen bedacht) kennt heute unter den Studierenden offenbar kaum noch jemand, obwohl er ihre Altersgruppe betraf. Auch historische Mythen, die ehemals in der DDR eine gewisse Rolle spielten („Frühbürgerliche Revolution"), sind unter Jugendlichen westdeutscher Städte kaum mehr geläufig (Thomas Müntzer, ca. 10%). Des Weiteren wird deutlich, dass historische Mythen auch heute noch regionale Identität stiften können: „Hermann der Cherusker", dessen Denkmal in Detmold steht, sowie der „Rattenfänger von Hameln" und auch Karl Martell sind in Paderborn (wo man noch die Kaiserpfalz Karls d.Gr. besuchen kann, des Enkels Karl Martells) weit bekannter als in Freiburg im Breisgau, während man hier wiederum Wilhelm Tell, den geistigen Stammvater der Eidgenossen, besser kennt. Vor dem Hintergrund, dass es mehr „männlich" als „weiblich" konnotierte Mythen gibt, wird insbesondere im Mittelfeld der nicht sehr bekannten und schließlich bei den eher unbekannten Mythen deutlich, dass Studenten insgesamt mehr Mythen kennen als ihre Kommilitoninnen. Darüber hinaus aber scheint es Mythen zu geben, die insbesondere unter Männern bekannt sind (z.B. der Mythos um den „Revolverhelden" Billy the Kid), während andererseits ein vor allem unter Frauen verbreiteter Mythos nicht ausgemacht werden konnte, was aber möglicherweise auch daran liegt, dass mir nur kein passendes Beispiel eingefallen war.

Eine weitere Frage im Zuge dieser Erhebung zielte darauf ab zu ergründen, welche historische Person für die Befragten heute noch als „Held" oder „Heldin" betrachtet wird. Bei der Antwort konnten sie sich von meiner Liste inspirieren lassen, durften aber gern über sie hinausgehen. Held*innen sind Stoffe, aus denen Mythen generiert werden (oder manchmal auch umgekehrt). Die Frage diente dem Zweck herauszufinden, was Studierenden heute wichtig ist und welche Inhalte sich für sie zur exemplarischen Überhöhung anbieten. Die Männer nannten Jesus, Herakles, Achilles, vor allem Martin Luther King und Sophie Scholl, Goethe, die Edelweißpiraten, William Wallace, Edward Snowden, Helmut Schmidt, Diogenes, Muhammad Ali, Karl den Großen und Rosa Parks, die Frauen hingegen Eleanor Roosevelt, ebenfalls vor allem Sophie Scholl, Martin Luther King, Albert Einstein, Stauffenberg, Bismarck, Malala Yousafzai, Irena Sendler, Rosa Luxemburg, Gandhi, Alexander d. Gr. und Königin Elisabeth I. von England.

Offenbar genießen bei beiden Geschlechtern heute vor allem solche Menschen hohes Ansehen, die sich unter Einsatz ihres Lebens für Freiheit und Menschenrechte einsetzten. Daneben bleiben mit deutlichem Abstand jedoch auch einige klassische und nationale, eher militärisch geprägte Helden und Mythen relevant. Es fällt auf, dass bei beiden Geschlechtern Sophie Scholl eine herausragende Rolle spielt und der Fokus der Studierenden auf dem deutschsprachigen, dem anglophonen, dem griechischen und dem arabischen Raum liegt. Es sind dies die Themen, die im Schulunterricht behandelt werden und in bekannten Spielfilmen eine Rolle spielen. Auffällige Lücken tun sich (abgesehen von der Nennung Jesu) im religiösen Bereich auf. Propheten, Kirchenväter oder Märtyrer sind heute offenbar keine „Helden" mehr. Auch der germanische Bereich spielt aus bereits genannten Gründen keine Rolle mehr.

Bei der Entwicklung von Unterrichtskonzepten sind diese Befunde zu beachten.

1 Weber, Wolfgang E. J., Historiografie und Mythografie. Oder: Wie kann und soll der Historiker mit Mythen umgehen? in: Völker-Rasor, Anette; Schmale, Wolfgang (Hg.), MythenMächte – Mythen als Argument, Berlin 1998, S. 65–87.

2 Becker, Frank, Begriff und Bedeutung des politischen Mythos, in: Stollberg-Rillinger, Barbara (Hg.), Was heißt Kulturgeschichte des Politischen? Berlin 2005, S. 129–148.

3 Völker-Rasor, Anette, Mythos. Vom neuen Arbeiten mit einem alten Begriff, in: Völker-Rasor, Anette; Schmale, Wolfgang (Hg.), MythenMächte – Mythen als Argument, Berlin 1998, S. 9–32.

4 Münkler, Herfried, Die Deutschen und ihre Mythen, Berlin 2008.

5 Kotte, Eugen, Geschichtswissenschaftliche und geschichtsdidaktische Mythosforschung, in: Joachimsthaler, Jürgen; Kotte, Eugen (Hg.), Kulturwissenschaft(en). Konzepte verschiedener Disziplinen, München 2010, S. 103–125, hier S. 118–119.

6 Pandel, Hans-Jürgen, Legenden – Mythen – Lügen. Wieviel Fiktion verträgt unser Geschichtsbewusstsein? in: Geschichte lernen 52 (1996), S. 15–19.

7 Pandel, Hans-Jürgen, Historisches Erzählen. Narrativität im Geschichtsunterricht, Schwalbach/Ts. ²2015, S. 62–74.

8 Hein-Kircher, Heidi, „Überlegungen zu einer Typologisierung von politischen Mythen aus historiographischer Sicht – ein Versuch", in: dies.; Hahn, Hans Henning (Hg.), Politische Mythen im 19. und 20. Jahrhundert in Mittel- und Osteuropa, Marburg 2006, S. 407–424.

9 Bernhard, Roland; Grindel, Susanne; Hinz, Felix u. Meyer-Hamme, Johannes, „Was ist ein historischer Mythos? Versuch einer Definition aus kulturwissenschaftlicher und geschichtsdidaktischer Perspektive", in: Bernhard, Roland; Grindel, Susanne; Hinz, Felix u. Kühberger, Christoph (Hg.), Mythen in deutschsprachigen Geschichtsschulbüchern. Von Marathon bis zum Elysée-Vertrag, Göttingen 2017, S. 11–31.

10 Hinz, Felix, „Historische Mythen – typologische Zugriffe und Vorschläge für den Geschichtsunterricht", in: Zeitschrift für Geschichtsdidaktik, 16 (2017), S. 150–166.

11 Kodakos, Anastassios, Menschen brauchen Mythen. Eine Studie zum Bildungswert des Mythos, Stuttgart 1993, S. 211.

12 Ebd., S. 120.

13 Vgl. anhand zahlreicher Beispiele: Bernhard, Roland; Grindel, Susanne; Hinz, Felix u. Kühberger, Christoph (Hg.), Mythen in deutschsprachigen Geschichtsschulbüchern. Von Marathon zum Élysée-Vertrag, Göttingen 2017.

14 Jacobmeyer, Wolfgang, Das deutsche Schulgeschichtsbuch 1700–1945. Die erste Epoche seiner Gattungsgeschichte im Spiegel seiner Vorworte, 3 Bde, Münster 2011, B1, S. 10.

15 Buchners Kolleg Geschichte, Ausgabe Niedersachen, Abitur 2017, Bamberg 2015, S. 380–385 u. S. 410.

16 Onken, Björn (Hg.), Das waren Zeiten 2, Berlin-Brandenburg, Bamberg 2017, S. 105.

17 Ebeling, Hans/Birkenfeld, Wolfgang (Hg.), Reise in die Vergangenheit. Baden-Württemberg 5/6, differenzierte Ausgabe, Braunschweig 2016, S. 124–125.

18 Laschewski-Müller, Karin; Rauh, Robert (Hg.), Kursbuch Geschichte. Einführungsphase, Berlin 2014, S. 24–25.

19 Geschichte und Geschehen 5. Sekundarstufe 1, Stuttgart/Leipzig 2007, S. 12–15.

20 Auch im später nicht mehr neu aufgelegten Band Methodenarbeit im Geschichtsunterricht. Berlin (Cornelsen) 1998 spielen Mythen keine Rolle.

21 Z.B. Forum Geschichte. Band 1. Von der Urgeschichte bis zum Ende des Römischen Reiches, Berlin 2005, S. 132 od. Lendzian, Hans-Jürgen (Hg.), Zeiten und Menschen 1, Paderborn 2008, S. 120.

22 Z.B. Geschichte und Geschehen 4. Sekundarstufe 1, Leipzig 2005, S. 55 od. Geschichte und Geschehen. Neuzeit. Sekundarstufe 2, Leipzig 2008, S. 238.

23 Bühler, Arnold u.a. (Hg.), Geschichte entdecken 2. Vom Mittelalter bis zum Ende des Ersten Weltkrieges, Ausgabe Thüringen, Bamberg 2014, S. 198–199.

24 Cornelissen, Joachim u.a. (Hg.), Mosaik. Der Geschichte auf der Spur, B7, Stuttgart 2005, S. 75.

25 Schörken, Rolf, Das Aufbrechen narrativer Harmonie. Für eine Erneuerung des Erzählens mit Augenmaß, in: GWU 48 (1997), S. 727–735, hier S. 731.

26 Zeitreise 2. Ausgabe G, Berlin 2015, S. 187. Dazu Jeffrey Verhey: „Tatsächlich gab es im Aug. 1914 keine rauschhafte, alle Bevölkerungsschichten ergreifende Kriegsbegeisterung [...]. Es gab vielmehr ein breites Spektrum ganz unterschiedlicher Reaktionen, die von Verweigerungshaltung über Ratlosigkeit und Erschütterung bis hin zu patriotischem Überschwang und sogar Hysterie reichten. [...] In Deutschland wie in den anderen Ländern erlebte der größte Teil der Bevölkerung den Ausbruch des Krieges auch als ein ‚umklammerndes Riesengespenst' (Theodor Wolff) und keineswegs als ein frohes Ereignis. [...] Insbesondere viel deutsche Intellektuelle [...] verdichteten [...] das A[ugusterlebnis] zu einem Mythos". (Verhey, Jeffrey, Augusterlebnis, in: Hirschfeld, Gerhard; Krumeich, Gerd; Renz, Irina in Verb. mit Pöhlmann, Markus (Hg.), Enzyklopädie Erster Weltkrieg, Paderborn 2014, S. 357–360, hier S. 358–359).

27 Hinz, Felix, Konfessionskritische Deutungsmuster der Reformation in aktuellen deutschen Lehrplänen und Schulgeschichtsbüchern: Sachsen-Anhalt und Bayern im Vergleich, in: Bernhard, Roland; Hinz, Felix u. Maier, Robert (Hg.), Luther und die Reformation in internationalen Geschichtskulturen. Perspektiven für den Geschichtsunterricht, (Eckert. Die Schriftenreihe, Bd. 145), Göttingen 2017, S. 111–134.

28 So z.B. in einigen Werken der Verlage C.C.Buchner und Klett.

29 Ders. (Hg.), Forum Geschichte 7, Niedersachsen. Vom Hochmittelalter bis zum Dreißigjährigen Krieg, Berlin 2009, S. 146. Jüngere Beispiele: Baumgärtner, Ulrich; Fieberg, Klaus (Hg.), Horizonte 7/8 (Gymnasium Hamburg), Braunschweig 2011, S. 138 od. Zeitreise 2, Ausgabe G, Stuttgart/Leipzig 2015, S. 26.

30 Regenhardt, Hans-Otto (Hg.), Forum Geschichte kompakt, NRW, Bd. 1: Von den frühen Kulturen bis zum Ende des Mittelalters, Berlin 2010, S. 24.

31 GWU 11 (1998) „Historische Mythen".

32 Eine Auswahlbibliografie derartiger Materialien findet sich im Literaturverzeichnis.

33 Praxis Geschichte 5 (2022).

34 Assmann, Jan, Mythos und Geschichte, in: Altrichter, Helmut; Herbers, Klaus u. Neuhaus, Helmut (Hg.), Mythen in der Geschichte, Freiburg/Br. 2004, S. 13–28, hier S. 28.

35 Pandel, Hans-Jürgen, Legenden – Mythen – Lügen. Wieviel Fiktion verträgt unser Geschichtsbewusstsein? in: Geschichte lernen 52 (1996), S. 15–19, hier S. 19.

36 Pandel, Hans-Jürgen, Historisches Erzählen. Narrativität im Geschichtsunterricht, Schwalbach/Ts. ^{2}2015, S. 73.

37 Implizit ders., Historisches Erzählen. Narrativität im Geschichtsunterricht, Schwalbach/Ts. ^{2}2015, S. 71.

38 Ebd.

39 Ebd., S. 74.

40 Wineburg, Sam, Historical Thinking and Other Unnatural Acts. Charting the Future of Teaching the Past, Philadelphia 2001, S. 76.

41 Die Erhebung an der Univ. Paderborn wurde am 14.7.2016 durchgeführt, diejenige an der PH Freiburg am 10.4.2018.

5. Methodenbeispiele für den Geschichtsunterricht

Die kleine Erhebung aus Kapitel 4.5. deutet zwar darauf hin, dass die Kenntnis der alten „klassischen" Mythen nachlässt, doch das heißt nicht zwingend, dass Mythen weniger wichtig werden. Jede Generation pflegt ihre eigenen Mythen (und zwar ohne, dass dies vollumfänglich bewusst wäre). Da Mythen also zu jeder Zeit und auch gegenwärtig Teil des Geschichtsbewusstseins sind, ist es nicht anzuraten, in Schulunterricht und Studium so zu tun, als gäbe es sie gar nicht. Im Folgenden seien daher einige Zugriffe umrissen, die im Sinne eines Spiralcurriculums die Fertigkeiten anzubahnen vermögen, die in Kapitel 4.4, S. 82 tabellarisch aufgeführt wurden. Konkret könnte dies curricular wie folgt umgesetzt werden:

Nr.	Schulstufe	didaktischer Zugriff	ausgeführtes Beispiel
1.	Sekundarstufe I	Kritische Pflege von Helden- und Göttermythen	Die Odyssee – der „Grundtext der europäischen Zivilisation"
2.		Versuche der Re-Konstruktion von hinter historischen Mythen stehender Realgeschichte	Die Varusschlacht – tatsächlich der „Urknall der Deutschen"?
3.	Sekundarstufe II	De-Konstruktion von historischen Mythen	„Hermann"/Siegfried – die deutschen Helden und ihre Mythenkopplungen
4.		Historische Mythen in der aktuellen Geschichtskultur	„Wir haben Varus geschafft, wir schaffen auch Virus!" (2021)
5.		Historisch begründete Mythenprognosen	(mehrere Beispiele)

Tabelle 9: Vorschlag für die curriculare Anordnung verschiedener praktischer Zugriffe auf historische Mythen

Die aufgegriffenen Mythen sind dergestalt angeordnet, dass sie sich im Sinne eines Spiralcurriculums problemlos in den immer noch weitgehend praktizierten ‚chronologischen Durchgang' einflechten lassen, und gewährleisten gleichwohl die Beschäftigung mit Mythen nach verschiedenen Logiken. Dabei ist klar, dass sich Re- und De-konstruktion (im Sinne des FUER-Modells) nicht voneinander trennen lassen,[1] sodass hier jeweils nur Schwerpunkte gemeint sind, die den jeweiligen Gegenaspekt historischer Methodenkompetenz nicht gänzlich ausklammern.

Im Folgenden sollen die in der Tabelle aufgeführten Zugriffe der Reihe nach an jeweils einem konkreten inhaltlichen Beispiel entwickelt werden. An diesem prinzipiellen Vorgehen könnte man sich auch bei der Behandlung anderer Mythen orientieren.

5.1 Kritische Pflege von Helden- und Göttermythen: Die Odyssee als „Grundtext der europäischen Zivilisation"[2] (Sek. 1)

Im deutschen Geschichtsunterricht dominieren im Sinne der Wissenschaftsorientierung analytische Zugänge. Diese werden dem Mythos jedoch aus mindestens zwei Gründen nicht gerecht. Der Mythos nämlich *lebt*, das heißt: Er wird, insbesondere als Polymythos, ständig weitergesponnen. Beschränkt man ihn für ein Geschichtsschulbuch auf einige abdruckbare Manifestationen (oder sogar nur auf eine einzige), erfährt er dadurch unvermeidlich eine seinem Wesen nicht entsprechende Reduktion. Zudem wird er dadurch in eine Konserve gepresst. Den vitalen Mythos in seiner Tatsächlichkeit abzubilden ist mithin noch weniger möglich als dies bei einem erstorbenen Mythos in all seinen jemals mündlich manifestierten Varianten der Fall wäre. Für eine Analyse im Geschichtsunterricht ist eine solche Fixierung und Reduktion leider gleichwohl unumgänglich und kann allenfalls beim an vierter Stelle genannten Zugriff „historische Mythen in der aktuellen Geschichtskultur" ansatzweise eingefangen werden.

Bedacht sein will zudem, dass analytische Zugänge dem Mythos auch insofern nicht entsprechen, als dass dieser nicht nur auf den Kopf, sondern auch auf das Herz zielt. Wer beim Rezipieren von Mythen noch nie eine Gänsehaut oder feuchte Augen bekommen hat, wird ihre historische Wirkkraft nicht verstehen und ihre Bedeutung nicht angemessen einschätzen können. Daher kann man es nicht als Aufgabe des Deutschunterrichts abtun, einmal das Experiment zu wagen, die Schüler*innen die emotionale Wucht von Mythen z.B. durch ein beeindruckendes Bild oder ästhetische Sprachgewalt erfahren zu lassen. Zu Recht widerspricht emotionale Überwältigung von Lernenden dem Beutelsbacher Konsens von 1976, doch hier geht es nicht um Indoktrination, sondern schlimmstenfalls um Nachvollziehen eines beliebten Propagandamittels. Die Lerngruppe darf dem Mythos nicht hilflos ausgeliefert bleiben, und die emotionale Erfahrung muss bereits bei Einführung der Beschäftigung mit Mythen wieder reflektierend eingefangen werden.[3]

Nicht nur aus Gründen humanistischer Bildung eignen sich für einen solchen ersten Zugang, der schon während der Primarstufe möglich wäre, insbesondere historische mythische Epen, v.a. die griechischen, römischen und ‚deutschen' Sagen. Es ist wichtig, hier ein Epos als Beispiel auszuwählen, dem moralisch-erzieherisch positive und für die Lerngruppe auch heute noch relevante Aspekte abgewonnen werden können, was nicht bedeutet, dass die mythische Erzählung nicht Irritationen hervorrufen darf. Diese Irritationen waren oftmals auch schon bereits im Hinblick auf die damaligen Zeitgenossen beabsichtigt und sollten mitunter zentrale Fragen aufwerfen. Auch ein mittelalterliches Publikum wird Enites Behandlung durch ihren ritterlichen Gatten Erec als ziemlich hart betrachtet haben. Andererseits gibt es durchaus auch historische Epen, bei denen man einen Wandel der Normen annehmen muss. Ein Beispiel wäre das streng patriarchale Weltbild, das aus den griechischen Epen spricht. Wenn Homer Achilles den Odysseus schwören lässt, die schöne trojanische Prinzessin Polyxena, die ihn verraten hatte und in eine tödliche Falle lockte, auf seinem Grab zu opfern (was dieser später auch tut), stieß dieser Akt in der Neuzeit zunehmend auf moralischen Widerspruch. Christa Wolf nannte den größten Helden der *Ilias* in ihrem Roman *Kassandra* (1983) daher konsequent „Achill, das Vieh". – Wie aber hat man in der Antike Achilles gesehen? Gab es eine einheitliche Deutung? Wir wissen es nicht.

Die in Frage kommenden Epen liegen in speziell für Jugendliche angefertigten Übersetzungen vor, etwa von Gustav Schwab (1792–1850) oder Auguste Lechner (1905–2000). Diese Übersetzungen geben zwar erotische und grausame Passagen sowie – sofern im Original vorhanden – die Reim-Form preis, bieten dafür jedoch kurz (Schwab) sowie lebendig und spannend (Lechner)[4] geschriebene Geschichten, die sich auch zum Vorlesen eignen. (Allerdings werden auch heute noch Nachdichtungen für die Jugend aus dem 19. und 20. Jahrhundert nachgedruckt, die ungekennzeichnet Passagen hinzuerfinden und einem völkisch-nationalistischen Weltbild huldigen.) Darüber hinaus kann man auch auf Hörspielfassungen (z.B. Gustav Schwabs Versionen gelesen von Karlheinz Gabor, 2018) oder Spielfilme zurückgreifen, etwa auf Fritz Langs Kinoklassiker *Die Nibelungen* (1924), der zwar komplett frei auf YouTube verfügbar ist, jedoch mit nahezu fünf Stunden Filmlänge die Konzentrationsfähigkeit der Schüler*innen auf eine harte Probe stellen wird. Sollte es sich bei der Lerngruppe um Erwachsene handeln, sind auch die teils derben, dafür aber den Originalen näheren, plastischen Übersetzungen des akkadischen und sumerischen Gilgamesch-Epos (2001) oder der Ilias (2008) durch Raoul Schrott zu empfehlen. Traut man sich auch einen Blick auf eine originalsprachliche Dichtung zu, bietet sich hierzu die mittelhochdeutsche Fassung des *Parzival* von Wolfram von Eschenbach (ca. 1200–1210) neben der auch heute sprachlich noch sehr zugänglichen Übersetzung von Karl Lachmann (1926) an, die immer wieder revidiert und neu herausgegeben wird.

Die Mühe, ggf. im Verbund mit dem Deutschunterricht einmal ein ganzes Epos zu behandeln, wird sich lohnen, da es erstens in Gänze erlebt und besprochen viel wuchtiger wirkt als nur im Ausschnitt, und zweitens eine reichhaltige Fülle an Diskussionsanlässen auftut, mit denen sich inhaltlich leicht universitäre Seminare bestreiten ließen. Zusätzlich bietet sich, sofern vorhanden, eine Hörkostprobe des gereimten und ggf. gesungenen altgriechischen oder mittelhochdeutschen Originals an, damit sich die Schüler*innen von weiteren, z.B. lautmalerischen Stilmitteln zumindest einen Begriff zu machen im Stande sind. Zudem sei an dieser Stelle auf die zahlreichen Werke der Weimarer Klassik verwiesen, in denen die beteiligten deutschsprachigen Autor*innen auf mythische Erzählungen rekurrieren und diese für ein deutsches Lesepublikum neu aufbereiteten. Entsprechende Dramen oder Gedichte bieten sich ggf. als Vergleichsfolie an, um damit auch deutlich zu machen, dass man Polymythen (und nur um solche geht es hier), auf verschiedene Weise und immer wieder angepasst an die Bedürfnisse der eigenen Zeit erzählen kann.[5]

Für welches Medium auch immer man sich als Lehrkraft entscheidet, sollte man darauf achten, die Darbietung nach Möglichkeit zu inszenieren, um die Wirkung zu erhöhen – etwa in Form einer Lesenacht oder eines feierlich zelebrierten Kinoabends auf großer Leinwand und mit angemessener Tonqualität.

Obwohl hier die Erfahrung des Durch-den-Mythos-mitgerissen-Werdens durch ästhetischen Genuss oberstes Ziel des Unterrichts ist, darf es dabei nicht stehen bleiben, sondern muss schließlich rational-reflektierend wieder eingefangen werden. Dabei ist in dieser ersten Phase seitens der Lehrkraft darauf zu achten, den Polymythos nicht grundsätzlich zu diskreditieren, sondern seine Stärken und seine Existenzberechtigung zu betonen. Mythenkritik wird in den weiteren Schritten noch hinreichend geübt.

Worauf aber sollte die erste Reflexion eines mythischen Epos sich beziehen? – Hier muss zumindest der Entstehungskontext des Mythos, die Trägergruppe sowie die Bedeutung desselben für diese Gruppe thematisiert werden.

Bei der Einführung in das Thema ‚Mythen' geht es also zunächst einmal um die Erfahrung der von ihm ausgehenden suggestiven und emotionalen Wucht. Die sprach- und bildgewaltigen griechischen Epen von Homer bieten sich hier wegen ihrer außergewöhnlichen Ästhetik besonders an – ggf. in verschiedenen Formen, nämlich zunächst einmal anhand eines exemplarischen Ausschnitts in einer dem Original näheren und dann zur inhaltlichen Auseinandersetzung einer der Altersgruppe und der heutigen Zeit (und Sprache) angemessenen.

Wie gezeigt, nehmen die Schulbuchverlage mit großer Vorliebe den Mythos von Romulus und Remus zur Einführung in die Welt historischer Mythen. Das hat gewiss Vorteile, da dieser Mythos die Anfänge Roms, des paradigmatischen Imperiums, beschreibt und sich zudem leicht nacherzählen lässt. Allerdings: Dieser Mythos ist nicht in einer den homerischen Epen vergleichbaren Versform erhalten, mithilfe derer man die Schüler*innen begeistern könnten.

Im folgenden Unterrichtsbeispiel wird vorgeschlagen, Homers *Odyssee* zum Gegenstand zu wählen, denn die Odyssee ist auch für junge Kinder inhaltlich verständlich und in verschiedenen Ausgaben aufbereitet, liegt sogar als Film vor, und stellt bis heute ein wichtiges Referenzwerk nicht nur für die europäische Kunst, sondern für das europäische Selbstverständnis dar.

Verschriftlich vermutlich Anfang des 7. Jahrhunderts v.Chr. geht sie auf mündliche Erzählungen oder Gesänge von den Fahrten des Odysseus zurück (und inkorporiert noch andere, weit ältere Mythen). Die Irrfahrten (*Apologoi*) des Odysseus vom durch seine List zerstörten Troja zurück zu seinem Königreich Ithaka, die ganz bewusst geographisch im Vagen gehalten werden, führen ihn entlang der Ränder der damals den Griechen bekannten Welt. Es geht also um Grenz-Erfahrungen und um heute wieder sehr aktuelle und relevante

Fragen nach dem Umgang mit dem Anderen, aber auch (v.a. in der Kirke-Episode) um die Behauptung der eigenen Identität und Würde in der Fremde. Darüber hinaus thematisiert die Odyssee den Menschen, dem es nicht leicht gemacht wird, zwischen wohlgesonnenen und feindlichen Göttern und einer nicht immer freundlichen, sondern bisweilen auch gefährlichen, ja monströsen Natur hindurch unbeirrt seinen Lebensweg zu verfolgen. Es geht also auch um das Gefühl des Ausgeliefertseins und den menschlichen Willen, sich dennoch nicht aufzugeben. Darüber hinaus werden noch viele menschliche Grunderfahrungen angesprochen, die dem Stoff der Odyssee seine überzeitliche Relevanz verleihen: Sie handelt u.a. von Treue und Verrat, von Mut und Feigheit, Gerechtigkeit und Ungerechtigkeit, Triumph und Niederlage sowie menschlicher Klugheit und Dummheit. Darüber hinaus soll die *Odyssee* neben der *Ilias* eine bestimmte adelige Haltung (des Lernens in der Fremde) demonstrieren, ein Loblied auf die seefahrenden Griechen sein (die sie als Begriff freilich noch nicht kennt) und verschiedene Formen explorativer Praxis und Kulturkontakte verdeutlichen. Zwar könnte man einwenden, dass es sich bei der Odyssee doch eher um einen sakral-humanistischen als um einen historischen Mythos handelt, doch muss man für den Einstieg bedenken, dass es keinen rein historischen Mythos gibt, der den alten Heldensagen an Ästhetik gleichkäme. Zudem finden sich in der Odyssee gleichwohl eine Menge historischer Elemente, die man für den Geschichtsunterricht fruchtbar machen kann.

Das gesamte Epos eingehend zu behandeln ist im schulischen Alltag selbst im Rahmen von Projekten zu komplex. Nach einer orientierenden Inhaltsangabe empfiehlt sich daher ein Fokus auf eine der vielen Stationen des Odysseus und seiner Gefährten. Als erste analytische Annäherung an den Odysseus-Mythos soll hier die Frage angeschnitten werden, was diese mythischen Geschichten mit Göttern, Zauberern und Monstern den Menschen damals sagen sollte – und was sie uns heute noch sagen kann. Für unsere Zwecke herausgreifen ließe sich die Polyphem-Episode, die die Frage zum Gegenstand hat, was eigentlich ‚Zivilisation' ist. Dieses Problem zieht sich durch die ganze europäische Geschichte und war nicht zuletzt im Kontext des Imperialismus bedeutsam,[6] wobei die Griechen, was heute im deutschen Geschichtsunterricht kaum noch thematisiert wird, die praktischen und geistigen Vorreiter der europäischen Expansionen und Kolonisationen waren.[7]

Für eine textuelle Annäherung an die Odyssee wären folgende Ausgaben – je nach Altersgruppe und zeitlichen Möglichkeiten – zu empfehlen:

Altgriechische Versfassung:

- Homer, Odyssee α 1–21, Prooemium – Hörprobe bei YouTube, die den Sprachrhythmus der Hexameter erlebbar machen möchte (wobei man heute allerdings nicht mehr genau weiß, wie Altgriechisch geklungen hat, und der Sprecher dieser Aufnahme einen merklich englischen Akzent erkennen lässt): https://www.youtube.com/watch?v=4UarsDmD4ZM (abgerufen 9.10.2021)

Versfassung auf Deutsch:

- Homer, Odyssee. Aus dem Griechischen übersetzt von Johann Heinrich Voß [1781]. München: Anaconda 2021; vgl. auch Projekt Gutenberg: https://www.projekt-gutenberg.org/homer/odyssee/odyssee.html (abgerufen 9.10.2021) – wobei der altertümliche deutsche Sprachduktus einerseits für Lernende schwierig sein könnte, andererseits aber auch seine eigene Würde besitzt

Prosafassung auf Deutsch:

- Homer, Die Odyssee. Deutsch von Wolfgang Schadewaldt. Reinbek b.H.: Rowohlt ^{6}2020

Prosafassungen auf Deutsch, für Kinder geeignet:

- Ilias und Odyssee. Nacherzählt von Walter Jens. Ravensburg: Maier ^{16}1996 (für Primarstufe geeignet; bei Audible auch als Hörbuch, gelesen von Stefan Kurt)
- Gustav Schwab, Sagen des klassischen Altertums. Vollständige Ausgabe. Köln: Anaconda 2011 (für Sek. I geeignet; bei Audible auch als Hörbuch, gelesen von Jürgen Fritsche)
- Auguste Lechner, Die Abenteuer des Odysseus. Neu überarbeitet und mit einem Glossar versehen von Friedrich Stephan. Innsbruck: Tyrolia ^{3}2009, (für Sek. I geeignet; auch als Hörbuch, gelesen von David Nathan)

Hörspiel:

- Homer, Odyssee. SWR-Hörspiel mit Michael Degen, Wilhelm Borchert. (1980) Der Audio Verlag 2019

Verfilmungen:

- „Die Abenteuer des Odysseus“ (USA u.a. 1997, Regie Andrei Konchalovsky; Armand Assante als Odysseus) (weniger gut gelungen als die ältere Verfilmung)
- „Die Fahrten des Odysseus“ (USA u.a. 1955, Regie Mario Camerini; Kirk Douglas als Odysseus) (auch heute noch beeindruckend)

Die Polyphem-Episode, in der Odysseus und seine Gefährten das Land der Zyklopen erkunden, dabei durch den Übermut des Odysseus in die Höhle des kannibalischen Zyklopen Polyphem eindringen, gefangen genommen werden, teils dort umkommen und nur durch die Schlauheit des Odysseus wieder in Freiheit gelangen, zeigt deutlich auf, was aus Homers Sicht die Zivilisation der „Achaier“, die gegen Troja kämpften, ausmacht und was ihr Gegenbild wäre (nämlich die weitgehende Unkultur der Zyklopen). Nachdem also zunächst der Genuss der Sprache, ggf. der filmischen Bilder und der spannenden Geschichte im Vordergrund stand, kann in einem zweiten Schritt mit den Lernenden darüber reflektiert werden, was die Botschaft dieser Episode sein könne (so, wie es die Schulgeschichtsbücher oft auch im Hinblick auf den Gründungsmythos Roms vorschlagen). Es wird nicht schwer sein, nach einem ersten Brainstorming die Aufmerksamkeit auf den Gegensatz die Achaier/‚die Zivilisierten‘ und die Zyklopen/‚die Wilden‘ zu lenken. (Andere bipolare Konstellationen, die man anhand anderer Episoden der homerischen Epen untersuchen könnte, wären z.B. Nomaden vs. Sesshafte oder Seefahrer vs. Landbewohner.) Auf dieser Grundlage lässt sich als Tafelbild eine Gegenüberstellung verschiedenster Attribute zusammentragen, die je nach Textvorlage und Zeit ausführlicher oder knapper ausfallen kann.

In den ausführlicheren Textausgaben werden folgende Attribute genannt bzw. gezeigt:

	Griechen (Odysseus) die „Zivilisierten“	**Zyklopen (Polyphem) die „Wilden“**
Gegenstände als Attribute	• Schiff (Technik, Nautik, Expansion) • Schmiedekunst (Schwerter, Speere, Rüstungsteile etc.) • Wein • Kleidung aus gewebtem Stoff	• Keule • Höhle • Steinaxt • Stein als Tür • Schafe und Ziegen • einfache Kleidung (Fell, Lendenschurz)

	Griechen (Odysseus) die „Zivilisierten"	Zyklopen (Polyphem) die „Wilden"
Eigenschaften	• sind sportlich, wendig • haben Manieren • achten die Götter • haben hohes Gemeinschaftsgefühl • haben soziale Gliederung • führen Kriege • gehen an die Grenzen Odysseus ist: • listig • beredsam • tapfer, mutig, bisweilen übermütig • resolut • stolz – aber auch: überheblich, arrogant →zivilisiert, kultiviert	• wenden rohe Gewalt an • sind riesenhaft • sind einäugig • sind nicht sehr intelligent • sind impulsiv • leben für sich (kaum soziale Interaktion) • kümmern sich nicht um das Gastrecht • kümmern sich nicht um die Götter • haben keine Gesetze • kennen keine Kochkunst • sind Menschenfresser →unzivilisiert, „barbarisch"

Tabelle 10: Attribute der „Zivilisierten" und der „Wilden" in Homers Odyssee: Polyphem-Episode (als Vorlage für ein ggf. zu reduzierendes Tafelbild)

Ähnlich differenziert ließe sich ein solcher Vergleich zwischen Zyklopen und Phäaken herstellen, wobei sich die Achaier jedoch weder mit den einen noch mit den anderen identifizierten. So fremd die Zyklopen auch zunächst erscheinen, kennen sie sich doch immerhin mit Schafen und Käseherstellung aus, Fertigkeiten, die auch für die kollektive Identität Ithakas nicht unwesentlich gewesen sein dürfte. Spannend ist die Frage, wie Homer in seinem Epos die Zivilisation bewertet. Sicher: Polyphem begeht als Menschenfresser den Zivilisationsbruch schlechthin und wird in keiner Weise als Vorbild dargestellt. Aber hat er deswegen keine Daseinsberechtigung? Darf Odysseus einfach in seine Behausung eindringen und von seinen Vorräten essen, ohne ihn zu fragen?

Im IX. Gesang (Verse 252–255) stellt Polyphem eine gewichtige Frage an die Achaier:

„Fremdlinge, sagt, wer seid ihr? Von wannen trägt euch die Woge?
Habt ihr wo ein Gewerb, oder schweift ihr ohne Bestimmung
Hin und her auf der See: wie küstenumirrende Räuber,
Die ihr Leben verachten, um fremden Völkern zu schaden?"[8]

In der Tat: Führen sich Odysseus und seine Gefolgsleute nicht von Anfang an so auf, als hielten sie sich für etwas Besseres? Immerhin ist auch Polyphem ein Sohn des Poseidon. Nicht *er* kam zu den Achaiern, um ihnen zu schaden, sondern sie drangen ungebeten in seine Sphäre ein und benahmen sich dort gleich so, als seien sie die Herren. Hinzu kommt, dass Odysseus sich nicht zu erkennen gibt, sondern behauptet, er heiße „Niemand". Polyphem missachtet das Gastrecht, doch die Eindringlinge hatten sich ohnehin bereits bedient und missachten ihrerseits sein Recht zu erfahren, wer denn die Fremden, die von ihm das Gastrecht einfordern, überhaupt seien. Erst nachdem die Achaier Polyphem verstümmelt haben, gibt Odysseus seinen echten Namen preis – um Polyphem in seiner Wehrlosigkeit zu verhöhnen. Was nun aber wirft dies für ein Licht auf den Charakter des Odysseus und die Macht der „Zivilisierten"?

Dies sind interessante frühe Perspektiven auf die griechische Expansion, deren Einflussgebiet sich zu Homers Zeit von Gibraltar bis zum Kaukasus und nach Ägypten erstreckte, die wiederum die Frage darauf lenken, wie die Europäer während der Zeit des Imperialismus mit fremden Völkern verfuhren, die sie teilweise ebenfalls in entmenschlichender Weise darstellten. Der Kannibalismusvorwurf, der sich womöglich aus missverstandenen fremden Mythen speiste,[9] wurde oft zur Legitimation ihrer Unterwerfung genutzt. Aus den amerikanischen Karib- und Aruaksprachen beispielsweise wurde das Wort „Kannibale" (span. *caníbal*) von Kolumbus überhaupt erst abgeleitet.[10]

In der Primarstufe wird eine solche Reflexion nicht möglich sein, da die Schüler*innen noch nichts über die Geschichte des Imperialismus wissen. Doch immerhin wird man mit ihnen darüber diskutieren können, worüber ‚wir' uns heute definieren. Man wird feststellen, dass viele der Kriterien, die die Achaier Homers ausmachten, noch heute für unser europäisches Selbstverständnis wichtig sind. (‚Wir' – Menschen des Westens oder des Globalen Nordens – definieren uns z.B. auch als diejenigen, die über die beste Technik verfügen oder eine bestimmte Kleidung tragen oder theoretisch auf der ganzen Welt militärisch intervenieren können, weil wir u.a. über entsprechende Schiffe und Flugzeuge verfügen.) Außerdem lässt sich fragen, was für uns heute das nahezu antipodisch Andere wäre – und wie man mit diesem Anderen (nicht) umgehen sollte.

5.2 Versuche der Re-Konstruktion von hinter historischen Mythen stehender Realgeschichte: Die Varusschlacht – tatsächlich der „Urknall der Deutschen"? (Sek. 1)

Schüler*innen wissen nun, dass Mythen emotional packend sein können und wichtige Botschaften verbreiten, also nicht einfach Geschichten sind, die unterhalten. Bei der Odyssee konnten sie zudem bereits lernen, dass historische Mythen zwar aus vielen fiktiven Elementen bestehen, aber gleichwohl auch einen faktischen Kern enthalten können (z.B., dass es wahrscheinlich tatsächlich eine mächtige Stadt namens „Troja" gegeben hat oder dass die Griechen tatsächlich per Schiff das Mittelmeer befuhren und dabei immer wieder mit ihnen Fremden konfrontiert wurden). Sie wissen also schon, dass Mythen nicht einfach nur „ausgedachte Geschichten" sind.

Nach dieser Erkenntnis sollen von einem Mythos ausgehend mit den Schüler*innen die Quellen befragt werden: Was wissen wir eigentlich sicher, was bleibt unklar? Und was will der Mythos, dessen fiktive Zusätze nun klarer hervortreten, mitteilen?

Als Beispiel bietet sich der für die deutsche Geschichte über Jahrhunderte hinweg bedeutende „Hermann"-Mythos an, der bereits auch von mehreren Geschichtsdidaktikern aufgegriffen wurde, wie noch gezeigt werden wird. Während der mit ihm verkoppelte Siegfried-Mythos sehr voraussetzungsreich ist, ist der „Hermann"-Mythos über das Detmolder Denkmal gut fassbar. Von dessen Analyse kann man ausgehen.

5.2.1 Das „Hermann"-Denkmal: „Hermann" – der „Urdeutsche"

Die seit 1819 geplante, aber erst 1838 begonnene und erst 1875 eingeweihte, von Ernst von Bandel geschaffene, aus Eisen und Kupfer bestehende Statue vom „Hermann" war mit 53,46m bis zur Errichtung der Freiheitsstatue von New York (1886) die höchste der Welt und sollte dem frisch gegründeten deutschen Nationalstaat den „ersten Deutschen" als heroische Identifikationsfigur präsentieren.

Folgende Inschriften finden sich auf dem Monument: Auf dem in den Himmel gereckten Schwert steht zu lesen:

„DEUTSCHE : EINIGKEIT : MEINE : STAERKE/MEINE : STAERKE : DEUTSCHLANDS : MACHT". Auf dem Schild steht „TREUFEST".

Neben weiteren Inschriften, die auf die Rolle des nachmaligen Kaisers Wilhelm I. für die Gründung des Deutschen Reiches anspielten, findet sich eine, die Tacitus, Annales II, 88 zitiert und zugleich übersetzt:

„Arminius liberator haud dubie Germaniae et qui non primordia populi romani, sicut alii reges ducesque, sed florentissimum imperium lacessierit: proeliis ambiguus, bello non victus."

„Armin, ohne Zweifel Deutschlands Befreier, der das römische Volk nicht in seinen Anfängen bedrängt hat wie andere Könige und Heerführer, sondern in der höchsten Blüte seiner Herrschaft: In Schlachten mit schwankendem Erfolge, im Kriege nicht besiegt."

Abbildung 19: „Hermann"-Denkmal (Ernst von Bandel, 1838–1875) im Jahr 2016. In den letzten Jahren verzeichnete die Anlage durchschnittlich noch 400.000 Besucher. (Foto: Hubert Berberich, CC BY 3.0)

Wenn die Schüler*innen bereits Latein als Schulfach haben, lässt sich hier fragen, ob „Germaniae“ mit „Deutschland“ wirklich richtig übersetzt sein wird.[11] Und was hat es mit diesem „Armin“ auf sich, der angeblich Deutschland befreit haben soll? Und warum wurde ihm 2000 Jahre später plötzlich ein damals über alle Maßen monumentales Denkmal gesetzt?[12] – Um dies zu beantworten, kann nun ein Blick in die (übersetzten) Quellen geworfen werden.

5.2.2 Versuch einer Re-Konstruktion: Wer war „Hermann"?

„Hermann“ heißt (vielleicht in Bezug auf Johannes Aventin)[13] erst seit Luther so. Die römischen Quellen nennen den Cheruskerprinzen, um den es hier realhistorisch geht, „Arminius“. Er wuchs als römische Geisel in Italien auf und war mit der lateinischen Sprache ebenso vertraut wie mit römischer Kriegsführung, denn er wurde von den Römern auch hier entsprechend ausgebildet und führte die cheruskischen Auxiliartruppen an. In dieser Funktion unterstand er dem römischen Statthalter Germaniens zwischen Rhein und Elbe Publius Quinctilius Varus, mit dem er persönlich gut bekannt war. 9 n. Chr. lockte er Varus in eine Falle. Gemeinsam mit Marsern, Brukterern und Cheruskern gelang es ihm, die gesamte Armee des Varus – drei Legionen (insgesamt 15.000–20.000 Mann und Tross) – zu vernichten, der am Ende der Kämpfe wohl Selbstmord beging. Zu den germanischen Quellen kommen wir später, doch auf römischer Seite haben wir ein relativ starkes Echo auf die Schlacht. Augenzeugenberichte der wenigen römischen Überlebenden sind nicht tradiert, nur Berichte, die z.T. erst viel später verfasst wurden, aber im Grunde ja letztlich nur auf Augenzeugenberichten beruhen können.

Das erklärt bereits, weshalb die verschiedenen Quellen sich teils widersprechen und wichtige Fragen offenlassen. Um welche Quellen geht es konkret? Zu Verfügung haben wir hauptsächlich:

- Velleius Paterculus, C.? (ca. 20 v.Chr.–30 n.Chr.): entstammte einer capuanischen Ritterfamilie und durchlief eine Offizierslaufbahn bis zum *legatus legionis* unter Tiberius in Germanien und Pannonien. V.P. kann also als Zeitzeuge gelten, er kannte Germanien, die Germanen und das römische Militärwesen; sein Geschichtswerk in zwei Bänden sollte nur eine Vorarbeit für Größeres sein und ist nur indirekt überliefert – in der Tendenz sehr tiberiusfreundlich, wobei ihm Varus als negative Gegenfigur dient; V.P. ist generell eher an guten wie schlechten Beispielen interessiert als am realen Geschehen

- Tacitus, P.? Cornelius (48–166): entstammte einer Familie aus der Narbonensis; zählt zu den großen Geschichtsschreibern Roms; Historiker und Politiker; bekleidete 97 Konsulat u. übernahm 112/113 Statthalterschaft von Asia; in *De origine et situ Germanorum* (kurz „Germania“) (98 n.Chr.) schildert er Sitten u. Gebräuche der Germanen, deren Quellenwert durch die Idealisierung der Germanen beeinträchtigt wird: Germanen werden als den Römern ebenbürtig beschrieben (bzw. als „die besseren Römer“, so griffig Sommer)[14] und als ständige Gefahr für Rom dargestellt; die „Germania“ wurde in der Abtei Hersfeld aufgefunden und ca. 1455 nach Italien gebracht, wo sich als Erster der spätere Papst Pius II. mit ihr beschäftigte. Wichtig für den „Hermann“-Mythos aber waren vor allem die *Annales*, die erstmals Einzelheiten über Arminius liefern; 1515 las Ulrich von Hutten die *Annales* in Italien und betrachtete daraufhin Arminius als ersten deutschen Freiheitskämpfer
- Florus (1. Hälfte des 2. Jahrhunderts): verfasste ca. 120 eine kurze, nicht fehlerfreie Kriegsgeschichte in zwei Bänden von der Gründung Roms bis zur Varusschlacht; verherrlicht darin die römischen Erfolge; wurde im Mittelalter viel rezipiert
- Cassius Dio, Lucius (155–ca. 240); stammte aus dem griechischsprachigen Osten des Römischen Reiches und schrieb auch auf Griechisch; Politiker und Historiker; *proconsul* in Africa und später Statthalter in den Provinzen Pannonia superior und Dalmatia; verfasste röm. Geschichte von Aeneas (!) bis zu seinem Konsulatsjahr 229 in (nur teilweise überlieferten) 80 Bänden; seine Perspektive ist stark senatorisch geprägt; von einigen Anachronismen abgesehen gilt sein ausführliches Werk als zuverlässig

Es wäre spannend und machbar, die Aussagen dieser vier Hauptquellen zu vergleichen und hinsichtlich der Frage, welche Bedeutung die Schlacht gehabt hat, zu beurteilen. Hierfür ist es sogar nützlich, dass einige Quellen erst viel später entstanden.

Natürlich kann man sich mit exzellenten Schüler*innen die lateinischen Quellen originalsprachlich vornehmen, doch wird dies die Ausnahme sein. Auch die kritischen Übersetzungen ins Deutsche werden wegen ihres Umfangs eine Herausforderung sein, die aber sehr gewinnbringend sein kann.

Zu empfehlen ist für diesen Fall folgende Ausgabe:

- Lutz Walther (Hg.), Varus, Varus! Antike Texte zur Schlacht im Teutoburger Wald. Lateinisch/Deutsch, Griechisch/Deutsch. (Reclams Universal-Bibliothek) Stuttgart: Reclam 2008

Für schwächere Lerngruppen oder bei knapp zur Verfügung stehender Zeit finden sich gute Zusammenfassungen der Quellen in folgenden Werken:

- Michael Sommer, Die Arminiusschlacht. Spurensuche im Teutoburger Wald. Stuttgart: Kröner 2009, 55–77
- Christian Heuer, Varusschlacht(en) . Erzählungen der clades Variana, in: Geschichte lernen 145 (2012), 48–54, hier 52–53 (noch knapper).

Auf Grundlage der Quellen ließe sich (ggf. didaktisch reduziert) folgender Vergleich anstellen:

Velleius Paterculus (ca. 20 v.Chr.–30 n.Chr.)	**Tacitus (48–166)**	**Florus (1. Hälfte 2. Jh.)**	**Cassius Dio (155–ca. 240)**
Was ist passiert? • Darstellung verzichtet explizit auf die Details des Geschehens • Römer seien in eine von Arminius geplante Falle gelaufen • Römer seien in Wäldern und Sümpfen zermürbt worden • schließlich habe Varus Selbstmord begangen	Was ist passiert? • alles aus der Rückblende: Heer des Germanicus sei den Spuren des Varus gefolgt (14 n.Chr.); Überlebende der Varusschlacht seien anwesend gewesen • man habe die Reste von zwei Lagern gefunden: ein großes und ein deutlich kleineres, von dem sich kaum Reste erhalten hätten	Was ist passiert? • Augustus habe die Absicht verfolgt, Germanien zu besiegen • Germanen seien zwar besiegt, aber nicht bezähmt gewesen • Einzelheiten der Schlacht werden nicht genannt	Was ist passiert? • Römer hätten über einige Gebiete in Germanien geherrscht und dort bereits Städte gründeten • Varus und seine Legionen seien von Arminius 9 n.Chr. in einen Hinterhalt gelockt worden • Arminius habe sich unter einem Vorwand von der Truppe entfernt und sich mit den Aufständischen vereint • Schlacht soll vier Tage gedauert haben • Römer seien immer weiter gezogen und hätten versucht, sich in Sicherheit zu bringen • am vierten Tag Selbstmord des Varus; Römer seien völlig aufgerieben worden

Velleius Paterculus (ca. 20 v.Chr.–30 n.Chr.)	Tacitus (48–166)	Florus (1. Hälfte 2. Jh.)	Cassius Dio (155–ca. 240)
Wer war schuld? • Varus sei physisch und geistig unbeweglich, habgierig und verweichlicht gewesen • statt im Sommer Kriege zu führen, habe Varus seine Zeit damit verschwendet, unter Germanen Recht zu sprechen • Arminius wird als ungewöhnlich intelligent und mutig geschildert • Varus habe den Warnungen des Segestes keinen Glauben geschenkt	Wer war schuld? • indirekt zu schließen aus den Maßnahmen des Caecina (s.u.): Varus	Wer war schuld? • Varus sei schuld gewesen: er habe die Romanisierung zu forsch vorangetrieben • das Terrain sei ungünstig gewesen (Wälder, Sümpfe)	Wer war schuld? • Varus war angeblich übereifrig und provozierte den Widerstand der Germanen • er habe Arminius blind vertraut • während der Schlacht ungünstiges Terrain (Wald) und schlechtes Wetter (Römer hätten nicht in Formation kämpfen und ihre Reiterei nicht einsetzen können)
Auswirkungen der Schlacht? • Tiberius sei an den Rhein geeilt und habe die Germanen gestoppt • kurz darauf sei er selbst nach Germanien eingedrungen	Auswirkungen der Schlacht? • Germanicus habe dem ausweichenden Arminius nachgesetzt • auf dem Rückweg sei Caecina auf den pontes longi von Arminius angegriffen worden, habe aber standgehalten • Germanicus sei es nicht gelungen, Arminius zu schlagen oder gar gefangen zu nehmen – trotz einiger Siege auch im Feldzug 16 n.Chr. nicht • Tiberius habe Germanicus endgültig aus Germanien abberufen (aus Missgunst, wie Tacitus suggeriert)	Auswirkungen der Schlacht? • die siegreichen Germanen hätten zahlreiche Grausamkeiten begangen	Auswirkungen der Schlacht? • Einnahme sämtlicher rechtsrheinischer Stützpunkte der Römer durch die „Barbaren" – bis auf einen einzigen • Tiberius habe die Rheingrenze gesichert, sodass die Germanen nicht nach Gallien eindringen konnten • Augustus sei betroffen gewesen und habe die Niederlage als Strafe der Götter angesehen • Germanicus hat dann wenig später die Germanen besiegt

Tabelle 11: Quellenvergleich zur Varusschlacht 9 n.Chr.

Bei einem Vergleich dieser Quellen muss betont werden, dass es *keinem* der antiken Autoren darum ging, seinen Leser*innen ein detailgetreues Bild der *clades variana* zu liefern, sondern im Vordergrund standen jeweils andere Intentionen. Beachtet werden muss auch, dass in der römischen Literatur Versatzstücke wie Sümpfe, Wälder und hinterhältige, grausame ‚Barbaren' nicht selten als Topoi dienen, um römische Niederlagen zu ‚erklären'.

Abgesehen von den schriftlichen Quellen zur Varusschlacht liegen uns archäologische vor. Lange Zeit war unklar, wo ihr Ort zu suchen sei, der sich gemäß der Überlieferung wohl drei bis vier Tage entlang der Marschrute der drei Legionen entlang zog, die unter der Führung des Varus bis zu dessen Selbstmord der Überlieferung zufolge um jeden Preis sicheres Gebiet zu erreichen versuchten. Auch die Funde bei Kalkriese bestätigen bisher diese Version nicht eindeutig. Sie belegen eine blutige Schlacht, die, das zeigen die Münzfunde, zur Zeit des Varus stattgefunden haben kann (aber theoretisch auch später, was allerdings bislang nicht belegt ist), die sich über eine gewisse Strecke zog. Zudem wurden Gräben und Wälle gefunden, von denen man lange annahm, dass es sich um Anlagen der germanischen Falle gehandelt hatte. Doch römisches Schanzwerkzeug, das man bei ihnen fand, könnten auch darauf hindeuten, dass es sich um römische Verteidigungsanlagen handelte. Der Ausgang der Schlacht ist also gewiss, die Orte und der Verlauf sind es keineswegs.

Bevor die moderne Archäologie das Gebiet am Kalkrieser Berg als zumindest ein Hauptgebiet der Schlacht bzw. des tagelangen „Schlachtens" wahrscheinlich macht, projizierten im 19. Jahrhundert romantisierte Vorstellungen das Geschehen in das Gebiet bei Detmold, das deshalb heute Teutoburger Wald heißt (wie das Gebiet in den Quellen genannt wurde) und das mit seinen dichten Wäldern und den markanten Externsteinen ideal für einen germanischen Heldenort geeignet schien. So kommt es, dass es heute zwei deutsche Erinnerungsorte der Varusschlacht gibt – einen, der dem Mythos eine landschaftliche, und einen, der dem Mythos eine wissenschaftliche Aura verleiht.

Allein mit Textquellen zu arbeiten dürfte für viele Lernende zu wenig anschaulich sein. Doch mittlerweile gibt es sehr gute, wissenschaftlich fundierte Rekonstruktionen u.a. des Kerns einer römischen Stadt bei Waldgirmes, des militärisch und logistisch wichtigen Lagers bei Haltern (das möglicherweise mit dem in mehreren Quellen genannten Aliso/Elison identisch ist, das als einziges die Varusschlacht überstanden haben soll). Solche finden sich z.B. mit kindgerechten Texten versehen im vom Landesverband Lippe und dem Landschaftsverband Westfalen-Lippe 2009 herausgegebenen Heft „Imperium – Varusschlacht – Mythos. Entdeckungsbuch für Kinder".[15] Was als Veranschaulichung hier allerdings fehlt, ist die Abbildung einer Legion, damit sich die Lernenden „15.000 Mann" vorstellen können. Eine geeignete Grafik von einer Legion ist in Peter Conollys Klassiker „Die römische Armee" zu finden.[16]

Wie ging es realhistorisch weiter? Bisweilen wurde angezweifelt, dass die *clades Variana* überhaupt einen Wendepunkt in der Geschichte darstellte. Das tat sie aber durchaus, denn wenngleich sie militärisch weiterhin präsent blieben und sogar über 200 Jahre später noch mit ihren Legionen kreuz und quer durch Germanien zogen,[17] hörten die Römer nach der Niederlage 9 n.Chr. (darin stimmen schriftliche wie auch archäologische Quellen überein) sofort damit auf, die Gebiete der „Rhein-Weser-Germanen" wie eine römische Provinz zu behandeln. Sie zogen keine Steuern mehr ein, setzten ihr Recht nicht mehr durch und gründeten keine Städte mehr.

Zwar müssen wir davon ausgehen, dass sich die allermeisten Aktivitäten der Römer in Germanien und erst recht der Germanen selbst schriftlich nicht überliefert haben. Einige weitere Aussagen lassen sich aber dennoch treffen: Die Cherusker wurden später von den Chatten besiegt und verschwanden aus der Geschichte. Die Chatten wanderten teils ab, teils gingen sie später in die Franken und die Hessen auf, deren Namen sich von ihnen ableitet. Die Marser verlieren sich nach der Varusschlacht im Dunkel der Geschichte, die Brukterer nach ihrer Vermischung mit den Franken und dem Gallien-Feldzug Attilas (451) ebenfalls.

Vor diesen Hintergründen wird deutlich, dass es sich bei der Behauptung der im Geschichtsunterricht diskutierbaren These, mit der Varusschlacht beginne die Geschichte der Deutschen, um ein Konstrukt handelt, das zwar nicht völlig von der Hand zu weisen ist, gegen das sich aber auch gewichtige Argumente einwenden ließen. Eine Pro-Contra-Debatte etwa könnte zu folgendem Ergebnis führen:

Die Varusschlacht 9 n. Chr. – „Urknall" der Deutschen?	
pro	**contra**
• Die Schlacht fand realhistorisch ziemlich sicher statt. Indizien dafür finden sich in römischen Überlieferungen und in archäologischen Funden. • Sie legte den Grundstein für ein germanisches Gebiet, das nicht unter römischer Herrschaft stand. Die Römer hörten nach der Schlacht auf, diese Gebiete wie eine römische Provinz zu behandeln. • Sie stellte ein denkwürdiges Gemeinschaftserlebnis bedeutender rechtsrheinischer germanischer Gruppen ähnlicher Kultur („Rhein-Weser-Germanen") dar, an das sich eine gemeinsame (später deutsche) Identität anknüpfen ließ. [Die Mythen um „Siegfried" und „Hermann" zeigen dies.] • Sie war im rechtsrheinischen Gebiet Ausgangspunkt einer selbstbewussten Einstellung gegenüber Rom, das man nachweislich hatte besiegen können.	• Die Römer führten auch viel später noch erfolgreiche militärische Expeditionen zwischen Rhein und Elbe durch. Militärisch gaben sie sich nach der Schlacht noch lange nicht geschlagen und brachten verschiedenen germanischen Völkern noch viele Niederlagen bei – sogar wenn diese von Arminius angeführt wurden. • Die an der Schlacht beteiligten Germanen hatten kein Selbstverständnis als „Deutsche" – vermutlich noch nicht einmal als „Germanen".[18] Eine deutsche Identität entstand erst Jahrhunderte später. (Von einer althochdeutschen Sprache z. B. geht man erst seit 750 aus.) • Die Deutschen des 19. Jahrhunderts, denen der Mythos so wichtig war, stammten (z. B. wegen der Völkerwanderung und späteren Zuwanderungen) vermutlich nur noch zu einem relativ geringen Prozentsatz von jenen Germanen ab, die unter Arminius gekämpft hatten.

Tabelle 12: Pro-Contra-Debatte über die Bedeutung der Varusschlacht

5.3 De-Konstruktion von historischen Mythen (Sek. 2): „Hermann"/Siegfried – die deutschen Helden und ihre Mythenkopplungen

5.3.1 Fachliche Hintergrundinformationen

Nachdem die Lernenden nun eine Idee davon haben, wie sich von einer Momentaufnahme des Mythos aus seine Anteile an Realgeschichte bestimmen (und in Ansätzen womöglich bereits interpretieren) lassen, stellt sich nun die Frage, wie sich der Mythos ausgehend von der festgestellten Realgeschichte bis zu seinen späteren Ausformungen entwickelt hat – und warum. Es geht hier also um die Frage nach der Mythengenese, ihren Ursprüngen, ihren Trägergruppen und deren Motiven, aber auch um Kopplungen/Ansippungen mit anderen Mythen sowie ggf. darum, wie andere Mythen für eigene Zwecke gekapert werden, oder auch, wie der eigene Mythos von anderen gekapert wird. Es empfiehlt sich, dies in Form eines diachronen Unterrichtsarrangements durchzuführen, das (im rezeptionsgeschichtlich einfachen oder im didaktisch reduzierten Fall) entweder eine lineare Entwicklung, oder aber, baumartig die nachvollziehbare Verästelung aufzeigt. Man sollte hier bei den einflussreichsten Objektivationen des Mythos bleiben, um sich nicht zu sehr ins Detail zu verlieren. Wie also entwickelte sich aus einem realgeschichtlichen Ereignis heraus ein Mythos? Auch dies lässt sich an Arminius und „Hermann" gut nachvollziehen und soll auch an diesem Beispiel weiter gezeigt werden, damit wir uns nicht bei jedem didaktischen Zugriff in neue Mythen eindenken müssen.

Seit Deutsche nach dem faktischen Verlust Reichsitaliens sowie im Zuge des Humanismus und der Reformation auf der Suche nach einer nationalen Identität waren, stellte sich, wie oben gezeigt, die Frage nach dem Anfang der deutschen Geschichte. Insbesondere Protestanten trachteten danach, sich von Roms (lateinischer) Bevormundung und Abgabenlast (Ablasshandel, Kirchenzehnt) zu befreien. In jener Zeit stieß man zufällig auf die in Vergessenheit geratene Schrift *De origine et situ Germanorum liber* (vulgo *Germania*, ca. 98 n.Chr., s.o.) des Publius Cornelius Tacitus. In diesem Büchlein beschreibt der römische Historiker die Völker rechts des Rheins, die selbst keine schriftlichen Zeugnisse hinterließen, als besonders stark, gesund und tugendhaft. Obwohl es Tacitus dabei nicht um eine ethnographisch objektive Beschreibung ging, sondern er nicht zuletzt seinen römischen Landsleuten einen läuternden Sittenspiegel vor Augen halten wollte, nahmen deutsche Patrioten (und später auch deutsche Rassisten) die kleine Schrift gern auf und werteten ihre – wie wir heute wissen – teils fantasievollen Inhalte als historische Tatsachen. In seinen *Annalen* (*Ab excessu divi Augusti,* entstanden 110–120 n.Chr.) schließlich geht Tacitus auch auf eine Person ein, die ganz besonders dem Geschmack deutscher Vaterlandsliebe entsprach: auf den Cheruskerfürsten, dessen lateinischer Name Arminius lautete. (Vgl. Kap. 5.2)

Wenn wir untersuchen, wie sich aus Arminius Taten Mythen entspannen, müssen wir jedoch mehrgleisig fahren, denn hier lässt sich besonders gut nachvollziehen, wie wandelbar, anpassungsfähig und kopplungsfähig einige Mythen sind.

Im Sieg des Arminius über den römischen Statthalter Varus 9 n.Chr. also meinten die deutschen Patrioten der Renaissance einen ruhmreichen Beginn der deutschen Geschichte gefunden zu haben, und genau das begeisterte sie an Tacitus so sehr. Luther, der nicht nur die Bibel in die deutsche Volkssprache übersetzte, sondern auch durch andere Aktivitäten ein kollektives deutsches Selbstbewusstsein förderte, nannte ihn in Ermangelung eines originären Namens „Herman" (sic), d.h. ‚Heer-Mann' oder Kriegsmann.[19]

‚Deutschland' blieb auch in der Folge ein theoretischer Begriff, doch der Wunsch nach einem eigenen Nationalstaat wuchs – insbesondere während der schrecklichen Erfahrungen des Dreißigjährigen Krieges und angesichts eines Friedens, den das Reich nicht für sich aushandeln durfte, sondern nur gemeinsam mit ausländischen Mächten. Dass allein während des 17. Jahrhunderts 37 Opern zum „Hermann"-Mythos entstanden, zeigt, wie populär er damals war. Im 18. Jahrhundert, so Björn Onken, sicherte der „Hermann"-Kult die Vorstellung der „Nation als imaginierte Kampfgemeinschaft"[20] und gewann dadurch zentrale Bedeutung für die Deutschen. Anfang des 19. Jahrhunderts vermochte das aus halbautonomen Herrschaften bestehende Reich Napoleons Expansionsdrang zunächst wenig entgegenzusetzen. In dieser Situation der als Schmach empfundenen französischen Vorherrschaft wuchs die politische Bedeutung des „Hermann"-Mythos erst richtig an und erreichte damals ihren Höhepunkt. Zu erwähnen ist hier vor allem Heinrich von Kleists 1808 verfasstes Drama *Die Hermannsschlacht* – zwei Jahre nach der Auflösung des Heiligen Römischen Reiches.

Nach der Völkerschlacht von Leipzig (1813) erwuchs den sich zuvor gedemütigt fühlenden Deutschen neues Selbstbewusstsein. Ähnlich wie Arminius war ihnen das scheinbar Unmögliche gelungen: Sie hatten sich zusammengetan und gemeinsam (mit Verbündeten) das militärische Genie Napoleon besiegt und damit zwar noch keinen eigenen deutschen Nationalstaat geschaffen, aber immerhin die französische Herrschaft in Deutschland beendet.

Abbildung 20: Karl Russ, „Hermann" löst Germanias Ketten (Grafik von 1818 – nach der Völkerschlacht von Leipzig)

Um die Deutschen weiter in ihrem Bestreben anzuspornen, sich in einem eigenen Nationalstaat zusammenzufinden, machte sich Ernst von Bandel 1819 an die Konzeption des eingangs erwähnten monumentalen „Hermann"-Denkmals. Als größte Statue der Welt geplant sollte es den Teutoburger Wald überragen und sein Schwert (nach mehreren Umplanungen) drohend Richtung Frankreich recken, denn Frankreich war nun das Imperium, gegen das sich die Deutschen den Germanen gegen die Römer gleich zur Wehr setzen sollten. Da die deutschen Teilstaaten naturgemäß wenig Ambitionen hatten, ein Denkmal zu unterstützen, das ihre Abschaffung vorsah, wurde das Projekt aus Spenden finanziert, die von vielen Privatleuten an Bandel flossen, unter anderem von Heinrich Heine. Die ursprüngliche Aussage des Denkmals hatte sich inzwischen seit dem Baubeginn vom „vormärzlich kulturnationalen Patriotismus" zum „Symbol des Sieges über Frankreich, den Erbfeind", gewandelt.[21]

Abbildung 21: „König Wilhelm in Bandels Atelier vor dem Kopfe Hermanns". Im Hintergrund das beschriftete Schwert. Hermann Lüders, „Daheim: ein deutsches Familienblatt mit Illustrationen" 1869

Abbildung 22: Einweihung des „Hermann"-Denkmals, Detmold 16.8.1875; Hermann Lüders, „Illustrierte Zeitung" 1875

Bei der Einweihung 1875 hatten sich die Rahmenbedingungen erneut gewandelt: Unter Bismarcks Führung war es als Resultat des gemeinsamen Sieges über Frankreich 1870/71 zur Gründung des kleindeutschen Nationalstaates gekommen, was bei den Feierlichkeiten am „Hermann" mit Anwesenheit des Kaisers gewürdigt wurde.

Auch in den USA knüpften deutsche Auswander*innen an die Errichtung des „Hermann" bei Detmold an. Sie hatten bereits 1840 in New York einen „Order of Hermann's Sons", der 1887 die Errichtung einer Hermann-Statue nach dem Vorbild derjenigen in Detmold beschloss. Sie wurde in New Ulm (Minnesota) errichtet und im Jahr 2000 vom Kongress zum „symbol of German heritage" erklärt.

Doch neben „Hermann" gibt es möglicherweise einen weiteren mythischen Zweig, der sich aus Arminius entwickelte. Denn vielleicht schlug sich dieses Ereignis auch in der mythischen Gestalt Siegfrieds des Drachentöters nieder. Dafür gibt es keine Beweise, wohl aber eine Reihe bedenkenswerter Argumente: Von Arminius wissen wir, dass sein Vater Segimer bzw. Sigimer (Siegmar) hieß.

Abbildung 23: „Hermann the German" – in New Ulm (USA), 1887 (Foto: Jonathunder)

Es klingt plausibel, dass sein Sohn ähnlich geheißen haben könnte (Sigurd bzw. Siegfried), da dies im germanischen Bereich üblich war. Tacitus berichtet in seinen *Annalen*, dass Arminius noch immer bei den germanischen Völkern besungen werde. (Tacitus, Annales II, 88.) Tatsächlich wäre es ja auch seltsam, wenn solch eine spektakuläre Leistung gar keinen Widerhall in der mündlichen Überlieferung der Beteiligten und ihrer Erben gefunden hätte. Zudem lassen sich im Nibelungenlied alle bedeutenden Figuren einigermaßen sicher historischen Personen zuordnen – nur ausgerechnet Siegfried nicht. Es wäre doch unverständlich, wenn gerade der Held der Helden als Einziger nur rein fiktiv sein sollte, und wer, wenn nicht Arminius, käme als historisches Vorbild denn in Frage? Eine deutliche Parallele beider besteht nicht zuletzt darin, dass sowohl Arminius als auch Siegfried aus dem Umfeld ihrer Sippe ermordet werden. Siegfried wird im Nibelungenlied darüber hinaus als „Prinz von Xanten" betitelt, obwohl es im Mittelalter dort keinen bedeutenden Fürstensitz gab. Die römischen Ruinen der Colonia Ulpia Traiana, die den wohl wichtigsten militärischen Ausgangspunkt für die rechtsrheinische römische Expansion darstellte, waren jedoch bekannt. Schließlich übernahmen auch die spätrömischen Truppen die ursprünglich von asiatischen Reitervölkern verwendete Draco-Standarte (in Form eines Drachen), sodass Rom nicht nur mit dem Adler, sondern auch mit dem Drachen assoziiert werden konnte. Der Drache wiederum wurde in der germanischen Mythologie als riesiger Lindwurm gedacht. Die Vorstellung, wie er sich mit seinen glänzenden Schuppen durch die Wälder windet, könnte durchaus an kilometerlange römische Marschkolonnen erinnern. Darüber hinaus heißt es im Nibelungenlied, dass Siegfried durch sein Bad im Drachenblut (fast) unverwundbar geworden sei, was bedeuten könnte, dass er durch seine Ausbildung in der römischen Armee mit deren Kriegstechnik bestens vertraut war (und vielleicht auch einen römischen Brustpanzer trug). Auch bewachte der Drache einen Schatz, wie auch Varus nach Maßgabe der germanischen Welt bedeutsame Reichtümer mit sich geführt haben wird, die sicherlich den Prunk des Hildesheimer Silberfundes (1868), der möglicherweise zu Teilen aus Beutestücken der Varusschlacht besteht, weit überstiegen haben dürften.[22] Letztlich heißt es, Siegfried habe durch das Kosten des Drachenblutes „die Sprache der Vögel" verstanden,[23] was darauf hindeuten könnte, dass er Latein beherrschte. – Kurz, obwohl der letzte Beweis nicht erbracht werden kann, spricht einiges dafür, dass Sigurd der Drachentöter und der Siegfried des Nibelungenliedes ein mythisches Echo auf Arminius, den Sohn des Segimer, sind. Explizit äußerte diese Vermutung 1820 zuerst Karl Ludwig Sand (radikaler Burschenschaftler und Mörder August Kotzebues), zwei Tage vor seiner Hinrichtung:

„Will uns die deutsche Kunst einen erhabenen Begriff von Freiheit bildlich geben, so soll sie unsern Hermann, den Erretter des Vaterlandes, darstellen, stark und groß, wie ihn das Nibelungenlied unter dem Namen Siegfried kennt, der kein anderer als unser Hermann ist.“[24]

Später vertrat prominent der Wiener Altgermanist Otto Höfler (1901–1987) diesen Gedanken.[25]

Ein dritter möglicher Strang bezieht sich auf „Irmin“. In den Sachsenkriegen, so die Überlieferung, zerstörte Karl der Große 772 die „Irminsul“ – die „Irminsäule“. Sie symbolisierte wohl den Weltenbaum, der in der Edda *Yggdrasil* genannt wurde. Da so wenig über ihre Gestalt und die Herkunft des Namens „Irmin“ bekannt war, wurde bald eine Verbindung zum ähnlich klingenden Namen „Armin“ hergestellt. Als sich das „Hermann“-Denkmal im Bau befand, wurde es daher bald auch „Herrmannsäule“ genannt.[26]

Abbildung 24: Irminsul, fantasievolle Darstellung nach Sebastian Münster; Holzschnitt aus der Cosmographey, um 1590

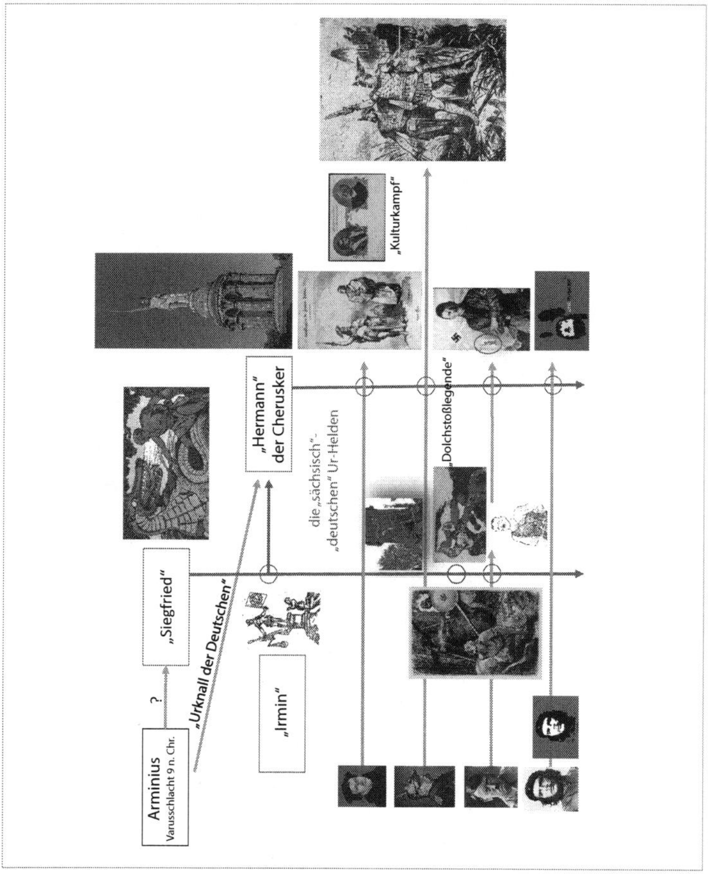

Abbildung 25: Mythenkopplungen am Beispiel „Irmin“ – „Hermann“ – „Siegfried“ (F. Hinz)

An die beiden parallelen Mythen „Siegfried“ und „Hermann“, die nie ganz in eins verschmolzen, koppelten sich zahlreiche Personenmythen als Mythen durch Überhöhung an: Martin Luther, der ja „Hermann“, dem angeblich ‚ersten Deutschen‘, seinen deutschen Namen gab, wurde selbst zum Mythos[27] und gewissermaßen auch selbst zum ‚Hermann‘, denn auch er ‚besiegte Rom‘, indem er sich in der Reformation gegen den Papst behauptete.

Abbildung 26: Karikatur während des Kulturkampfes 1875: „Hermann und Luther gegen Rom", „Kladderadatsch" 15.8.1875

Das machte ihn nicht nur zum protestantischen, sondern (insbesondere unter der Herrschaft der protestantischen, preußischen Hohenzollern) auch zum deutschen Helden. Heinrich von Treitschke schrieb in diesem Sinn 1883 über Luther:

„Das ist Blut von unserem Blute. Aus den tiefen Augen dieses urwüchsigen deutschen Bauernsohnes blitzte der alte Heldenmut der Germanen, der die Welt nicht flieht, sondern sie zu beherrschen sucht durch die Macht des sittlichen Willens; und weil er herausragte, was im Gemüte seines Volkes schon lebte, nur deshalb konnte der arme Mönch, der soeben noch aus dem stillen Augustinerkloster am Monte Pincio demütig hinübergepilgert war nach den Hallen von St. Peter, in wenigen Jahren wachsen und wachsen und schließlich der neuen römischen Weltmacht ebenso furchtbar werden wie einst die deutschen Kohortenstürmer dem Reiche der Cäsaren.“[28]

Andersherum kann man aber auch behaupten, dass durch die Verkopplung mit dem Luthermythos „Hermann“ zum Protestanten wurde.[29]

Der Mythos um Bismarck,[30] den Reichsgründer und „eisernen Kanzler“, koppelte sich dann sowohl mit jenem „Hermanns“ als auch Luthers (der mit dem „Erweckungserlebnis“, dem „Thesenanschlag“ oder dem „Wurf mit dem Tintenfass“ gleich mehrere Untermythen sogar durch Fiktionalisierung beinhaltete). Wie beide kämpfte auch er im „Kulturkampf“ ‚gegen Rom‘.[31]
In einer Karikatur von 1875 erscheint er als ‚neuer Hermann‘. In der Pose des im selben Jahr eingeweihten Detmolder Hermanndenkmals und gleichfalls der unbeugsamen Nibelungen setzt er siegreich seinen Fuß auf ein ‚römisches‘ Feldzeichen, auf dem jedoch nicht „SPQR“, sondern „SI“ (*Societas Iesu*) zu lesen ist – eine klare Anspielung auf sein Bestreben, den Jesuiten und der Katholischen Kirche im preußisch-protestantisch dominierten Reich keine Macht (z.B. im Schulunterricht) zuzugestehen.

Abbildung 27: Karikatur „Die neue Hermannschlacht", Bismarck als Hermann (neben dem preußischen Kultusminister Adalbert Falk), „Berliner Wespen" 1875

Abbildung 28: Postkarte um 1900, die den Luthermythos mit dem Bismarckmythos koppelt. Es gehört nicht viel Fantasie dazu, sich das in der Rechten hochgereckte Schwert „Hermanns" jeweils bildlich dazu zu denken. (Sammlung Otto May)

Darüber hinaus wurden im Kaiserreich auch die Personenmythen um diese beiden protestantisch-deutschen Helden immer wieder miteinander verknüpft. Gut deutsch sein, hieß nach preußischer Auffassung damals, protestantisch zu sein. Katholiken standen im Verdacht des Ultramontanismus, also im Zweifelsfall eher dem (jenseits der Berge residierenden) Papst loyal zu sein als dem protestantischen Kaiser in Berlin. So, wie sich Arminius alias „Hermann" gegen Rom durchgesetzt hatte, hatte auch Luther sich gegen Rom behauptet. Und so, wie Luther den Protestantismus begründet hatte, galt Bismarck als der Begründer des preußisch dominierten Deutschen Reiches.

Mythenkopplungen sind punktuell-assoziativ, d.h. für die hergestellten Verbindungen reichen oft einzelne bekannte Mytheme. Genau dieser Punkt, dass Bismarck das Reich mit „Blut und Eisen" zusammenschmiedete, wurde wiederum an den Siegfried-Mythos gekoppelt. So ist zu erklären, dass Siegfried, der beim zeitgenössischen Wagner auch als Schmied seines Schwerts „Notung" in Erscheinung tritt,[32] auf dem heute etwas versteckten, aber ursprünglich vor dem Reichstagsgebäude platzierten Bismarck-Nationaldenkmal von 1901 eine Rolle spielt. Es gab damals auch Karikaturen und sogar Statuetten, die Bismarck als „Schmied des Reiches" darstellten, wobei das Schwert das Reich symbolisierte.[33] So, wie das Deutsche Reich als Nationalstaat keine Geschichte oder Tradition hatte, lag auch hier das Bedürfnis nach einem mythischen Urbeginn vor, den man eben sowohl bei „Hermann" (Hermann-Nationaldenkmal in Detmold von

1875) als auch bei Siegfried (Bismarck-Nationaldenkmal in Berlin 1897–1901) suchte.

Abbildung 29: Siegfried schmiedet das Reichsschwert am Bismarck-Nationaldenkmal (1901), Berlin (Foto: F. Hinz)

Bei „Hermann" lag dies umso näher, als dass der Mythos in seinem die archetypische Matrix bildenden Kern davon berichtet, wie sich freiheitsliebende Gruppen zusammentun und gemeinsam einen eigentlich übermächtigen imperialen Gegner zurückschlagen.[34] Dem entgegen stand jedoch von Beginn an die Theorie der *translatio imperii*, die Idee, dass das Römische Imperium im Heiligen Römischen Reich bzw. im deutschen Königtum fortexistiere. Nur wenn ein deutscher Einheitsstaat oder zumindest die Macht auch einzelner deutscher Staaten als inexistent wahrgenommen wurde, bekam der „Hermann"-Mythos Aufwind. Nach der (fast) vernichtenden Niederlage Preußens gegen Napoleon 1806 (um den sich ein eigener starker Mythos spann)[35] wurde daher im deutschen Raum bereits der Ruf nach einem „neuen Hermann" laut. Ernst-Moritz-Arndt schrieb im Kontext der Befreiungskriege:

„Zu meinem Volke wollte ich reden; aber wie spreche ich zu dir, deutsches Volk? Was bist du und wo bist du? […] Bist du Hermanns, bist du Luthers Volk und Gustav Adolfs, der auch dein Mann und Held war?"[36]

Hier wird also auch der Personenmythos um den schwedischen König Gustav II. Adolf, der 1630–32 in den Dreißigjährigen Krieg eingriff und als Retter des Protestantismus interpretiert wurde, in den Reigen der Erben des Arminius aufgenommen.

„Hermann" war so lange eine brauchbare Sinnstiftungsressource, wie die Franzosen das Kaisertum innehatten und expansiv nach Deutschland hinein vordrangen.[37] Problematisch wurde es 1871, denn nun waren die Napoleons besiegt. Jetzt waren die Deutschen nicht mehr die *Freiheitskämpfer*, sondern selbst das *Imperium*, und statt ‚Freiheit' standen nun eher ‚Einheit' und ‚Treue' auf der politischen Agenda. Arminius Sieg jedoch war nur durch dessen Treuebruch gegenüber Varus, der ihm vertraut hatte, möglich gewesen. Und auch die Loyalität des durch seine Stärke, seinen Reichtum wie auch wegen seines übermütigen Charakters frei drehenden Siegfrieds gegenüber seinen drei königlichen Schwagern Gunther, Gernot und Giselher war problematischer Art. Dieser Aspekt Siegfrieds, der ein Echo auf die in historisch belastbaren Quellen nicht fassbare verbleibende Lebenszeit des Arminius nach der gewonnenen Schlacht sein könnte, führte denn auch zu seiner Ermordung durch Hagen von Tronje. Sowohl in Bezug auf den historischen Arminius als auch auf Siegfried haben wir es also gewissermaßen sogar mit einem doppelten Treuebruch zu tun. Kaiser Wilhelm I. (der im Gegensatz zu Bismarck als Person auch immer recht farblos blieb, und daher, obwohl er der erste Kaiser des neuen Reiches war und ihm auch zahlreiche Reiterstandbilder gewidmet wurden, nicht zum Mythos durch Überhöhung wurde) hatte daher wenig Interesse daran, mit Hermann oder Siegfried assoziiert zu werden. Auf der Sockelinschrift des „Hermann"-Denkmals steht Wilhelm zu Ehren noch zu lesen:

„Der lang getrennte Staemme vereint mit starker Hand,
Der welsche Macht und Tücke siegreich überwandt,
Der längst verlorne Söhne heimführt zum Deutschen Reich,
Armin, dem Retter ist er gleich."

Doch am 14. Juli 1861 hatte der Leipziger Student Oskar Becker (1839–1868) bereits ein Attentat auf Wilhelm verübt, dem dieser nur mit viel Glück entkam. Drei weitere Attentate auf den Monarchen sollten folgen, sodass für diesen später immer weniger Anlass bestand, sich mit jemandem zu identifizieren, der einem Attentat zum Opfer fiel, weil er (so Tacitus) nach der Königswürde gegriffen habe. (Hier haben wir vermutlich wiederum ein Echo auf die Ermordung Caesars vorliegen.) Der „Hermann“ hatte also trotz Nationaldenkmal auch im Kaiserreich bereits einen schweren Stand. „Daran“, so Werner M. Doyé, „scheiterte auch sein Mythos, ein von den eigenen Gefolgsleuten erschlagener Monarch machte sich nicht gut in der Propaganda gegen die Sozialdemokratie und andere innere Gegner.“[38]

Ähnlich wie bei Wilhelm I. verliefen die Mythenkopplungen bei den Nationalsozialisten und Hitler. Bis zur ‚Machtergreifung‘ 1933 sahen sie sich vornehmlich als ‚Bewegung‘ und Kämpfer gegen die Unterdrückung Deutschlands durch die Siegermächte des Ersten Weltkrieges.

Abbildung 30: Die Nationalsozialistische ‚Bewegung‘ als Erbe des ‚deutschen Freiheitskampfes‘ unter „Hermann“, Postkarte, Detmold, Wilfried Mellies/Greifswald, Dirk Mellies

Hitler war sich als fähiger Demagoge bewusst, dass zu seinen Vorstellungen vom Führerstaat ein starker Mythos um seine Person notwendig war, an dem er seit Beginn seiner politischen Aktivitäten konsequent in Wort, Bild, Ton und Agitation arbeitete. Er war in dieser Hinsicht so erfolgreich, dass der „Führermythos“ bis heute sogar noch in Schulgeschichtsbüchern nachwirkt.[39]

Abbildung 31: Hitler, der neue „Hermann“, Postkarte o. J., Sammlung Wilfried Mellies, Detmold

Mit dem „Ermächtigungsgesetz“ und der Etablierung des „Dritten Reiches“ wurden Hitler, der sich anfangs viel bei Benito Mussolini abschaute, Assoziationen mit den als wild und plump geltenden Germanen eher peinlich. In den öffentlichen Selbstdarstellungen auf Parteitagen wurden vielmehr Bild-Bezüge auf den Mythos „Rom“ deutlich. Auch hier spielten nun Einheit (Gleichschaltung) und Treue (Vereidigungen auf Hitler persönlich) eine größere Rolle als Freiheit, die ja in der Logik der Nationalsozialisten nunmehr völlig erreicht war. Und auch Hitler fürchtete Attentate, die sich seit 1933 mehrfach gegen seine Person richteten. Auch passte der „Hermann“-Kult nicht gut zum Achsenbündnis Berlin-Rom, sodass er ab 1933 keine bedeutende Rolle mehr für die Nationalsozialisten spielte.
Eine solche auch in der nationalsozialistischen Propaganda spielte in Bezug auf Siegfrieds Ermordung jedoch die 1918 für viele Deutsche unvorhergesehene und daher schwer nachvollziehbaren Niederlage der Mittelmächte im Ersten Weltkrieg, die von den ehemaligen Häuptern der OHL als durch einen „Dolchstoß“ verursacht erklärt wurde. (Gerd Krummeich sieht in ihr das „notwendige Korrelat“ zum Mythos vom „Augusterlebnis“ 1914.)[40] Hindenburg selbst griff das Siegfried-Bild nach der Kriegsniederlage auf: „Wie Siegfried unter dem hinterlistigen Speerwurf des grimmigen Hagen, so stürzte unsere ermattete Front; vergebens hatte sie versucht, aus dem versiegenden Quell der heimatlichen Kraft neues Leben zu trinken.“[41] Der ehemalige Generalfeldmarschall und spätere Präsident hatte das Bild offenbar so plastisch vor Augen, dass er sogar die Trinksituation Siegfrieds in seiner metaphorischen Erklärung berücksichtigt.

Abbildung 32: Siegfrieds Ermordung in einer Sammlung deutscher Heldensagen aus der NS-Zeit[42]

Abbildung 33: Der „Dolchstoß" . Wahlplakat der DNVP, 1924. (Es gibt zahlreiche ähnliche Karikaturen.)[43] (Deutsches Historisches Museum, Berlin Inv.-Nr.:P 61/1591)

Die Reichswehr wird hier also mit Siegfried gleichgesetzt und damit auf den Heldensockel gehoben. Der Krieg sei nur verloren worden, weil den Frontsoldaten – „im Felde unbesiegt“ – der nötige Rückhalt in der Heimat verwehrt worden sei, das Heer gleichsam von hinten erdolcht wurde durch unpatriotische, sozialdemokratische bzw. kommunistische (in der damaligen Logik vielfach bereits dadurch automatisch ‚jüdische‘) Kräfte.[44] Wir haben hier also eine verhängnisvolle Kopplung zwischen den Mythen von Siegfried mit dem damals bereits vitalen Verschwörungsmythos, dass Juden überall heimlich aber effektiv gegen die Nationalstaaten arbeiteten, um selbst eine Weltherrschaft zu errichten.[45] Der Kommunismus galt aufgrund seiner internationalen und antikapitalistischen (mithin als doppelt ‚bedrohlichen‘) Stoßrichtung Vielen der politischen Rechten und sogar vielen liberalen und konservativen Deutschen als ‚jüdische‘ Ideologie. Dass jedoch Hagen, so eine mögliche Lesart, Siegfried ermordete, um den Staat der Burgunden und die Ehre seiner Könige zu *schützen*, wird hier außer Acht gelassen.

Bis 1945, solange „Hermann“ und „Siegfried“ noch wichtige nationale Identitätsträger waren, verliefen die Deutungsstränge inhaltlich weitgehend homogen: Man war sich darüber einig, dass man hier *die* deutschen Helden schlechthin vor sich hatte, mit denen man auch die deutsche Geschichte beginnen lassen wollte.

Gefeiert wurde der Siegfriedmythos auch in der Kunst. Ein Beispiel sind die seit 1876 durchgeführten Bayreuther Festspiele, auf denen die zehn letzten Opern Richard Wagners gepflegt werden, zu denen auch der dreieinhalbtägige Opernzyklus *Der Ring des Nibelungen* mit der Oper *Siegfried* (zweiter Tag, 1876) gehört. Auch hier steht der Drachenkampf gegen den Lindwurm Fafner im Fokus.

Anlehnungen an Wagner werden auch in Fritz Langs epischem, zweiteiligen Stummfilmdrama *Die Nibelungen* (1924) deutlich, das sich aber deutlicher an der mittelalterlichen Überlieferung orientiert. Dessen erster Teil – *Siegfried* – zeigt einen von Paul Richter gespielten vor schierer Kraft und Lebensfreude berstenden Siegfried. Man versteht in diesem Film ohne Weiteres, dass Siegried für die Könige der Burgunden, deren Schwester er heiratet und an deren Hof er sich aufhält, mit seiner übermenschlichen Stärke, seinem unglaublichen Reichtum und seiner unwiderstehlichen Leutseligkeit die pure Provokation ist. Seine Ermordung durch Hagen von Tronje kommt daher nicht überraschend. Man kann wirklich nicht behaupten, dass der Film der Dolchstoßlegende das Wort redet. Er bleibt auch beim ‚edlen' Speer, statt diesen gegen den ‚tückischen' Dolch auszutauschen.

Abbildung 34: Ermordung Siegfrieds in Fritz Langs Spielfilm „Die Nibelungen", 1. Teil (1924)

Während die Assoziation Hitler – Siegfried von den Nationalsozialisten nicht zuletzt vor dem Hintergrund dieses Kinoerfolgs genauso gemieden wurde wie nach der Wahl Hitlers zum Reichskanzler jene zu „Hermann", eigneten sich die Nibelungen (nach Siegfrieds Tod) in ihrer Todesverachtung hervorragend für die NS-Propaganda. – Hitler als Siegfried, das war eher Stoff für dessen politische Gegner.

Abbildung 35: Hitler als Siegfried auf dem Cover der Dada-Szene-Zeitschrift „Die Pleite" zum Hitlerputsch: „Ich schlage vor, dass die Leitung der Politik der deutschen Regierung ICH übernehme. Der morgige Tag findet entweder in Deutschland eine nationale Regierung oder uns tot. Es gibt nur eins von beidem."

Weniger erfolgreich (und künstlerisch weniger hochwertig) als Fritz Langs *Die Nibelungen* war Leo Königs Stummfilm *Die Hermannschlacht* von 1924, doch lässt sich an ihm hervorragend zeigen, wie sich Geschichtskultur und Politik bedingten: Denn die Filmpremiere fällt genau in die Zeit der französischen Ruhrbesetzung, sodass die Botschaft des „Hermann"-Denkmals zu Detmold ohnehin wieder an Relevanz gewann und durch den Film nun nochmals verstärkt wurde. Am Schluss der Premiere soll vom Publikum sogar gemeinschaftlich das Deutschlandlied angestimmt worden sein.[46] Der Gründungsmythos wurde zur Zeit der Weimarer Republik zum Rettungsmythos umgedeutet, wie Björn Onken treffend feststellt.[47]

Abbildung 36: Varus (de Stefano-Vitate) ahnt seinen Untergang. „Die Hermannschlacht", 1924[48]

Nach 1945 war „Hermann", der bereits nach 1875 deutlich an Strahlkraft eingebüßt hatte,[49] in den Augen vieler Deutscher desavouiert, sodass er nun zunehmend auch eine Entheroisierung oder gar auch Gegendeutungen erfuhr. (Vgl. Kap. 5.4) Gleichsam aus der Zeit gefallen wirkt daher 2008 das in seiner Unbefangenheit anrührende Vorwort des zugewanderten Kroaten Tihomir Bunovic (geb. 1927), der sich – offenbar nationalbewusster als derzeitige Durchschnittsdeutsche sozialisiert – des Arminius-Stoffs in einer eigenen Monografie angenommen hat:

> „*Einführung*
> *Dieses Buch stammt aus dem [sic] Feder eines Fremdlings, dem Deutschland seine Wahlheimat geworden ist. Er war in seinem Heimatland als Student aus politischen Gründen verhaftet und in dem Maße gefoltert, dass er deswegen dort zweimal klinisch tot war.*
> *Es ist selbstverständlich, dass er wissen wollte, was für Menschen die Deutschen sind, die ihm nicht nur Zuflucht gewährleisteten, sondern ihn auch als Staatsbürger auf- und angenommen hatten.*
> *Aus diesem Grund hat der Fremdling angefangen die Geschichte seiner Gastgeber zu erforschen. Wer nicht die Geschichte des eigenen Volkes kennt oder des Volkes, in dessen Land er lebt, wird vieles nicht verstehen.*
> *Bei der Arbeit an diesem Buch konnte sich der Fremdling in die Lage und die Lebensart der Altgermanen versetzen und wie in einem lebendigen Film das miterleben, was sich vor ca. 2000 Jahren hier im Herzen Germaniens ereignet hat.*
> *Die höchst geschätzte [sic] Tugenden der Germanen waren die Ehre und die Treue (Altdeutsch Triuwe) zum gegebenen Wort. Beides galt als heilige Pflicht bei den Germanen schon zur Zeit des römischen Schriftstellers Tacitus, der sich damit eingehend beschäftigt hat.*
> *Die Germanen waren gute Patrioten, und sie liebten ihr Vaterland „grenzenlos". Diese Tugenden sollen weiter gepflegt werden [...].*
> *Der Autor*"[50]

In Deutschland konnte man sich damals dieses Themas eigentlich nur noch in gebrochener Form annehmen. Denn schon seit 1871 war die Identifizierung mit den Römern mindestens ebenso groß wie die mit den aufständischen Germanen. Erstens war seitdem Deutschland selbst ein Imperium nach Vorbild Roms, das sich seinerseits am Heiligen Römischen Reich orientierte, und zweitens war den Deutschen stets bewusst, dass die ehemalige Grenze des Römischen Reiches quer durch ihr Staatsterritorium verlief und drei der sieben Kurfürsten des Alten Reiches die Erzbischöfe der alten Römerstädte Köln (Colonia Claudia Ara Agrippinensium), Mainz (Mogontiacum) und Trier (Augusta Trevererum) waren. Vielsagend ist bereits die Bezeichnung „Varusschlacht", denn Schlachten werden gewöhnlich nicht nach ihren Verlierern benannt. Aber genauso wie der ungewöhnliche Erfolg des Arminius faszinierte die Deutschen auch das Schicksal des Varus, der mit seinen

Legionen unterging, weil er verraten worden war und dessen überlieferter spektakulärer Selbstmord den Schluss nahelegt, dass er doch ein hohes Verständnis von Ehre hatte. Ausdruck dieser bis heute anhaltenden Auseinandersetzung mit dem Mann, der aus dem rechtsrheinischen Germanien beinahe eine römische Provinz gemacht hätte, ist auch die Statue *Der gescheiterte Varus*, die der Bildhauer Wilfried Koch schuf und die seit 2003 im Von-Galen Park in Haltern am See steht.

Abbildung 37: „Der gescheiterte Varus" (Wilfried Koch, 2003), Haltern am See. Bronze, 2,40 m (Foto: Josef Lehmkuhl CC BY-SA 3.0)

Auf der beigefügten Erklärtafel heißt es:

„Der gescheiterte Varus

Publius Quinctilius Varus erlitt als Oberbefehlshaber der römischen Truppen in der Schlacht des Jahres 9 n. Chr. eine schmachvolle Niederlage. Sieger war der Cheruskerfürst Arminius. Als Anführer germanischer Hilfstruppen und Angehöriger des römischen Adels besaß er das besondere Vertrauen des Varus. Deshalb kommt seine Verschwörung gegen Rom einem Verrat gleich. Nicht nur die militärische Katastrophe, sondern auch der verachtenswerte Grund des Scheiterns an seiner historischen Aufgabe veranlassten Varus, sich selbst zu töten.

Durch den Untergang der römischen Vormachtstellung östlich des Rheins blieben die Germanen für Jahrhunderte von der hochentwickelten römischen Kultur ausgeschlossen."

Hier wird eine Sympathie mit der römischen Seite deutlich. Der zum Himmel erhobene Blick des Varus und seine leeren, zerrissenen, großen Hände scheinen zu Fragen: „Warum?" Arminius wird hier nicht mit seinem Heldennamen „Hermann" benannt, sondern als römischer Ritter und seine Tat explizit als „Verrat" und „verachtenswert" bezeichnet. Medienarbeit e.V. Haltern wird auf seiner Homepage noch deutlicher:

„Dargestellt wird der römische Feldherr Varus in dem dramatischen Moment, da er seine katastrophale Niederlage erkennt und den Verrat durch seinen Freund Arminius begreift, der ihn in einen Hinterhalt gelockt hatte. Varus hatte die höchsten Funktionen im römischen Reich bekleidet. Es wurde also ein hoch angesehener und fähiger Mann damit beauftragt, Nordgermanien als römische Provinz zu etablieren. Seine Niederlage in der nach ihm benannten Schlacht beruht nicht auf Unvermögen, sondern auf einem Vertrauens- und Vertragsbruch sowie auf Hinterlist. Ein auf diese Weise Gescheiterter verdient Sympathie und Respekt, denn in jeder Niederlage liegt eine Würde, die dem Sieg kaum gebührt. „Gerades Scheitern steht höher als ein krummer Sieg." (Sophokles) Es ist dem Bildhauer in großartiger Weise gelungen, die Würde dieses Gescheiterten, aber auch seine Verachtung künstlerisch auszudrücken."[51]

Verachtung für Arminius – das kommt einem Frontalangriff auf den „Hermann"-Mythos, wie er im Denkmal bei Detmold gefeiert wird, gleich.

Nachdem es ansonsten lange relativ ruhig um Arminius-Hermann blieb (die Verbindung zu Siegfried wird eigentlich nur noch verhalten in Fachkreisen rezipiert), jährte sich die Varusschlacht 2009 zum 2000sten Mal, sodass man dem Thema, das einstmals so bedeutsam war, dass man ihm ein Nationaldenkmal stiftete, im vereinten Deutschland nicht mehr ausweichen konnte.[52] Da an eine heroische Meistererzählung nicht mehr zu denken und aus dem „Erbfeind" Frankreich der engste politische Partner geworden war, für weitere ‚Befreiungen' Deutschlands nach dem Beitritt der DDR kein Bedarf mehr gesehen wurde und die Mehrheit der Bevölkerung mit allem Militärischen fremdelte, tat sich die Frage auf, was „Hermann" den Deutschen eigentlich noch zu sagen hatte. Obwohl sich Deutschland damals noch nicht offiziell als Einwanderungsland verstand, schien doch klar, dass mit einem biologistisch-völkischen „Hermann" kein Staat mehr zu machen war. – Was aber blieb dann noch Bedeutsames?

Es blieben zwei Dinge: erstens die seit 1989 betriebene systematische archäologische Erschließung des Schlachtfelds bei Kalkriese (ein deutsches archäologisches wie auch museales Vorzeigeprojekt) und zweitens der Mythos und seine Bedeutung für die deutsche Geschichte, die man inzwischen für wichtiger als die Realgeschichte um Arminius ansah. In diesem Sinne wurde denn auch die offizielle Erinnerungspolitik gestaltet: „IMPERIUM KONFLIKT MYTHOS – 2000 Jahre Varusschlacht" nannte sich das Ausstellungsprojekt rund um die Varusschlacht 2009. Sie bestand aus drei Teilen:

1. Imperium (in Stadthalle und LWL Römermuseum Haltern): über das Römische Imperium unter Augustus und über Varus
2. Konflikt (im Sonderausstellungsbereich Kalkriese): über Ursachen und Folgen von Konflikten zwischen Römern und Germanen
3. Mythos (im Lippischen Landesmuseum Detmold): über die Welt der Germanen, den Germanenmythos und den Mythos „Hermann"[53]

Die große nationale Bedeutung des Ereignisses wie auch des Mythos wird nicht nur in den Dimensionen der drei koordinierten Ausstellungen deutlich, sondern auch durch die mit 7,5 kg wahrlich gewichtige, dreibändige Prachtausgabe der Kataloge im Schuber und versehen mit zahlreichen Grußworten, durch den offiziellen Besuch der Bundeskanzlerin und die Sondermarke der Deutschen Post.

Abbildung 38: Deutsche Briefmarke von 2009. Die Marke spielt auf die geteilte Erinnerung an: links die realgeschichtliche, rechts die mythische („Hermann" und der „deutsche Wald").

Im Gegensatz zur 1900-Jahr-Feier der Varusschlacht 1909[54] wurden ‚Germanentümeleien' vermieden. Die Bundeskanzlerin ließ sich – offenbar bester Laune, wie auch andere Bilder von jenem Tag beweisen – in Kalkriese lieber zwischen wohlgenährten, ihre Rollen offenbar nicht sehr ernst nehmenden Römerdarstellern fotografieren als in Detmold neben martialischen ‚Germanen' oder gar neben einem „Hermann".

Abbildung 39: Bundeskanzlerin Angela Merkel bei der Eröffnung der Ausstellung „Imperium – Konflikt – Mythos" in Kalkriese 2009 (picture-alliance/dpa, Ingo Wagner)

Statt die militärische Leistung der Germanen zu feiern, war die politische Botschaft eine durch und durch friedliche, wie man schon an der Auftaktveranstaltung bemerken konnte:

„2000 Jahre Varusschlacht – die Zeichen bleiben

Den Auftakt zu „2000 Jahre Varusschlacht" im Jahr 2009 bildete die Aktion FELDZEICHEN ZU FRIEDENSZEICHEN. Über 10.000 Bürger aus dem Osnabrücker Land haben in vielen Gemeinschaftsaktionen 2000 Friedenszeichen individuell gestaltet. Die 2000 Friedenszeichen zierten im Januar 2009 spektakulär illuminiert den Museumspark in Kalkriese. Als Botschafter des Friedens zogen sie im Anschluss weiter und sind seitdem im ganzen Osnabrücker Land zu finden. Auch vor dem Europäischen Parlament in Straßburg und dem Deutschen Bundestag in Berlin konnten 27 Friedenszeichen, die sinnbildlich für jedes Land der Europäischen Union stehen, ihre friedliche Botschaft aussenden. Diese Zeichen stehen jetzt im Museumspark. Auch nach dem ereignisreichen Jahr 2009 ging die Reise der Friedenszeichen weiter. Unter dem Titel „Dem Frieden gewachsen?!" sandten 194 Stelen mit Zitaten aus den 193 Staaten der Vereinten Nationen sowie dem Vatikan während der Landesgartenschau in Bad Essen ihre friedliche Botschaft aus. Das Gestaltungskonzept für die modernen Feldzei-

chen stammt von dem Osnabrücker Künstler Volker Johannes Trieb. Die Stelen aus Holz und Metall sind dem Erscheinungsbild römischer Feldzeichen nachempfunden und tragen vergrößerte Nachbildungen der in Kalkriese gefundenen römischen Reitermaske.“[55]

Abbildung 40: Aktion „Feldzeichen zu Friedenszeichen“ im Museum Kalkriese 2009 (Foto: Peter Burow)

Ursprünglich militärischen Zwecken dienende „Feldzeichen“ (inklusive der Kalkrieser Maske) wurden also konträr zu „Friedenszeichen“ umgedeutet. Dies gilt mithin auch für den mit der Varusschlacht zusammenhängende „Hermann“-Mythos, der ursprünglich einen mit allen Mitteln geführten Krieg gegen ein übermächtiges, benachbartes Imperium verherrlichte und nun für Frieden und Verständigung stehen sollte.

5.3.2 Didaktisierung für den Geschichtsunterricht

Wie geht man diese chronologisch aufgezeigte Genese des Mythos aus der Realgeschichte im Geschichtsunterricht konkret methodisch an? In ihrer Gesamtheit wird sich weder die Entwicklung des „Hermannmythos“, die auch hier nur in Auszügen skizziert werden konnte,[56] noch die eines anderen Mythos im Geschichtsunterricht behandeln lassen. Man wird sich auf bestimmte Aspekte beschränken müssen. Zum „Hermannmythos“ gibt es unzählige Bild- und Textquellen, von denen die bekanntesten nebst einigen weniger bekannten oben aufgeführt wurden. Welche im Einzelnen für den Geschichtsunterricht geeignet sind, lässt sich nicht allgemeingültig festlegen, da es einerseits vom Zeitrahmen, andererseits von der Lerngruppe abhängt, wie anspruchsvoll und umfangreich das Material gestaltet sein dürfte. Die wichtigsten Wegmarken der konkreten Mythengenese sollten aber Berücksichtigung finden und müssten jeweils mit Informationen zur jeweiligen Realgeschichte verknüpft werden. Die Aufgaben müssen so gestaltet sein, dass die Lernenden die jeweiligen Bedürfnisse der historischen Gruppen, die den Mythos pflegen, herausarbeiten und erläutern können. Bei Bedarf kann das Phänomen der Mythenkopplung hinzugenommen werden.

Die wichtigsten Stationen der Genese des „Hermann“-Mythos, die im Geschichtsunterricht nicht fehlen sollten, lauten zusammengefasst wie folgt:

a) Ursprung des Mythos: Varusschlacht 9 n.Chr.
b) Renaissance: Auffindung von Tacitus *Germania*: Wiederentdeckung des Arminius in seinen Schriften (15. Jh.)
c) Konfessionelles Zeitalter: Luther gibt Arminius einen deutschen Namen: „Hermann“ (16. Jh.)
d) Franzosenzeit: Deutsche suchen unter Napoleonischer Fremdherrschaft nach einem Retter und interessieren sich wieder für „Hermann“ (ca. 1792–1813)
e) Nationalismus: Bau des „Hermann“-Denkmals bei Detmold (1838–1875)
f) Deutsches Reich: ursprüngliche Botschaft des Mythos („Mit allen Mitteln für die Freiheit!“) passt den Herrschenden nicht mehr (jetzt: „Einigkeit und Treue!“); nur martialische Pose passt noch (1871–1945)
g) Bundesrepublik und Vereintes Deutschland: Grundeinstellung der Deutschen wird zunehmend pazifistisch: martialische Pose „Hermanns“ passt nicht mehr (2011: Aussetzen der allg. Wehrpflicht für Friedenszeiten); „Hermann“ wird zur lokalen Attraktion bei Detmold: Verniedlichung und humoristische, friedliche Umdeutung

Nach der im Plenum erfolgten Einführung über das „Hermann“-Denkmal ließen sich Teile der weiteren Genese des Mythos z.B. in Form arbeitsteiliger Gruppenarbeit mit dem Ziel einer Posterpräsentation erarbeiten. (Aus dem zu Grunde gelegten Material sollten hier noch Hinweise auf Mythenkopplungen ausgenommen sein, um dieses Phänomen später behandeln zu können.) Während die oben genannten Stationen a) bis inklusive c) gut in einem einführenden Lehrervortrag dargeboten werden können, lässt sich daraus die Frage ableiten: „Wie ging es weiter? Und was bedeutet der ‚Hermann'-Mythos heute noch für uns?"

Im Anschluss lassen sich die verbleibenden vier Stationen d) bis g) vier Gruppen zuteilen.

Dazu ließe sich folgende Aufgabe für die Gruppenarbeit formulieren:

„Arbeitet aus Eurem Material heraus, wen oder was die Deutschen in jener von Euch behandelten Zeit in ‚Hermann' sahen und was er für sie bedeutete. Gestaltet hierzu ein Plakat, das auch Bilder beinhalten sollte. Formuliert als Überschrift eine Botschaft des damaligen ‚Hermann'-Mythos in einem Satz!"

Derartige Botschaften könnten beispielsweise lauten:

- Station d: „Wir wollen *Freiheit* von den Franzosen und suchen einen neuen ‚Hermann'!"
- Station e: „Wir Deutschen wollen einen eigenen *Staat*!"
- Station f: „Einigkeit und *Treue*!"
- Station g: „‚Hermann' ist jetzt ein *Frieden*sbote!"

Auf Grundlage der Ausstellung und der Präsentationen sollten dann zwei Fragen gemeinsam im Plenum erörtert werden:

1. „Wir haben hier erarbeitet, dass derselbe historische Mythos zu unterschiedlichen Zeiten verschieden gedeutet wurde. Erklärt, wie sich der ‚Hermann'-Mythos entwickelte – und weshalb!"
2. „Beurteilt den heutigen Umgang mit dem ‚Hermann'-Denkmal in Detmold! (Sollte man es mit Steuergeldern weiter pflegen? Sollte man es abbauen? Oder was könnte man sonst damit tun?)"

Womöglich lassen sich in den Überschriften der Poster prägnante Schlagworte finden (wie in den Vorschlägen oben kursiv gesetzt), welche die Beantwortung der ersten Frage erleichtern.

Will man den Gegenstand vertiefen oder benötigt man Zusätzliches für eine Binnendifferenzierung, kann man nun auf die Mythenkopplungen zu sprechen kommen. Um seine Funktionsweise zu verdeutlichen, genügt jedoch ein einziges prägnantes Beispiel. Die Lehrkraft kann hierzu eines der abgedruckten Bilder nehmen, die zeigen, wie sich der Luther-, der Bismarck- oder auch der Hitlermythos an „Hermann" gekoppelt haben.

Nachdem man das Bild beschreiben ließ, kann eine im Unterrichtsgespräch zu beantwortende Frage lauten: „Das, was wir hier vor uns haben, nennt man ‚Mythenkopplung'. Erklärt, was damit wohl gemeint sein könnte!"

Zum Schluss sollte eine Grafik, ähnlich der Abbildung 25 in diesem Buch, gezeigt und erläutert werden, die verdeutlicht, dass durch Mythenkopplungen ganze Netzwerke entstehen können. In diesem Zusammenhang lässt sich auch der „Siegfried"-Mythos einbringen, dessen genaue Behandlung den normalen Unterrichtsrahmen allerdings sprengen würde.

5.4 Historische Mythen in der aktuellen Geschichtskultur (Sek. 2) – „Wir haben Varus geschafft, wir schaffen auch Virus!"[57] (2021)

5.4.1 Fachliche Hintergrundinformationen

Während zuvor ein diachroner Schnitt angelegt wurde, der vor allem den Umgang der Politik und der ‚Hochkultur' mit dem Mythos nachzeichnete, sollte hier nun ein synchroner erfolgen, der nicht nur eine Vielfalt an Zielgruppen und Deutungen, sondern auch den *media switch* zwischen vielen geschichtskulturellen Gattungen (sowohl der ‚Hochkultur' als auch diverser Subkulturen) aufzeigt, d.h.: Inwiefern folgt die Darstellung des Mythos auch bestimmten Gesetzen der Gattung? (So bedarf ein Spielfilm beispielsweise einer Liebesgeschichte, sodass es nicht verwundert, dass selbst beim Titanic-Mythos, der nüchtern betrachtet überhaupt nichts mit Liebe zu tun hat, in seiner Verfilmung eine Liebesgeschichte sogar im Vordergrund steht.) Mögliche Medien, die man im Hinblick auf den Mythos prüfen könnte, wären v.a. zunächst die Leitmedien der Geschichtskultur, die einerseits niederschwellig sind, andererseits aber auch eine große Suggestivkraft entfalten, wie vor allem der historische Spielfilm. Es gibt keinen bedeutenden westlichen Mythos, der sich nicht in Spielfilmen niederschlug. Andere einflussreiche Medien können PC-Spiele sein. Doch Mythen sind an keine bestimmten Formen gebunden, sodass theoretisch jede Form von Geschichtskultur eine Rolle spielen kann. Die folgende Aufzählung ist bei Weitem nicht vollständig, sondern versteht sich nur als Anregung: Dokumentationsserien, Tutorials im Internet, Twitter-Kanäle, Romane, Gedichte und Balladen, Artikel in historischen Magazinen, Comics, Fachbücher, Geschichtsschulbücher, Jugendsachbücher, Gedenkreden von Politiker*innen, Feuilleton-Debatten, Gesellschaftsspiele, Spielzeug, Gedenkstätten, Mahnmale, Musikstücke, Opern, Theaterstücke, Reenactments, Hörspiele,

Gemälde, Stadtführungen, Ausstellungen, Werbung, Aufdrucke auf T-Shirts oder Tassen oder Teller oder Fingerhüten, Straßennamen, Schiffsamen, Karikaturen, Briefmarken, Liedtexte, Namen und Logos aller möglichen kommerzieller Produkte (seien es z.B. Weine, Shampoos oder landwirtschaftliche Geräte), Schmuckgegenstände u.v.m.[58] Hierbei ist natürlich interessant, welcher Mythos sich an welche Objektivationen heftet, denn ein Gartenzwerg hat eine andere Konnotation als ein Flugzeugträger.

Während in den bisherigen Schritten der Mythos nur als Konserve betrachtet werden konnte, besteht hier nun die Chance, ihn vital zu erleben. Es sollte für diesen Schritt also ein Mythos gewählt werden, der *aktuell* neue Ausformungen erhält. Das Herausfordernde hieran ist, dass sich eine entsprechende Unterrichtseinheit nur relativ kurzfristig planen lässt, denn niemand kann in die Zukunft sehen und vorhersagen, welcher Mythos wann wieder einen kräftigen Schub bekommen wird bzw. vor allem nicht, welche neuen Formen dabei entstehen und wie sie rezipiert werden. Was man allerdings schon voraussehen kann (und das tut die kommerzielle Seite des geschichtskulturellen Betriebs natürlich), sind Jahrestage bedeutender Ereignisse (um die sich häufig Mythen knüpfen). Historiker*innen und Verlage haben diese Jubiläen fest im Blick, sodass sich leicht voraussehen ließ, dass im Jahr 2017 sehr viel zu Luther und der Reformation (nebst ihrer Mythen) erscheinen würde. (vgl. hierzu Kap. 5.5)

Ansonsten muss man als Lehrkraft spontan sein. Schwer vorhersehbar sind plötzlich erscheinende Blockbuster-Spielfilme oder Bestseller-Romane, die wie aus dem Nichts einen Hype zu bestimmten Themen hervorrufen können. So löste beispielsweise Umberto Ecos Roman *Der Name der Rose* 1980/82 einen Mittelter- und Klosterhype aus, im Jahr 2000 hatte Ridley Scotts Spielfilm *Gladiator* einen ähnlichen Effekt auf das allgemeine Interesse an der römischen Antike.

Da man auch als Geschichtslehrkraft nicht in allen Gattungen der Geschichtskultur zu Hause sein kann und die Gattungen auch von bestimmten sozialen Faktoren abhängen (z.B. lesen Geschichtsmagazine vornehmlich ältere Männer, Romane werden hingegen meistens von Frauen 40+ gelesen, Internet-Tutorials werden eher von jüngeren Menschen rezipiert usw.), ist es wichtig, stets im Blick zu haben, was die (ggf. *deutlich*) jüngere Lerngruppe geschichtskulturell umtreibt und wie man mit der eigenen Expertise an die Interessen und die Lebenswelt der Lernenden anknüpfen könnte.

Wichtig ist hier, dass man aus geschichtskulturellen Objektivationen nichts über das dargestellte Thema zu lernen versuchen sollte, sondern sie als Quellen zu ihrer Entstehungszeit nutzt. Hier geht es wie gesagt darum, mythische Elemente zu identifizieren, sie mit den Aussagen anderer geschichtskultureller Gattungen zu einem bestimmten Mythos zu vergleichen und daraus dann Schlussfolgerungen zu ziehen. Wie eng man dabei den Rahmen steckt, hängt davon ab, wieviel Stoff sich zusammentragen lässt. Im „Lutherjahr" 2017 konnte man mehr neues Material über Luther- und Reformationsmythen zusammentragen, als sich jemals in der Schule bearbeiten ließe. Hier hätte man den zeitlichen Rahmen auf das Jahr 2017 (gegebenenfalls inklusive einer Nachlese von 2018) beschränken können. In weniger prominenten Fällen kann man den Rahmen auf alles ausweiten, was gegenwärtig noch käuflich zu haben ist und in welcher Form auch immer (im Sinne eines *doing history*) ‚genutzt' wird.

In Anbetracht des knappen Umfangs dieses Buches ist es von Vorteil, den Siegfried- oder „Hermann"-Mythos auch hier als Beispiel heranzuziehen, da wir darin nun bereits eingearbeitet sind. Auch im schulischen Geschichtsunterricht wird man vor dem Problem stehen, dass man einerseits gern vielseitige Beispiele aufzeigen würde, andererseits jedoch sind gerade diese höheren Levels der Mythenanalyse sehr voraussetzungsreich. Nur wer sich auch mit der einem Mythos zugrundeliegenden Realgeschichte sowie leidlich mit der bisherigen Genese eines Mythos auskennt, wird einen geschichtskulturellen synchronen Querschnitt gewinnbringend interpretieren können.

Wir bleiben daher beim „Hermann", der inzwischen längst eine „popkulturelle Ikone"[59] geworden ist, und nehmen ihn nun in seiner geschichtskulturellen Breite und Vieldeutigkeit in den Blick. Dabei setzen wir dort ein, wo wir mit dem diachronen Vergleich aufgehört haben: im Jahr 2009. Als relative Gegenwart, in der der Mythos nun betrachtet werden soll, wird demnach der zeitliche Rahmen 2009 bis 2023 gesetzt, da wir danach kein verdichtendes Jubiläum zu diesem Mythos mehr zu verzeichnen haben, wobei wir ein größeres Augenmerk auf die jüngsten Jahre richten werden.

Zunächst lohnt ein Blick auf Traditionen, die sich über die Zeiten bis heute erhalten haben. Zu diesen gehören patriotische Namen, die Ende des 19. oder Anfang des 20. Jahrhunderts vergeben wurden und bis heute im regionalen oder auch überregionalen Bereich vorhanden sind. Ein weithin bekanntes Beispiel wäre der 1905 gegründete und bis heute das „A“ für Arminius tragende „Deutsche Sportclub Arminia Bielefeld e.V.“ (erste Bundesliga). Der Name wurde vermutlich einerseits aus lokalen Gründen gewählt (Bielefeld liegt in der Gegend, in der man den Ort der Varusschlacht vermutete) sowie andererseits um den Willen zu bekunden, sich auch gegen eigentlich stärkere Gegner durchsetzen zu wollen. Im Fahrwasser des Sportclubs gibt es in Bielefeld auch mindestens eine Pizzeria „Arminius“ (mit südosteuropäisch inspiriertem „Arminiusteller“ in der Speisekarte), einen IT-Treffpunkt „Arminius“, eine „Arminius Apotheke“ (die sich auch in vielen anderen Städten findet), sowie im nahen Bad Salzuflen ein „Hotel Arminius“.

Hermannstraßen gibt es zumindest in Augsburg, Freiburg i.Br. und (einmündend in den Hermannplatz) in Berlin, Arminiusstraßen z.B. in Dortmund, Hamburg, München, Paderborn, Köln, Nürnberg und ebenfalls in Berlin, wo es wiederum einen Arminiusplatz mit einer Arminiusmarkthalle (von 1890–91) gibt. In Bodenwerder an der Weser findet sich heute noch die kleine Firma ARMINIUS Metallbau & Industrieservice GmbH – auf dem Gelände der früher allerdings einmal bedeutenden Arminiuswerft.

Als Zusatz findet sich „Arminia“ darüber hinaus noch in zahlreichen anderen auch weniger bekannten Sportvereinen (Arminia Hannover, Arminia Magdeburg, Arminia Adersheim, Arminia Kapellen-Hamb, Arminia Vechelde, Arminia Appelhülsen, Arminia Ibbenbüren u.v.m.) und Burschenschaften (z.B. in Marburg, Karlsruhe, Berlin, Hannover, Leipzig, Würzburg usw.). Sowohl bei den Sportvereinen als auch den Burschenschaften dürfte die Namensgebung die Eigenschaften „patriotisch“ und „kämpferisch“ markieren.

Wenngleich vieles über die Zeit verloren gegangen ist, bleibt Arminius alias „Hermann“ also durchaus im weiteren Umfeld des Teutoburger Waldes sowie im öffentlichen deutschen Raum als Name noch präsent.

Im vorherigen Kapitel wurde bereits deutlich, dass die Schlacht, die bis 1945 als „Urknall der Deutschen“ galt, 2009 seitens öffentlicher Stellen nicht mehr als Triumph über einen übermächtigen Feind gefeiert, sondern eher als Anlass genutzt wurde, ein 2009 friedliches Europa zu feiern. Diese Diskrepanz ist wichtig für die Interpretation aller aktuellen geschichtskulturellen Ausformungen „Hermanns“ und der Varusschlacht. Dass damals bereits selbst im Rahmen der Ausstellungen kontextualisierte Reenactments[60] zur Varusschlacht gesellschaftlich auf Widerstand stießen, zeigt folgende Aktion:

Abbildung 41: Screenshot (Detail) der Pink-Rabbit-Aktion „Möhrchen statt Märchen"[61] (naturfreunde-berlin.de, inzwischen offline)

Im erläuternden Text zur im Internet dokumentierten (leider dort bereits gelöschten) Polithasenperformance hieß es:

„Bis heute [2009, F.H.] beginnt das Deutsche Historische Museum in Berlin seine Dauerausstellung zur deutschen Geschichte mit der Varusschlacht. Offenbar hält sich hartnäckig die Interpretation von Arminus/Hermann als „erstem Deutschen" und die Deutung der Schlacht als „Geburtsstunde des deutschen Volkes".

Derart völkische Geschichtspolitik ist nicht nur eine Ideologie der heutigen extremen Rechten. Die Identifikation mit „den Germanen" ist auch eine im gesellschaftlichen Mainstream weit verbreitete Interpretation von Geschichte als Wettkampf „der Völker". Dies ist die Leseweise des antiken Gemetzels zwischen zwei Armeen im Zuge vormoderner räumlicher Expansion – dabei existierten weder staatliche Grenzen noch betrachteten sich Menschen als Mitglieder von Nationen.

In den heutigen nationalen Auseinandersetzungen ist die Kriegslogik offensichtlich der Überfall auf ein anderes Land. Der Krieg gegen Frankreich 1870/71 und der zweite Weltkrieg sind typische nationalstaatliche Eroberungskriege, die vom deutschen Staat ausgingen. Die Inszenierung der Va-

russchlacht im Rahmen nationaler Erinnerungspolitik verstellt den Blick auf diese Tatsachen und ihre verheerenden Folgen.

Pink Rabbit meint: Möhrchen statt Märchen!!

Rabbit muss Bußgeld zahlen

In Kalkriese sind die Ordnungskräfte eingeschritten und haben dem Treiben des Rabbits deutliche Grenzen gesetzt. „Sie haben [...] mit einer Wasserpistole in der Hand, eine Aufführung bei den Römer- und Germanentagen der Varusschlacht gestört, indem sie zwischen eine Aufführung liefen [...]" – Ja! Ja! – „und riefen, Sie seien gegen Deutschland" – Moment mal: hat das Rabbit jemals gerufen? Nein. Also hat das Ordnungswesen der Stadt Bramsche eine Transferleistung hinbekommen. Glückwunsch!"[62]

Gerade der letzte Part zeigt, wie politisch aufgeladen auch heute noch Ausstellungen und Darstellungen der Arminius-Geschichte sind: Dargestellt wird eine Schlacht zwischen Römern und Germanen, doch einer Schlacht, die es für wert befunden wird, im offiziellen Rahmen nachgespielt zu werden, werden offenbar auch gegenwärtige politische Bedeutungen zugemessen (die dem „Pink Rabbit" hier zu wenig kritisch hinterfragt wurden).

Für die meisten Deutschen dürfte der nationale Heldenmythos um „Hermann" längst unbedeutend geworden sein – wenn er überhaupt noch gekannt wird. Die Nation der Deutschen ist in sich gefestigt, und die Gesellschaft ist spätestens seit dem Ende des Kalten Krieges überwiegend antimilitärisch eingestellt. Das monumentale Denkmal bei Detmold ist nun einmal da, und die Politik tat sich 1945 schwer mit ihm. Heute soll der „Hermann" offiziell ein „Mahnmal für den Frieden und die Völkerverständigung"[63] sein, was seinem ursprünglichen antifranzösischen und aggressiven Impetus diametral entgegensteht. Die Vermarktung „Hermanns" neigt aktuell zu einer entnationalisierenden Romantisierung und Verniedlichung mit starker Tendenz zur Folklore, was verschiedene interessante Formen annehmen kann: Einst nationale ‚Pilgerstätte' für Gruppen aus ganz Deutschland (wie zahlreiche erhaltene Fotos noch heute zeigen), spielt das „Hermann"-Denkmal eigentlich nur noch eine lokale Rolle. Der Kreis Lippe präsentiert sich gegenwärtig stolz als „Land des Hermann" und setzt dies auf seiner Website und im Tourismusbereich auch ikonografisch in seinem Logo um:

Abbildung 42: Offizielles Logo der Lippe Tourismus & Marketing GmbH

Die martialische Heldenpose erscheint den meisten Deutschen heute als peinliches Relikt einer anderen Zeit.[64] Man ist also von offizieller Seite bemüht, diesen Eindruck zu brechen und zu ironisieren, und dies geschieht auf vielfältige, z.T. durchaus geistreiche Weise. Bemerkenswert sind neueste Mythenkopplungen, wie vor allem mit dem (so gar nicht „deutschen“) Mythos Ernesto „Ché“ Guevara.[65] Der kubanische Revolutionsheld, von dessen Konterfei Alberto Korda eines der berühmtesten (passender Weise auch in Untersicht geschossenen) Fotos der Geschichte aufnahm, wird auf den berühmten Cherusker projiziert, der durch das Denkmal auch ein individuelles Gesicht bekommen hat. Hermann, der „Ché-rusker“, wird dadurch als Vorläufer des berühmten Guerilleros gedeutet, was, obwohl Ché von ihm höchstwahrscheinlich nichts gewusst hat, gar nicht ganz falsch ist: Denn das spanische Wort *guerilla* (Kleinkrieg) bzw. *guerra* (Krieg) leitet sich vom aus germanischen Sprachen stammenden *werra* (Krieg) ab. Und die Taktik, die Arminius gegen Varus anwandte, war der Überlieferung zufolge ja auch ein Krieg aus dem Hinterhalt heraus, da er wusste, dass er den Römern in einer regulären Schlacht auf offenem Gelände unterlegen gewesen wäre. Mithin kann man ihn auch als erfolgreichen *guerillero* betrachten.

Abbildung 43: Ernesto „Ché" Guevara, unter Verwendung der ikonisch gewordenen Fotografie von Alberto Korda vom 5. März 1960 (Hintergrundfarbe: rot)

Seit der Marxismus in Europa weitgehend ausgedient hat, sind seine ehemaligen Helden im Westen Folklore geworden – so auch Ché, dessen Bild in keiner kubanischen Kneipe fehlen darf. Längst hat sein

Foto die kämpferischen Implikationen verloren, die sich heute eher auf Rum oder allenfalls eine stark verharmlosende, wenn nicht gar nostalgisierende Vorstellung vom politischen System auf der Karibikinsel beziehen. Auf diese Weise wird der ursprünglich stramm rechts verortete „Hermann" nun nach linksaußen gerückt[66] und versucht, den urdeutschen „Hermann" in eine globale Tradition zu stellen. Der lokalisierenden Deutung (Westfalen-Lippe = „Land des Hermann") steht mithin eine internationalisierende entgegen. Beide vermeiden die ursprünglich nationale Aufladung des Mythos.

Abbildung 44: Augenzwinkernde Kopplung des (nationalen) „Hermann"-Mythos mit dem internationalen Ché-Mythos (Hintergrundfarbe: rot)

„Hermann" ist übrigens nicht der Einzige, der gegenwärtig ikonisch an „Ché" gekoppelt wird. Es gibt auch Beispiele von Luther, der in einer Darstellung Lucas Cranachs d.Ä. von 1529 ebenfalls eine ähnliche Kopfbedeckung trägt, die hier im Sinne eines piktoralen Verweissystems als visuelle Kopplungsstelle dient.

Abbildung 45: Luther als „Ché" des Protestantismus (Hintergrundfarbe: rot)

Darüber hinaus gibt es auch Postkarten von „Wilhelm Tell", der als schweizerischer „Ché" daherkommt. – Wir haben hier demnach ein weitverzweigtes Beispiel für Mythenkopplungen vor uns, für die sich vermutlich weitere Exempel finden ließen.

Doch diese augenzwinkernde Kopplung mit dem berühmten Ché verschleiert nur, dass „Hermann" im Ausland (außer in Minnesota) heute fast unbekannt sein dürfte. Stattdessen offenbart ein Blick auf „Hermann" in der Geschichtskultur, dass er eine starke Tendenz zur Provinzialisierung, Verniedlichung und Verharmlosung aufweist.

Ergiebig ist hier die heute noch touristisch vermarktete deutsche Spießerkultur, zu der zum Beispiel Bierhumpen und Gartenzwerge gehören.

Abbildung 46: KING Bierkrug Hermann der Cherusker, 3 Liter Bierseidel, Limität 2014

Abbildung 47: „zwerMann" als Gartenzwerg (vor den Externsteinen)

Auf einigen Bierkrügen, die heute freilich nicht mehr als Massenware anzusehen sind, feiert „Hermann" im Stil des 19. Jahrhunderts noch fröhliche Urständ. Dabei mag es bedeutsam sein, dass es sich beim abgebildeten Beispiel – es gibt weitere – nicht um einen Krug mit einer üblichen Füllmenge von 0,5 oder 1 Liter handelt, sondern von 3 Litern!

Im Gedenkjahr 2009 wurde der „Hermann"-Mythos auf praktisch alle kleinbürgerlichen Kulturformen projiziert, wobei man in diesem Milieu auf Geschmack offenbar keine Rücksicht nehmen zu müssen meinte. Damals gab es sogar „Hermann"-Urnen, „Varus-Leberwurst“ und „Römerblut“ genannten Erdbeeraufstrich.[67] („Germanen-Butterbrote“ und „Hermanns-Würstchen“ hatte es bereits 1909 gegeben.)[68]

Wer diesen früher nationalen und heute lokalen geschichtskulturellen Bereich hinsichtlich seines materiellen Erbes vertiefen möchten, dem sei empfohlen, den Fanshop am „Hermann“-Denkmal zu analysieren und/oder sich an Wilfried Mellies in Detmold Hiddesen zu wenden, dessen Sammlung zu „Hermann“ mit über 4.000 Objekten und 70.000 Postkarten die vermutlich größte ist. (Mellies hat bereits bekundet, sie einst dem Landesverband Lippe überlassen zu wollen.)[69]

Ebenfalls lohnt ein Blick in die Literatur. Arminius – „Hermann“ haben in Deutschland zu einer Fülle von populärwissenschaftlichen Werken und Romanen geführt.[70] Seit 2009 ist es allerdings verhältnismäßig ruhig um die Varusschlacht geworden.

Neueste Romane zum Thema:
- Robert Fabbri, Arminius: Der blutige Verrat (Vespasian; Bd. 10) (2021)
- Robert Fabbri, Der gefallene Adler (Vespasian; Bd. 4) (2019)
- Ben Kane, Sturm der Adler (2019)
- Ben Kane, Kampf der Adler (2018)
- Ben Kane, Rache der Adler (2018)
- Geraint Jones, Der Krieger (2018)
- Emanuel Speiseder, Rebellion. Hinterhalt im Teutoburger Wald (2016)
- Peter Bunt, Die XIX Legion. Teil 2: Der Tod der Legionäre (2016)
- Peter Bunt, Die XIX Legion. Teil 1: Die Reiter des Arminius (2016)

Neueste Jugendromane zum Thema:
- Andreas Hippert, Regulus und Rinda. Teil 1: Begegnungen, 256 S. (2019)
- Gunnar Friedrich, Das Blut des Cheruskers, 363 S. (2018)

Über den Inhalt dieser neuen historischen Romane kann man sich bei *histo-couch* informieren.[71] Bei den Autoren der letzten Jahre fällt auf, dass diese bei Erwachsenenromanen gar keine Deutschen sind und ihre Romane als Übersetzungen auf den deutschsprachigen Markt kamen. Sie bringen mithin auch Außenperspektiven auf den Stoff mit ein, wie auch andere Gegenstände der Geschichtskultur in Deutschland gegenwärtig aus dem anglophonen und frankophonen Bereich starke Impulse erhalten.

Generell fällt auf, dass jenseits von Detmold und erst recht in der im nichtdeutschsprachigen Raum entstandenen Literatur heute deutlich seltener von „Hermann dem Cherusker“ gesprochen oder geschrieben wird, sondern – entnationalisiert und vermeintlich wissenschaftlicher – lieber wieder von „Arminius“ (wobei dieser aber nach wie vor zu einem guten Teil der nationaldeutsche „Hermann“ bleibt).

Das Neueste, was die Comic-Sparte in Bezug auf den „Hermann“-Arminius-Stoff zu bieten hat, ist die auch ins Deutsche übersetzte Reihe *Eagles du Rome* des schweizer-italienischen Texters und Zeichners Enrico Marini. *Die Adler Roms* zeichnet die Geschichte der Varusschlacht in fünf bildgewaltigen Bänden nach, die, sich pünktlich zum 2000jährigen Jubiläum des Ereignisses etablierend, zwischen 2007 und 2016 entstanden. Von der Schlacht im engeren Sinn handelt Band V, wobei sich Marini vor allem an der Überlieferung durch Cassius Dio orientiert. Generell lässt sich sagen, dass diese Comicreihe unbefangener mit dem „Hermann“-Mythos umgeht, als dies der heute in Deutschland vorherrschenden politischen Meinung entspricht. Im Vorwort heißt es: „Als Hermann geboren, wurde aus ihm Arminius. Als Cherusker geboren, wurde er zum Römer gemacht. Doch zurück auf dem Boden seines Volkes entbrennt sein Herz vor Leidenschaft.“[72] – „Hermanns“ Mythos erscheint hier wieder sehr vital, und der Tenor ist durchaus völkisch im Sinne einer kämpferischen Blut-und-Boden-Ideologie. Zwar wird nicht von „Deutschland“ oder „deutsch“ gesprochen, doch wird behauptet, „Hermann“ habe „die Stämme Germaniens“ „geeint“,[73] was nur zum Teil den Fakten entspricht. Auch die Ästhetik entspricht dieser Tendenz und ist offenbar teilweise von Frank Millers Comic *300* (1998) inspiriert, in dem faschistoides Gedankengut deutlich wird. Die Germanen Marinis sind groß und stark, Arminius alias „Hermann“ ist blond und langhaarig – optisch ein Siegfried, wie er im Buche steht (während Thusnelda die Rolle einer blonden ‚Barbie‘ zugewiesen bekommt).

Abbildung 48: „Hermann" auf dem Cover von Enrico Marini, Die Adler Roms, Buch IV. Hamburg: Carlsen 2014

An den Detmolder Verniedlichungsmodus wiederum schließt André Sedlaczek mit seinem Kindercomic *Hermann der Cherusker. Götter und Germanen* (2019) an. In diesem vom Heimatverein Hiddesen initiierten Werk nimmt sich der Autor einige künstlerische Freiheiten heraus, denn Varus trifft ein Jahr nach der Schlacht erneut mit „Hermann“ zusammen, und beide geraten schnell wieder in Streit – diesmal darüber, was wirklich vorgefallen ist, wobei auch die Götter ein Wörtchen mitreden wollen.

Abbildung 49: „Hermann“ als neues Kinderbuch: André Sedlaczek, Hermann der Cherusker. Götter und Germanen. Detmold 2019

Schattenrisse der beiden Protagonisten („Hermann" und Thusnelda alias „Nelda") aus diesem Werk sind in Hiddesen mittlerweile als Ampelfiguren installiert, was sie ebenfalls ihrer ursprünglichen nationalen Bedeutung völlig enthebt und auf die Bedeutung lokaler, niedlicher Heinzelmännchen schrumpft.

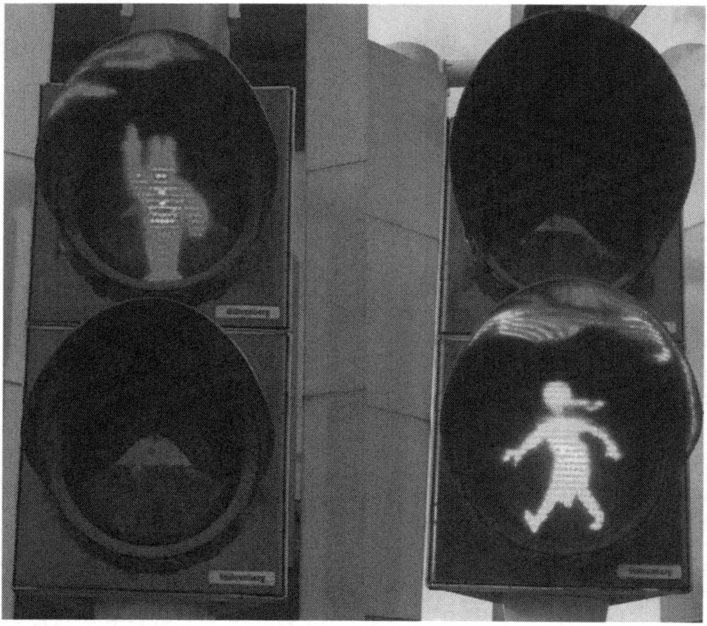

Abbildung 50: Ampelfiguren „Hermann" und „Nelda" in Hiddesen (Heimatverein Hiddesen)

Eine bemerkenswerte neue Ausformung des Hermann-Mythos stellt hingegen die deutsche Netflix-Serie *Barbaren* (2020; Regie: Barbara Eder, Steve St. Leger) dar, die bereits in den ersten vier Wochen nach Erscheinen weltweit von 37 Millionen Haushalten aufgerufen worden ist.[74] „Es lag mehr als nahe, den Stoff um die Schlacht im Teutoburger Wald zu verfilmen. Wie viele Mythen hat Netflix aufgewärmt?" kommentierte Karl Banghard in der Frankfurter Allgemeine Zeitung (29.10.2020).[75] Der Erfolg dieser Produktion ist vermutlich nicht nur dem Interesse am „Hermann"-Arminius-Stoff geschuldet, denn Arminius (gespielt von Laurence Rupp) heißt hier

„Arminius“ und nicht „Hermann“, er hat optisch keinerlei Ähnlichkeit mit dem „Hermann“ des Detmolder Denkmals, entspricht noch nicht einmal klassischen Germanenbildern, sondern erscheint – von mittlerer Statur, braunhaarig, glattrasiert – als äußerlich völlig romanisiert. Auch der Titel „Barbaren“ weist nicht eindeutig auf den „Hermann“-Mythos. Die hohen Einschaltquoten sind stattdessen sicherlich auch dadurch zu erklären, dass sich die Machart der Serie an den erprobtermaßen erfolgreichen Serien *Game of Thrones* (2011–2019) und *Vikings* (2013–2020) sowie dem Spielfilm *Gladiator* (2000) orientierte.

Abbildung 51: Netflix-Serie „Barbaren“, Deutschland 2020 mit Laurence Rupp als Arminius

Die Serie ist zwar in Deutschland erdacht und produziert (Drehbuch: Arne Nolting, Jan Martin Scharf, Andreas Heckmann; Produktion: Sabine de Mardt, Andreas Bareiss, Rainer Marquass), vermeidet aber jede Anspielung auf die Hauptaussage des „Hermann“-Mythos, dass die Varusschlacht die Geburtsstunde der Deutschen sei. Ja, mit Ausweichen auf den Begriff „Barbaren“ und im Hinblick auf die optische Erscheinung des Arminius wird auch der Germanenmythos[76] zumindest relativiert. Zwar gibt es im Film durchaus die typischen Germanenprofile, doch zeigt er auch vollständig und teilweise romanisierte Germanen. In der Tendenz wird Arminius hier ein Stückweit undurchschaubar gezeigt. Über seine Gedanken teilt er niemandem viel mit. Varus wird ganz im Sinne der Überlieferung durch Cassius

Dio dargestellt: ungeschickt und überheblich gegenüber den Germanen, aber dem Arminius persönlich sehr verbunden: In der Serie ist Arminius sogar sein Ziehsohn. Der Verrat des Arminius an Varus gewinnt dadurch noch an persönlicher Dramatik. Arminius hätte in Rom eine ehrenvolle Karriere offen gestanden, später dann die Leitung der Cherusker von Roms Gnaden. Doch er entscheidet sich dagegen und für den Aufstand. Optisch verändert er sich dabei jedoch kaum. Zwar legt er sich eine fantasievolle Gesichtsbemalung zu, die vielleicht seinen Zwiespalt andeuten soll, doch ansonsten behält er seine römische Kleidung und Ausrüstung und lässt sich auch keinen Bart wachsen.

Offenbar soll durch den Titel „Barbaren“ zum Ausdruck gebracht werden, dass man sich die Treue und Zuneigung von Menschen nicht dadurch erwerben kann, dass man sie konsequent als Barbaren betrachtet und behandelt. Insofern kann man die Serie als ein Statement gegen Imperialismus verstehen, was gut in den derzeitigen deutschen Zeitgeist passt.

Ansonsten fällt auf, dass in *Barbaren* der Mythos des „deutschen Waldes“ gepflegt wird, der auch durch die römischen Quellen auf uns gekommen ist. Selbst die germanischen Häuser der Serie liegen ohne Felder ringsherum einfach mitten im tiefen Wald. Auch sonst wird archäologische Korrektheit konsequent der Wirkung geopfert, die Germanen als reine Naturmenschen und „edle Wilde“ zu inszenieren, die durch das römische Imperium unterdrückt und gedemütigt werden. Während die Römer auf Latein kommunizieren, sprechen die Germanen deutsch – wodurch der Film indirekt Position bezieht. Modern soll vermutlich auch die Rolle der Thusnelda wirken, die als vollemanzipierte Heroine ebenso wie Arminius die Seele des Widerstands verkörpert.

Geschichtskultur ist, wie bereits an obigen Beispielen gesehen, immer auch politisch, und gerade beim zur Zeit des Imperialismus als ‚Freiheitshelden‘ Deutschlands gefeierten „Hermann“ kann es nicht ausbleiben, dass auch rechts eingestellte Menschen sich den historischen Mythos nach wie vor auf die Fahnen schreiben: eine rechte Subkultur verkauft online ihre eigenen Devotionalien zum hier immer noch als nationalen Befreier gefeierten „Hermann“. Die rechte Szene hat in diesem Zusammenhang immer noch ein starkes Interesse an den Externsteinen bei Horn-Bad Meinberg und dem „Hermann“-Denkmal bei Detmold, wo man stets bemüht ist, Aufmärsche oder sonstige Instrumentalisierungen dieser Orte möglichst zu verhindern. Doch insbesondere das Internet lässt sich bisher kaum kontrollieren. Hier kann man problemlos nicht nur Objekte nationalsozialistischer Konnotationen erwerben, sondern ebenso Rechtsextremes zum „Hermann"-Mythos.

Abbildung 52: Ring „Hermann der Cherusker". Innengravur: „2000 Jahre Freiheitskampf"[77] (germania-shop.com)

Der Ring „Hermann der Cherusker" mit Flügelhelm und Schwert (auf dessen Schneide des Denkmals steht: „DEUTSCHE : EINIGKEIT : MEINE : STAERKE/MEINE : STAERKE : DEUTSCHLANDS : MACHT") und seiner Innengravur „2000 Jahre Freiheitskampf" z.B. behauptet nicht nur nach wie vor, dass 9 n.Chr. die deutsche Geschichte begann, sondern verklärt die gesamten 2000 Jahre Geschichte seitdem inklusive zwei von Deutschland begonnener Weltkriege und Holocaust als „Freiheitskampf". Als ein solcher wird auch die jetzige Gegenwart begriffen, in der vermeintlich die deutsche Identität und Freiheit durch Migration und allgemein eine linke Politik inklusive „Corona-Diktatur" gefährdet ist. Den USA werden dabei nicht selten die Rolle des bedrohlichen Imperiums zugewiesen, gegen das man sich behaupten müsse.

„Eine besonders wichtige Rolle für rechtsextreme Propaganda, für die Identitätsbildung, für die Schaffung emotionaler Bindungen und nicht zuletzt für die Finanzierung rechtsextremer Kreise[,] spielt die Musik", urteilt Georg Schuppener.[78] Hier darf der „Hermann"-Mythos natürlich auch nicht fehlen. 2008 veröffentlichte die auf Korfu heimische Black-Metal-Band *Wolfnacht* das Album *Zeit der Cherusker*, 2009 die deutsche Black-Metal-Band *Obscurity* auf dem Album *Várar* den Titel *Varusschlacht*, 2013 die Bremer Hooligan-Band *Kategorie C* auf dem Album *Einer für alle* den Titel *So wie Siegfried*, 2018 die Bremer Rechtsrock-Band *Nahkampf* auf dem Album *Totgesagte leben länger* den Titel *Arminius* oder 2020 die Band *Flak* das Album „[...] *bis das Hermannland neu erblüht*".

Auch jenseits der ultrarechten Szene wird die Thematik noch aufgegriffen. So widmete die Epic-Metal Band *Imperious* (Bayreuth) beispielsweise 2011 der Varusschlacht ein ganzes Album (*Varus*), ebenso wie die Heavy-Metal Band *Rebellion* 2012 (Frankfurt/M./Osnabrück, Album *Arminius: Furor Teutonicus*).

5.4.2 Didaktisierung für den Geschichtsunterricht

Wie lässt sich mit diesem und weiterem geschichtskulturellen Material umgehen?

Hierzu gibt es generell drei Möglichkeiten:

1. Schüler*innen recherchieren entsprechende geschichtskulturelle Objektivationen
2. Ausstellung mit durch die Lehrkraft ausgewählten geschichtskulturelle Objektivationen
3. vertiefte Interpretation einer oder mehrerer derartiger geschichtskultureller Objektivationen

Diese drei methodischen Zugriffe schließen sich nicht gegenseitig aus, sondern lassen sich auch als aufeinander aufbauende Schritte arrangieren.

Eine Recherche durch die Schüler*innen kann völlig frei oder gelenkt, analog und digital erfolgen. Eine gelenkte digitale Recherche entspräche dann einer *Webquest*. (Eine *Webquest* sollte auf jeden Fall den öffentlichen Raum und den Fanshop des Detmolder „Hermann"-Denkmals beinhalten.) Freie Recherchen können erstaunliche Ergebnisse zutage bringen, sollten aber, da man den Spuren „Hermann" folgend mit großer Wahrscheinlichkeit auch in verfassungsfeindliche Gefilde gerät, stets durch die Lehrkraft beobachtet und begleitet (also nicht etwa als Hausaufgabe aufgegeben) werden.

Weniger zeitaufwändig im Unterricht ist eine kleine geschichtskulturelle Ausstellung zu einem vitalen historischen Mythos. Dieser Zugang erfordert allerdings vorab einen gewissen Aufwand durch die Lehrkraft. Es empfehlen sich regelmäßige Flohmarktgänge und Durchforstung der einschlägigen Onlinemärkte nach entsprechenden Gegenständen. Eine solche Ausstellung ließe sich auch gut als Stationenlernen einsetzen, wenn dabei beherzigt wird, verschiedene Sinne anzusprechen, eine gute Mischung aus Lese-, Hör- und Sehstationen und ggf. auch eine Onlinestation einzuplanen wie auch Gegenstände zu bieten, die man anfassen kann und darf. Letztlich sollte man bedenken, dass es um lebendige Mythen geht, d.h. man sollte auch die Möglichkeit bieten, in irgendeiner Form aktiv mit ihnen umzugehen – an ihnen zu ‚arbeiten'. Eine andere Möglichkeit, die dies von vornherein berücksichtigt, besteht darin, die Schüler*innen als Nachgang zu ihren Recherchen selbst eine Ausstellung konzipieren zu lassen. Diese Ausstellung kann physisch beispielsweise im Foyer der Schule eingerichtet werden oder auch online für ein größeres Publikum. Die Aufgabe der Lernenden besteht in diesem Fall darin, die Erklärtexte zu den Objekten zu formulieren und ggf. einzusprechen. Alternativ zu einer Ausstellung wäre auch eine gedruckte Broschüre oder ein Erklärfilm denkbar, den man dann auf der Schulhomepage und/oder anderen Onlineplattformen publizieren könnte. Auch eine Kooperation mit dem Kunst- Musik- oder Deutschunterricht wäre in verschiedener Weise denkbar, indem die Lernenden angeleitet werden, mit dem „Hermann"-Stoff kreativ umzugehen und dadurch selbst aktiv an der Geschichtskultur mitzuwirken.

Schließlich ist eine vertiefende Analyse von einer oder wenigen ausgewählten Objektivationen eines Mythos im Geschichtsunterricht lohnenswert. Nicht jedes Objekt eignet sich hierzu, denn einige wie beispielsweise der Name eines Bieres o.Ä. sind schnell erschlossen und interpretiert. Doch es gibt komplexere Objekte oder auch Objektgruppen, die sich vergleichend analysieren lassen.

Zu den komplexeren Objektivationen gehören außerschulische Lernorte, zu denen man eine Exkursion durchführen kann. Zweifellos kann der physische Besuch bestimmter Orte Einsichten fördern, die man durch theoretische Imagination nicht erlangen kann. Im Fall unseres Beispiels wäre dies vor allem das „Hermann"-Denkmal in Detmold, vielleicht sogar in Verbindung mit den Externsteinen (wo mir vom Mann an der Kasse ungefragt versichert wurde, dass genau *hier* die Legionen des Varus hindurchmarschiert waren). Das „Hermann"-Denkmal wirkt auch heute noch durch seine schiere Größe, denn Monumentalstatuen dieser Art gibt es sonst in Deutschland nicht mehr. Die Wirkung (mit dem Ausblick auf den „Teutoburger Wald") lässt sich durch eine bloße Abbildung im Geschichtsschulbuch kaum erahnen. Eine Aufgabe vor Ort oder in der Nachbereitung wäre die vertiefte und auf Details bezugnehmende Frage nach dem heutigen Umgang mit diesem Ort. So dürften die Inschriften am Hermann heute als kaum mehr zeitgemäß, ja als anstößig erscheinen. Sollte man sie entfernen? Sollte man vielleicht sogar den ganzen „Hermann" lieber abbauen? Oder gelingt es dem Landesverband Lippe, dem Nationaldenkmal in der Gegenwart einen sinnvollen Platz zuzuweisen und es gewinnbringend in einen neuen Kontext einzubetten? Falls nicht: Wie könnte man diese Absicht unterstützen? Sollte man z.B. bestimmte neue Inschriften anbringen oder zumindest Erklärtafeln beifügen? Und was sollte dort draufstehen? – Anders geartete Orte als ein Denkmal (zu unserem Thema z.B. das mittlerweile didaktisch durchgestylte Gelände von Kalkriese) erfordern natürlich andere Fragestellungen. Immer sollte jedoch der kritische Blick auf die derzeitige Ausgestaltung des Ortes eingefordert werden, auch wenn es sich um Orte handelt, an denen man heute gar nichts mehr sieht – z.B. Bereiche der Varusschlacht außerhalb des Kalkrieser Museumsgeländes.

Nicht minder komplex als Lernorte können schriftliche oder filmische Objektivationen sein. Während der Einsatz von Romanen im engen zeitlichen Korsett des Geschichtsunterrichts erfahrungsgemäß schnell an seine Grenzen stößt, lässt sich ein Comic – auch auszugsweise – durchaus gut einsetzen. Während im Hinblick auf unser Beispielthema die Bilder Enrico Marinis sehr eindrücklich sind und teilweise durchaus geeignet sein könnten, das Interesse an Geschichte im allgemeinen und an der Varusschlacht im Speziellen zu wecken (z.B. Buch V: Marsch der Römer bis zur Falle des Arminius, S. 13–21, Verbrennen des Trossen, S. 31–33) sind andere wegen expliziter Gewalt- oder billig-derber Erotikdarstellungen für den schulischen Geschichtsunterricht, in dem das Gebot zu beachten ist, nicht emotional zu überwältigen, eher ungeeignet. Allerdings lässt sich an einigen ausgewählten Seiten sehr gut der Germanenmythos erkennen und dekonstruieren, z.B. beim Fest an den Externsteinen (Buch IV, S. 39 u. 46–47) oder der wild-barbarische Siegesfeier nebst ihrer „Hermann"-Hoch-Rufe (Buch V, S. 60–61), mit der die Reihe endet.

Sowohl zu Romanen als auch zu Comics, Filmen oder PC-Spielen jeder Art lassen sich auch Rezensionen sammeln, vergleichen, beurteilen oder auch selbst verfassen. Diese anspruchsvolle Aufgabe an die Lerngruppe erfordert es, dass sie sich wirklich eingehend und kritisch mit dem Mythos, seinen heutigen Funktionen, Bedeutungen und der konkreten Objektivation auseinandersetzen. Herausfordernd wird es mit politisch extremistischen Inhalten, die vielleicht Verschwörungsmythen verbreiten, staatliche Institutionen desavouieren oder zu Gewalt aufrufen. Es ist für eine Lehrkraft manchmal schwer abschätzbar, wie die ästhetische Dimension der Geschichtskultur ggf. auf einzelne Lernende wirkt. Was wäre, wenn ein Rechtsrock-Titel vielleicht gar nicht einmal vom Text her, aber doch von der Musik bei einem Black Metal-Fan gut ankommt? Eine reine Textlektüre wäre andererseits eine wenig aussagekräftige Trockenübung mit geringen Lernchancen. Genauso wie bei Propagandaprodukten käme es darauf an, die Zügel genau richtig dosiert phasenweise zu lockern, damit die Lernenden verstehen, mit welchen Mitteln hier gearbeitet wird und wie die Botschaften verfangen sollen. Danach müssen die Emotionen jedoch stets wieder reflektierend eingefangen werden. Entsprechend der des ersten Zugangs – kritische Pflege von Mythen – ist es auch in den anspruchsvolleren Zugangsweisen zu Mythen wichtig, ihre Wirkmacht zu kennen und sie nicht nur genießen, sondern sie auch stets kritisch hinterfragen und ihnen somit rational begegnen zu können. Eine goldene Methode, die eine Faszination für politisch radikales Gedankengut verhindert, gibt es leider nicht. Es wird immer auch Lernende geben, die eine bestimmte Prädisposition bereits mitbringen und sich durch entsprechende Beispiele eher inspiriert als abgestoßen fühlen. Es ist gut, wenn man seine Schüler*innen gut genug kennt, um dies dann auch entsprechend einschätzen und abwägen zu können. Zu ängstlich sollte man aber wohl auch nicht sein, denn das würde bedeuten, die Lerngruppe in einem wohlbehüteten, aber naiven Kokon zu halten. Gerade bei der Analyse von Mythen ist es wichtig, die eigenen Filterblasen zu durchbrechen und zu erkunden, wie Mythen in den anderen Lagern aufgegriffen werden, welche Bedeutungen ihnen dort beigemessen werden und welche Funktionen sie dort erfüllen. Erst wenn geschichtliche Deutungen sich widersprechen und gegen die gängigen Normen anecken, tritt Geschichte als diskursives und immer auch politisches Fach in Erscheinung. Genauso wie Geschichtskultur nur in freiheitlichen Gesellschaften breit rezipiert wird, gehören zu einer solchen Geschichtskultur auch nichtmehrheitsfähige Meinungen, die es (sofern sie nicht klar verfassungsfeindlich sind) auszuhalten gilt.

5.5 Historisch begründete Mythenprognostik (Sek. 2)

Der in Tabelle 9 (S. 91) genannte Zugriff 5 schließlich bildet die Kür im Kontra-Faktischen. Hier kann das Fach Geschichte einen wichtigen Beitrag leisten, mündige Bürger*innen auszubilden und diese zu befähigen, historisch-politische Mythen zu erkennen, hinter ihnen stehende Interessengruppen zu identifizieren und ihre Intentionen zu durchschauen. Denn da es eine Welt ohne Mythen nicht geben wird, sollte man sie als bereichernden Teil der Geschichtskultur annehmen können – ohne sich durch sie beherrschen zu lassen.

Zur Mythenprognose gibt es grundsätzlich zwei Möglichkeiten: Entweder geht es darum, die Genese eines bestehenden Mythos weiterzudenken und Argumente für weitere Entwicklungen zu sammeln: Unter welchen Voraussetzungen wird der Mythos für wen auch zukünftig wichtig sein? Unter welchen Bedingungen wird er irrelevant werden? Oder aber man überlegt allgemein, welche aktuellen Bedürfnisse Teile der Gesellschaft gerade entwickeln, die mit rein rationalen Argumenten nicht zu befriedigen sind. Da generell alles zum Mythos werden kann, gilt es hier, triftige Überlegungen darüber anzustellen, was sich weshalb und inwiefern dazu eignen würde, wobei sich konkrete Reden, Aussprüche oder später ikonisch werdende Bilder natürlich nicht prognostizieren lassen. Vorhersehen lassen sich allerdings bestimmte Jahrestage (‚runde Jubiläen' von Geburts- oder Sterbejahren mythisch überhöhter Menschen oder einschneidende, genau datierbarer mythischer Ereignisse), denn dann lassen sich zumindest bestimmte geschichtskulturelle Entwicklungen vorzeichnen und diesbezügliche Unterrichtsarrangements von längerer Hand planen.

Eine Möglichkeit wäre hier, vorausgreifend z.B. eine kleine Ansprache des Bundespräsidenten aus Anlass eines solchen in naher Zukunft bevorstehenden Jahrestages zu einem Ereignis, das eine mythische Überhöhung erfährt, zu verfassen. In eine ähnliche Richtung ginge die grobe Konzeption eines Spielfilmes (Storyboard) anlässlich eines solchen Jubiläums. In beiden Fällen müsste sich die Lerngruppe mit der Frage auseinandersetzen, was der Mythos heute für wen noch bedeutet bzw. wie man ihn in die neue Zeit und in ein bestimmtes Medium ‚übersetzt', also wie man ihn anpassen muss, damit er narrativ triftig bleibt und seine Botschaft in verjüngter Hülle weiter wirksam verbreiten könnte.

Oder aber man könnte sich Botschaften vornehmen, die einem für die Gegenwart und Zukunft wichtig erscheinen, und überlegen, wie man einen dafür motivierenden Mythos generieren könnte. Woran ließe er sich festmachen? Wen will man erreichen? Welches Medium würde sich eignen? Wieviel Fiktion wäre einerseits notwendig, andererseits sinnvoll, damit der Mythos wirkt?

Bei der Mythenprognose kann man also, wie erläutert, entweder die Genese bestehender Mythen triftig weiterdenken oder aber prognostizieren, in Bezug auf was sich generell neue Mythen bilden könnten und woran sie sich ggf. werden festmachen können.

5.5.1 „Hermann" 2050

Will man einen bestehenden Mythos weiterdenken, muss man zunächst seine Funktionen und seinen Nährboden ergründen. Beim „Hermann"-Mythos dazu sind zuvor in diesem Buch aufgezeigte Analysen und Interpretationen notwendig. Aus diesen können wir in Bezug auf diesen speziellen Mythos konstatieren, dass der „Hermann"-Mythos den Appell an die Deutschen enthält, sich angesichts eines übermächtigen („imperialen") und unterdrückerischen Feindes nicht wegzuducken, sondern zusammen zu halten bzw. sich zu vereinen, um ihn dann notfalls gewaltsam und unter Nutzung aller Mittel zu besiegen.[79] Sein Nährboden liegt in einer Situation, in der Deutschland durch einen mächtigen Feind besetzt oder zumindest fremdbestimmt ist. Deutschland muss unfrei sein, damit „Hermann" als Befreier beschworen werden kann.

Gegenwärtig befindet sich Deutschland in Frieden. Seit den 2+4-Verträgen vom 12. September 1990 gibt es wieder einen souveränen deutschen Nationalstaat, der eingebunden in das Militärbündnis der NATO keine äußeren Feinde fürchtet. Doch wenngleich das ständige Bedrohungsszenario des Kalten Krieges weggefallen ist, ist dieser Frieden offenbar trügerischer als nach 1990 angenommen. Solange Russland auch mittels militärischer Kräfte Machtpolitik betreibt, bleibt die Lage in den Bündnisländern Europas prekär. Nicht zuletzt das bevölkerungsreichste Land Westeuropas, Deutschland, verlässt sich darauf, im Ernstfall maßgeblich durch die USA unterstützt zu werden. Ohne diese Unterstützung würde die ganze Hoffnung Westeuropas auf der abschreckenden Wirkung der Nuklearwaffen Frankreichs und Großbritanniens liegen. Doch wenn diese nicht griffe, hätten sie Russland kaum etwas entgegenzusetzen. Bislang erprobte Russland die Entschlossenheit der NATO mit kleinen Gebieten wie Südossetien (zuletzt wieder 2008), der Krim (2014), dem Donbecken (seit 2014), dem Krieg um Bergkarabach (zuletzt wieder 2020) und seit Februar 2022 vor allem mit dem Überfall auf die Ukraine. Bislang betraf all dies Staaten, die nicht Teil der NATO sind, jedoch in ihrem Vorfeld angesiedelt sind. Seitdem werden hitzige Debatten um militärische Fragen geführt: Wie schlecht ist der Zustand der Bundeswehr tatsächlich? In welchem Umfang soll bis wann wieder aufgerüstet werden? Welche Waffensysteme könnte und sollte man der Ukraine zur Unterstützung schicken? Wie real ist die Gefahr eines Atomkrieges, der dann auch direkt Deutschland betreffen könnte?

Wie wird die Lage sich – sagen wir bis 2050 – weiterentwickeln? Mit Gewissheit lässt sich das nicht sagen. Der Nationalstaat wird in Europa vermutlich nach wie vor eine große Rolle spielen. Die EU wird sich bis dahin (oder überhaupt) wohl kaum in einen großen Bundesstaat wandeln. Wie wird die Bedrohungslage sein? Ein anderer möglicher „imperialer" Feind außer Russland könnte China werden.

Sicherlich aber muss man sich zukünftige Konflikte ohnehin viel hybrider vorstellen. Vielleicht wird Deutschland eher einem *Cyberwar* unterliegen, für das es derzeit denkbar schlecht gerüstet scheint. Hier wären außer Russland und China noch andere Feinde denkbar, die vielleicht auch im Verborgenen bleiben. Man stelle sich aber einmal vor, was es bedeuten würde, wenn man das Internet hier komplett abstellen müsste. Auch Störung der Energieversorgung, biologische Waffen oder Migrant*innen könnten als Mittel genutzt werden, um zu versuchen, Europa und Deutschland zu erpressen und gefügig zu machen.

In solchen Szenarien könnte der „Hermann"-Mythos ggf. wieder relevanter werden. Andernfalls, und vor allem, wenn sich Deutschland weiter zunehmend als Einwanderungsland und eher als Werte- und Kulturnation denn als Abstammungsgemeinschaft versteht, wird der „Hermann"-Mythos, sofern er nicht im Schulunterricht noch eine Rolle spielt, weiterhin immer unbedeutender werden und bald nur noch Historiker*innen bekannt sein.

All dies ließe sich im Plenum mit Schüler*innnen diskutieren, wobei die oben genannten Überlegungen natürlich meine subjektiven sind, und Diskussionen zu diesem Thema durch andere Einschätzungen und Bewertungen auch ganz andere Richtungen einschlagen könnten. Wichtig wäre hier vor allem herauszuarbeiten, dass Mythen stets besondere Bedürfnisse bedienen und somit bestimmte Mythen durch bestimmte Situationen begünstigt werden.

5.5.2 Neue Mythen?

Was neue Mythen betrifft, lassen sich teilweise triftigere Voraussagen treffen. Sicher einplanen lassen sich für die kommenden Jahre folgende Jahrestage, die mythisches Potential haben:

Jahr	Ereignis
2023	100. Jahrestag Hitlerputsch
2024	300. Geburtstag Immanuel Kant
2025	500. Jahrestag Bauernkrieg
2026	25. Jahrestag 9/11
2027	100. Jahrestag erster Allein-Atlantiküberflug ohne Zwischenlandung (Charles Lindbergh); 100. Jahrestag „schwarzer Börsenfreitag" ; 2100. Jahrestag Spartacus-Aufstand
2028	25. Jahrestag Irakkrieg; 100. Geburtstag Ché Guevara; 300. Geburtstag James Cook
2029	80. Jahrestag Gründung der Bundesrepublik Deutschland; 100. Jahrestag New Yorker Börsencrash (Weltwirtschaftskrise) ; 100. Geburtstag Martin Luther King
2030	40. Jahrestag Beitritt der DDR zur Bundesrepublik Deutschland; 100. Geburtstag Helmut Kohl („Kanzlers der Einheit"); 200. Jahrestag Unabhängigkeit Griechenland
2031	100. Jahrestag Holodomor (Ukraine); 200. Todestag Goethe; 600. Todestag Jeanne d'Arc
2032	10. Jahrestag russischer Überfall auf die Ukraine; 100. Jahrestag Hungerstreik Mahatma Gandhis; 1300. Jahrestag Schlacht von Tours und Poitiers
2033	100. Jahrestag nationalsozialistische „Machtergreifung"; 400. Jahrestag Prozess gegen Galileo Galilei („Und sie bewegt sich doch!")
2034	100. Jahrestag „Langer Marsch" (Mao Zedong)
2035	100. Geburtstag Elvis Presley
usw.	...

Tabelle 13: Gegenwärtige Mythen, die vermutlich in Zukunft an Bedeutung gewinnen

Man könnte Schüler*innen entsprechende Daten (ggf. flankiert durch Darstellungen und Quellen) vorgeben und sie auffordern, die Ereignisse (ggf. unter Verwendung der in diesem Band vorgeschlagenen

Typologie) hinsichtlich ihres mythischen Gehalts und ihrer Funktionen zu jenem zukünftigen Zeitpunkt zu beurteilen. Noch anspruchsvoller wäre es, sie für zukünftige Jahre selbstständig auf die Recherche nach möglicherweise relevanten Jahrestagen zu schicken und sie dann möglichst ausführlich begründen zu lassen, welche sie weshalb für besonders bedeutsam halten.

Doch man kann bei der Mythenprognose nicht nur von Daten, sondern auch von Themen ausgehen. Was wären aktuelle und zukünftige Anliegen, um die sich Mythen spinnen könnten? Folgende Übersicht könnte ein paar Denkanregungen liefern:

Anliegen	Voraussetzung	Botschaft	Zielgruppe	Kern eines aktuellen Mythos, der in Zukunft vermutlich wichtiger werden wird
Klimaschutz	Klima verschlechtert sich weiter	„Die Jugend muss die Erwachsenen zum Klimaschutz zwingen, bevor es zu spät ist!" (FFF)	Jugendliche	Greta Thunberg (Personenmythos durch Überhöhung)
Aufbau der Weltmacht China	Chinas Macht steigt weiter	„China kann mit straffer Führung und Disziplin alles schaffen!"	Chinesen	Xi Jinping (Personenmythos durch Überhöhung)
Kampf gegen Rassismus	Rassismus bleibt ein Problem	„I can't breathe!" – „Black lives matter!"	People of Colour, Weiße	Tötung des George Floyd (25.5.2021) (Personenmythos/Ereignismythos durch Überhöhung)

Tabelle 14: Gegenwärtige Mythen, die vermutlich in Zukunft an Bedeutung gewinnen

Da wie erwähnt des einen Held des anderen Schurke ist, werden sich voraussichtlich auch Gegenmythen bilden. Ein virulentes Beispiel dürfte sich aus dem gegenwärtigen Krieg in der Ukraine ergeben:

Version	Anliegen	Botschaft	Zielgruppe	Kern eines aktuellen Mythos, der in Zukunft vermutlich wichtiger werden wird
a)	Errichtung eines neuen russischen Imperiums; Schaffung eines neuen russischen Selbstbewusstseins	„Lasst uns die fehlgeleitete, Russland stets benachteiligende Politik nach 1991 korrigieren!" (symbolisch als „Z" verdichtet)	Verfechter*innen russischer imperialer Ansprüche	Wladimir Putin als derjenige, der Russland wieder zu verloren geglaubter historischer Größe verhalf (oder es zumindest versuchte)
b)	Verteidigung der Heimat (Ukrainer); Verteidigung einer liberalen Ordnung in Europa, in der Krieg nicht mehr als legitimes Mittel zur Verschiebung von Grenzen gilt	„Stoppt Putin!"	liberal eingestellte Menschen in der Ukraine und im Westen	Wolodymyr Selenskyj als derjenige, der den heldenhaften Verteidigungskampf der Ukraine gegen das übermächtige Russland anführte

Tabelle 15: Mythen, die sich aus dem gegenwärtigen Ukrainekrieg ergeben könnten

Einzige Voraussetzung für derartige Mythen wäre, dass es den jeweiligen Parteien gelingt, entweder als militärischer oder zumindest als moralischer Sieger Anerkennung zu finden.

Darüber hinaus werden ganz neue Mythen zu Anliegen entstehen, die gleichsam „in der Luft liegen" und unter möglicherweise eintretenden Bedingungen nur darauf warten, konkretere Gestalt anzunehmen.

Anliegen	Voraussetzung	Botschaft	Zielgruppe	Kern, um den sich zukünftig ein neuer Mythos bilden könnte oder reaktivierbarer Mythos
Umwandlung der USA in eine Autokratie	Trump wird auch zukünftig nicht wiedergewählt	„America first!" und „Die Demokraten unter Biden haben die Wahl gestohlen!"	Trumpist*innen in den USA und Sympathisant*innen von Autokratien auf der ganzen Welt	„Sturm auf das Kapitol" (6.1.2021) als Heldenkampf (Ereignismythos durch Überhöhung)
Widerstand gegen einen als (körperlich) übergriffig empfundenen Staat	allg. Impfpflicht zur Bekämpfung einer Pandemie	„Wir leben in einer Diktatur!" oder „Die Pandemie ist halb so schlimm. Gefährlicher ist der Machtzuwachs des Staates!"	Impfgegner*innen, „Querdenker"	z. B. ein konkretes Protestereignis oder eine Person, die zum/zur „Märtyrer*in" des Anliegens wird (Ereignismythos/Personenmythos durch Überhöhung)
Einwanderung nach Europa stoppen, Europas Grenzen stärken	starke unkontrollierte Einwanderung aus islamischen Regionen nach Europa	„Es gilt, Europas Grenzen gegen Muslime zu verteidigen!"	Europäer*innen, die sich von muslimischen Migrant*innen bedroht fühlen	Karl Martell: Schlacht von Tours u. Poitiers (732) (Ereignismythos/Personenmythos durch Überhöhung)

Tabelle 16: Mögliche zukünftige oder möglicherweise zukünftig reaktivierte Mythen

Mythen durch Fiktionalisierung sind naturgemäß schwieriger vorherzusagen, da sie, solange sie noch nicht bestehen, oft als völlig unglaubhaft erscheinen. In der aktuellen Politik, die zwischen den freiheitlich-liberalen Gesellschaften und autokratischen Staaten zu beobachten ist, nehmen Behauptungen, aus denen Verschwörungsmythen entstehen könnten, bisweilen bizarre Züge an. Nicht selten stellen sich so Täter als Opfer dar, oder Machthaber verdrehen schlicht dreist die Realität. So hatte die US-Regierung unter Präsident George W. Bush Jr. 2003 den Irak unter Zuhilfenahme der Lüge angegriffen, dass sie sicher wisse, dass der Irak Massenvernichtungswaffen besitze und diese gegen die USA wenden wolle. Der Zweite Weltkrieg begann damit, dass am 1. September 1939 um 05:45 Uhr die Deutschen in Danzig „zurückschossen". Schon Octavian hatte sich 28/27 v.Chr., obwohl er den Prinzipat begründete, der *de facto* eine Monarchie war, ausdrücklich dafür feiern lassen, die Republik gerettet zu haben.[80] Heute behaupten Putin und Lawrow, obwohl faktisch Russland die Ukraine überfallen hat und seitdem lediglich in der Ukraine gekämpft wird, dass „der Westen" beabsichtige, Russland „zu zerstören, zu zerstückeln".[81] Derartiges wirkt bereits in der Rückschau kaum glaubhaft, muss in der Prognostik aber schlicht absurd erscheinen.

Darüber hinaus können immer Ereignisse eintreten, die als tiefe Zäsur oder gar als unfassbar scheinen und um die herum sich dann Mythen spinnen: ein Mord an einem bedeutenden Staatsoberhaupt; ein unerklärliches Naturphänomen; die Gründung eines neuen oder Wiederherstellung eines unabhängigen Staates (Katalonien? Schottland? – Gründungsmythen); ein neuartiger hybrider Krieg, bei dem der Gegner im Verborgenen bleibt; oder konkret Erstaunliches wie ein steiler wirtschaftlicher Aufschwung Großbritanniens nach dem Brexit; eine abgewiesene Invasion Chinas in Taiwan; das Gewinnen der Fußball-WM durch El Salvador oder das plötzliche Auftauchen eines*einer charismatischen Propheten*in einer neuen Religion. – All dies würde genau deswegen zum Mythos werden (können), weil es so unwahrscheinlich gewesen sein wird. Und genau deshalb lässt es sich nicht triftig prognostizieren.

1 Hasberg, Wolfgang; Körber, Andreas, Geschichtsbewusstsein dynamisch, in: Körber, Andreas (Hg.), Geschichte – Leben – Lernen. Bodo von Borries zum 60. Geburtstag, Schwalbach/Ts. 2003, S. 179–202, hier S. 187.

2 Vgl. Horkheimer, Max; Adorno, Theodor W., Dialektik der Aufklärung. Philosophische Fragmente (1944), Frankfurt/M. [21]2013.

3 Hier sollten zumindest der Entstehungskontext des Mythos, die Trägergruppe des Mythos sowie die Bedeutung des Mythos für diese Gruppe thematisiert werden.

4 Bei Lechner, Auguste (1905–2000) muss allerdings darauf hingewiesen werden, dass ihre Versionen z.T. (Nibelungenlied, Parzival) nicht ganz frei von Rassismen sind. Hier muss es Aufgabe der Lehrkraft sein, ggf. kritisch entgegenzuwirken.

5 Drei Beispiele unter vielen weiteren wären etwa Goethes Bühnenstück *Iphigenie auf Tauris* (1786), Schillers Gedicht *Kassandra* (1802) oder Kleists Drama *Penthesilea* (1830).

6 Vgl. v.a. Bitterli, Urs, Die „Wilden“ und die „Zivilisierten“: Grundzüge einer Geistes- und Kulturgeschichte der europäisch-überseeischen Begegnung, München [3]2004 u. immer noch grundlegend: Elias, Norbert, Über den Prozeß der Zivilisation. Soziogenetische und psychogenetische Untersuchungen, 2 Bde., Basel 1939.

7 Mauersberg, Martin, Die „griechische Kolonisation“: Ihr Bild in der Antike und der modernen altertumswissenschaftlichen Forschung, Bielefeld 2019.

8 Homer, Odyssee, aus dem Griechischen von Heinrich Voß, München 2021, IX. Gesang, Verse 252–255, S. 119.

9 Schulz, Raimund, Als Odysseus staunte. Die griechische Sicht des Fremden und das ethnographische Vergleichen von Homer bis Herodot, Göttingen 2020, S. 19.

10 Garais, Iris; Haberberger, Simon, Anthropophagie, in: Hiery, Hermann im Auftrag der Gesellschaft für Überseegeschichte (Hg.), Lexikon zur Überseegeschichte, Stuttgart 2015, S. 37–38, hier S. 38.

11 Vgl. hierzu Onken, Björn, Der Hermannsmythos in deutschen Schulbüchern von 1800 bis 2000, in: Bernhard, Roland; Grindel, Susanne; Hinz, Felix u. Kühberger, Christoph (Hg.), Mythen in deutschsprachigen Geschichtsschulbüchern. Von Marathon bis zum Élysée-Vertrag, Göttingen 2017, S. 59–90, hier S. 69–72.

12 Barth, Steffen, Geschichtsmythos Hermannsschlacht. Ein Bezugspunkt des deutschen Nationalbewusstseins, in: Geschichte lernen 169 (2016), S. 22–29, hier S. 25.

13 Doyé, Werner M., Arminius, in: François, Etienne; Schulze, Hagen (Hg.), Deutsche Erinnerungsorte, Bd. 3, München 2009, S. 587–602, hier S. 590.

14 Sommer, Michael, Die Arminiusschlacht. Spurensuche im Teutoburger Wald, Stuttgart 2009, S. 69.

15 Birker, Susanne; Jaschke, Katrin; Winter, Katrin u. Wiechers, Renate, Imperium – Varusschlacht – Mythos. Entdeckungsbuch für Kinder anlässlich der Ausstellungen „Imperium“ (LWL-Römermuseum Haltern am See) und „Mythos“ (Lippisches Landesmuseum Detmold), hg. vom Landesverband Lippe u. dem Landschaftsverband Westfalen-Lippe, Detmold 2009.

16 Conolly, Peter, Die Römische Armee, dt. Übers. Höpfner, Thomas M., Hamburg 1976, S. 40–41. Vgl. auch Zeichnung eines Marschlagers für zwei Legionen aus der Vogelperspektive, ebd. S. 14–15.

17 Moosbauer, Günther, Die vergessene Römerschlacht. Der sensationelle Fund am Harzhorn, München 2018.

18 Schulz, Meinhard-Wilhelm, Sind die Germanen nur eine Fiktion? (Gedenkjahr 2009–2000 Jahre Varusschlacht), in: geschichte für heute 4 (2009), S. 15–30. Schulz argumentiert, dass Caesar den Namen einführte. Die rechtsrheinischen Völkerschaften lernten unter Augustus, dass sie von den Römern allesamt unterworfen werden sollten und dass man sie „Germanen“ nennt. Doch als die Bedrohung durch Rom vorbei war, in der Völkerwanderungszeit, „kennen sie den Begriff nicht (mehr)“ (S. 21).

19 Luther, Martin, Der LXXXII Psalm/Ausgelegt, Wittenberg 1531, fol. 30v u. 31r. http://digital.bib-bvb.de/view/bvbmets/viewer.0.6.4.jsp?folder_id=0&dvs=1639813674721~906&pid=3040915&locale=de&usePid1=true&usePid2=true (abgerufen 18.12.2021).

20 Onken, Björn, Der Hermannsmythos in deutschen Schulbüchern von 1800 bis 2000, in: Bernhard, Roland; Grindel, Susanne; Hinz, Felix u. Kühberger, Christoph (Hg.), Mythen in deutschsprachigen Geschichtsschulbüchern. Von Marathon bis zum Élysée-Vertrag, Göttingen 2017, S. 59–90, hier S. 63.

21 Barmeyer, Heide, Denkmalbau und Nationalbewegung. Das Beispiel des Hermannsdenkmals, in: Baltrusch, E., u.a. (Hg.), 2000 Varusschlacht. Geschichte – Archäologie – Legenden, Berlin 2012, S. 287–314, hier S. 293 u. 303.

22 Hardt, Matthias, Siegfried, der Drachentöter. Otto Höfler und der Hildesheimer Silberschatz, in: Landesverband Lippe (Hg.), 2000 Jahre Varusschlacht. Mythos, Stuttgart 2009, S. 239–233, hier S. 233.

23 Die Edda, die ältere und jüngere, nebst den mythischen Erzählungen der Skalda, übersetzt und mit Erläuterungen begleitet von Simrock, Karl, Stuttgart 71878, darin: 24. Fafnismâl. Das Lied von Fafnir. https://www.projekt-gutenberg.org/simrock/edda/edda224.html (abgerufen 19.12.2021).

24 Acten-Auszüge aus dem Untersuchungs-Proceß über Carl Ludwig Sand; nebst andern Materialien zur Beurtheilung desselben und Augusts von Kotzebue, Altenburg u. Leipzig 1821, S. 302.

25 Höfler, Otto, Siegfried Arminius und die Symbolik. Mit einem historischen Anhang über die Varusschlacht, Heidelberg 1961.

26 Vgl. ausführlicher: Köster, Klaus, Mythos Arminius. Die Varusschlacht und ihre Folgen, Münster 2009, S. 210–212.

27 Schlegel, Claus, „Du zweiter Hermann, dem Rom sich gebeugt!" Mythos Luther im Wandel der Zeit, in: Geschichte lernen 125 (2008), S. 50–59; Wilhelm, Katja, „Hir stehe ich/Ich kann nicht anders/Got hilffe mir". Luthers „geflügeltes Wort" von Worms – Zur Verselbständigung eines Mythos, in: Geschichte lernen 85 (2002), S. 28–31; Hasberg, Wolfgang, Mythos Reformation. Epochenwende im Licht der Dunkelheitsmetapher, in: Bernhard, Roland; Hinz, Felix u. Maier, Robert (Hg.), Luther und die Reformation in internationalen Geschichtskulturen, Göttingen 2017, S. 57–110.

28 Zit. nach: Müller, Johann Baptist, Luther und die Deutschen, Stuttgart 1996, S. 167–168.

29 Köster, Manuel, Der Hermannsmythos. Die politische Dimension der Geschichtskultur im 19. Jahrhundert, in: geschichte für heute 13 (2020), H. 1, S. 35–52, hier S. 46.

30 Gräfe, Thomas, Bismarck-Mythos und Politik: Die Mythisierung und Politisierung der Bismarckverehrung durch die Parteien und Verbände des nationalen Lagers zur Wilhelminischen Zeit 1890–1914, Hamburg 2014.

31 Vgl. auch Knauer, Sebastian, Das Hermannsdenkmal vor dem Hintergrund des Kulturkampfes, in: Rosenland. Zeitschrift für lippische Geschichte 3 (2007), H. 5, S. 2–15.

32 Wagner, Richard, Der Ring des Nibelungen (1848–74) mit dem „zweiten Tag" „Siegfried".

33 Statuette „Bismarck als Schmied des Deutschen Reiches", um 1900: https://www.deutsche-digitale-bibliothek.de/item/6G6G3KJH4BYEUY7ROZAMSFNAQGXMOWS3 (abgerufen 16.12.2021).

34 Die Strahlkraft dieses Kerns des Kampfes gegen ein „böses" Imperium wirkt bis in die Star-Wars-Filme (USA, 1977–2019) hinein, denen man nicht umsonst epischen Charakter zuspricht.

35 Willms, Johannes, Der Mythos Napoleon. Verheißung – Verbannung – Verklärung, Stuttgart 2020. Willms schlüsselt den Napoleon-Mythos auf in „der Revolutionär", „der Heros", „der Politiker", „der Spieler" und „der Heiland". Vgl. auch didaktisch gewendet: Conrad, Franziska; Woede, Konrad, Der Arc de Triomphe und die Mythologisierung Napoleons, in: Geschichte lernen 146 (2012), S. 49–60.

36 Müller, Johann Baptist, Luther und die Deutschen, Stuttgart 1996, S. 159.

37 Münkler, Herfried, Die Deutschen und ihre Mythen, Reinbek b.H. ^{4}2015, S. 174–175.

38 Doyé, Werner M., Arminius, in: François, Etienne; Schulze, Hagen (Hg.), Deutsche Erinnerungsorte, Bd. 3, München 2009, S. 587–602, hier S. 602.

39 Kühberger, Christoph, Hitler-Mythen in österreichischen Geschichtsschulbüchern – Qualitative und quantitative Aspekte zum Problem der Personalisierung, in: Bernhard, Roland; Grindel, Susanne; Hinz, Felix u. Kühberger, Christoph (Hg.), Mythen in deutschsprachigen Geschichtsschulbüchern. Von Marathon bis zum Elysèe-Vertrag, Göttingen 2017, S. 185–212 (online auch open access verfügbar).

40 Krummeich, Gerd, Die Dolchstoß-Legende, in: François, Etienne; Schulze, Hagen (Hg.), Deutsche Erinnerungsorte, Bd. 1, München 2009, S. 584–599, hier S. 584.

41 Generalfeldmarschall von Hindenburg, [Paul], Aus meinem Leben, Leipzig 1920, S. 403.

42 Deutsche Heldensagen, neuerzählt von Hans Friedrich Blunck. Mit 80 Bildern von Arthur Kampft, Berlin 1938, S. 155.

43 https://www.dhm.de/lemo/kapitel/weimarer-republik/innenpolitik/dolchstosslegende.html (abgerufen 22.12.2021).

44 Leonhard, Jörn, Der überforderte Frieden. Versailles und die Welt. 1918–1923, München ^{2}2019, S. 1015; Sammet, Rainer, „Dolchstoß". Deutschland und die Auseinandersetzung mit der Niederlage im Ersten Weltkrieg (1918–1933), Berlin 2003.

45 Benz, Wolfgang, Die Protokolle der Weisen von Zion. Die Legende von der jüdischen Weltverschwörung, München 2007.

46 Heuer, Christian, „Pfad der Zeit" – Versuch einer Archäologie der Varusschlacht, in: Bernhardt, Markus; Onken, Björn (Hg.), Wege nach Rom. Das römische Kaiserreich zwischen Geschichte, Erinnerung und Unterricht (Starter Geschichte), Schwalbach/Ts. 2013, S. 203–220, hier S. 211 u. 212.

47 Onken, Björn, Der Hermannsmythos in deutschen Schulbüchern von 1800 bis 2000, in: Bernhard, Roland; Grindel, Susanne; Hinz, Felix u. Kühberger, Christoph (Hg.), Mythen in deutschsprachigen Geschichtsschulbüchern. Von Marathon bis zum Élysée-Vertrag, Göttingen 2017, S. 59–90, hier S. 75.

48 https://beruf.hypotheses.org/279 (abgerufen 15.12.2021).

49 Doyé, Werner M., Arminius, in: François, Etienne; Schulze, Hagen (Hg.), Deutsche Erinnerungsorte, Bd. 3, München 2009, S. 587–602, hier S. 599.

50 Bunovic, Tihomir, Arminius. Der erste deutsche Patriot, Frankfurt/M. 2008, S. 10.

51 Medienarbeit e.V., Haltern, Stadtrundgang – Haltern am See. 9.1. Varus, https://medienverein.org/stadtrundgang/varus/ (abgerufen 9.11.2021).

52 Vgl. Timpe, Dieter, Die „Varusschlacht" in ihren Kontexten. Eine kritische Nachlese zum Bimillennium 2009, in: Historische Zeitschrift 294 (2012), S. 593–652; Roth, Jonathan, 2000 Jahre Varusschlacht. Jubiläum eines Mythos? Eine kulturanthropologische Fallstudie zur Erinnerungskultur, Münster 2012; Baltrusch, Ernst (Hg.), 2000 Jahre Varusschlacht. Geschichte – Archäologie – Legenden, Berlin 2012.

53 Pressemappe zu den Ausstellungen: https://www.lwl.org/varus-download/presse/_files/Pressetext%20IMPERIUM_KONFLIKT_MYTHOS_Kurzfassung.pdf (abgerufen 16.10.2021).

54 Vgl. zahlreiche Fotografien in: Landesverband Lippe (Hg.), 2000 Jahre Varusschlacht. Mythos, Stuttgart 2009, S. 358–59.

55 https://www.kalkriese-varusschlacht.de/fileadmin/varusschlacht/flyer/2019_Flyer_Friedenszeichen_small.pdf (abgerufen 11.10.2021)

56 Vgl. ausführlich und mit sehr viel ergiebigem Bildmaterial: Köster, Klaus, Mythos Arminius. Die Varusschlacht und ihre Folgen, Münster 2009.

57 Lippe Tourismus & Marketing GmbH.

58 Vgl. zu vielen dieser geschichtskulturellen Gattungen sowie zur Geschichtskultur in theoretischer Hinsicht: Hinz, Felix; Körber, Andreas, Geschichtskultur – Public History – Angewandte Geschichte. Geschichte in der Gesellschaft: Medien, Praxen, Funktionen, Göttingen 2020.

59 Heuer, Christian, „Pfad der Zeit" – Versuch einer Archäologie der Varusschlacht, in: Bernhardt, Markus; Onken, Björn (Hg.), Wege nach Rom. Das römische Kaiserreich zwischen Geschichte, Erinnerung und Unterricht (Starter Geschichte), Schwalbach/Ts. 2013, S. 203–220, hier S. 213.

60 Zu Reenactments vgl.: Onken, Björn; Striewe, Michael, Living History, in: Hinz, Felix; Körber, Andreas (Hg.), Geschichtskultur – Public History – Angewandte Geschichte, Göttingen 2020, S. 167–183.

61 http://www.naturfreunde-berlin.de/pink/index.php?id=6-15-0-0-0 (abgerufen 13.4.2018).

62 http://www.naturfreunde-berlin.de/pink/index.php?id=6-15-0-0-0 (abgerufen 13.4.2018).

63 Hermannsdenkmal, Tourist-Information Lippe & Detmold am Hermannsdenkmal, Land des Hermann – Teutoburger Wald, https://www.land-des-hermann.de/urlaubsregion/freizeit-aktiv-erleben/hermannsdenkmal/ (abgerufen 19.12.2021).

64 Das bedeutet freilich nicht, dass es heute keinen Bedarf an Helden mehr gäbe. Vgl. hierzu Kultur Austausch 2 (2018) „Helden. Warum sie uns nicht loslassen".

65 Hergott, Sebastian, Der Mythos Che Guevara: sein Werk und die Wirkungsgeschichte in Lateinamerika, Marburg 2003; Alakus, Baris (Hg.), Chevolution: Mythos und Wirkung des Ernesto Guevara, Wien 2007.

66 Heuer, Christian, „Pfad der Zeit" – Versuch einer Archäologie der Varusschlacht, in: Bernhardt, Markus; Onken, Björn (Hg.), Wege nach Rom. Das römische Kaiserreich zwischen Geschichte, Erinnerung und Unterricht (Starter Geschichte), Schwalbach/Ts. 2013, S. 203–220, hier S. 214.

67 Radel, Inga (dpa), Hermann zum Sammeln, in: Der Tagespiegel (3.5.2009), https://www.tagesspiegel.de/hermann-zum-sammeln/1832730.html (abgerufen 23.10.2021).

68 Winterstein, Franz, Detmolder Fest-Eindrücke, in: Heimdall. Zeitschrift für reines Deutschtum und Alldeutschtum 14 (1909), H. 11, S. 124–126, hier S. 125.

69 Detmolder Ehepaar überlässt Hermann-Sammlung dem Landesverband, in: Lippische Landeszeitung (24.9.2013), https://www.lz.de/lippe/detmold/9279039_Detmolder-Ehepaar-ueberlaesst-Hermann-Sammlung-dem-Landesverband.html (abgerufen 23.10.2021); Frantzen, Michael, „Wir kämpfen unter Hermanns Zeichen". Ein deutscher Mythos im Postkartenformat, Deutschlandfunk Kultur (22.2.2013), https://www.deutschlandfunkkultur.de/wir-kaempfen-unter-hermanns-zeichen.1001.de.html?dram:article_id=238345 (abgerufen 1.11.2021).

70 Romane über Arminius und „Hermann" von 1787 bis 2009 sind hier aufgelistet: Cramme, Stefan, Historische Romane über das alte Rom, http://www.hist-rom.de/themen/arminius.html (abgerufen 30.10.2021).

71 histo-couch, https://www.histo-couch.de/ (abgerufen 31.10.2021). Zu älteren Jugendromanen vgl. auch: Bräunlein, Peter, Jugendliteratur: Die Varusschlacht. Von Germanen, Römern und den Tücken der Geschichtsschreibung, in: Geschichte lernen 131 (2009), S. 70–71.

72 Marini, Die Adler Roms, Buch V, Hamburg 2017, S. 2.

73 Ebd.

74 Dpa, Deutsche Serien „Barbaren" stellt Netflix-Rekord auf, in: Donaukurier, erstellt 20.11.2020 u. aktualisiert am 2.12.2020, https://www.donaukurier.de/nachrichten/kultur/Medien-Internet-Fernsehen-Leute-Streaming-Barbaren-Netflix-Deutschland-International-Deutsche-Serie-Barbaren-stellt-Netflix-Rekord-auf;art598,4716504 (abgerufen 23.10.2021).

75 https://www.faz.net/aktuell/karriere-hochschule/hoersaal/archaeologen-schauen-serie-barbaren-varusschlacht-auf-netflix-17025446.html (abgerufen 1.11.2021).

76 Schulz, Meinhard-Wilhelm, Sind die Germanen nur eine Fiktion? (Gedenkjahr 2009–2000 Jahre Varusschlacht), in: geschichte für heute 4 (2009),

S. 15–30; Münkler, Herfried; Die Deutschen und ihre Mythen, Reinbek b.H. ^{4}2015, S. 149–164.

77 https://www.germania-shop.com/Ringe/Ring-Hermann-der-Cherusker.html (abgerufen 16.10.2021).

78 Schuppener, Georg, Vereinnahmung germanischer Mythologie im rezenten Rechtsextremismus – Sprache und Symbolik. Ein Forschungsprojekt der Uni Leipzig, bpb (19.12.2017), https://www.bpb.de/politik/extremismus/rechtsextremismus/41446/die-sprache-des-rechtsextremismus (abgerufen 1.11.2021).

79 Münkler, Herfried, Die Deutschen und ihre Mythen, Reinbek b.H. ^{4}2015, S. 167.

80 Res gestae Divi Augusti, 34.

81 Lawrow auf UN-Vollversammlung: „Westen will Russland zerstückeln" (24.9.2022), https://www.tagesschau.de/ausland/amerika/un-lawrow-krieg-ukraine-101.html (abgerufen 25.9.2022).

6. Zwei weitere Beispiele: ein außereuropäischer und ein aktueller Mythos im Geschichtsunterricht

Im vorherigen Kapitel wurden nach Anspruch gestaffelt entsprechend der zum Umgang mit historischen Mythen definierten Kompetenzniveaus einige praktische Beispiele vorgestellt. Dabei sind wir – abgesehen vom Beginn mit der Polyphem-Episode in der Odyssee – beim Arminius-Siegfried-Hermann-Komplex und seinen Mythen geblieben, um auf die jeweils gewonnenen Stufen immer weiter aufbauen zu können. Doch um dieser kurzen Darstellung noch einige weitere Praxisbeispiele beizufügen, die der anfangs dargestellten Breite des Phänomens gerecht werden, sollen hier noch zwei weitere ausgeführt sein: eines aus dem außereuropäischen Raum (der Mythos von den „Weißen Göttern" bei den Azteken) und eines, das einen aktuellen Verschwörungsmythos zum Gegenstand hat (der Mythos vom „Großen Austausch" der genuin europäischen Bevölkerung). Grundsätzlich neue Methoden werden dabei nicht mehr entwickelt, doch es wird gezeigt, dass die in diesem Buch dargestellten Zugriffe natürlich auf sehr vielfältige Weisen und auch in Kombination mit anderen Methoden umgesetzt werden können.

6.1 Ein außereuropäischer Mythos: Die Legende von den „Weißen Göttern" – die Spanier und die Eroberung Amerikas im 16. Jahrhundert (Versuch einer Re-Konstruktion von hinter einem Mythos stehender Realgeschichte durch interkulturelles historisches Lernen)

6.1.1 Gegenstand des Mythos

Der Mythos von den „Weißen Göttern" ist eines der großen Rätsel der altamerikanischen Kulturen. Der Legende zufolge wurden im 16. Jahrhundert die spanischen Eroberer in Mexiko mit einem ‚weißen' und ‚bärtigen' Gott in Verbindung gebracht, was angeblich dazu führte, dass die Indigenen sich ihnen willig unterwarfen. – Doch das wäre für die Eroberer ja eigentlich zu schön gewesen, um wahr zu sein, oder? Man muss dabei bedenken, dass die Spanier bald die völlige Deutungshoheit über die Geschichte Altamerikas hatten. Sie als die neuen Herren kontrollierten, was geschrieben wurde. Während viele altamerikanische Kulturen ohnehin schriftlos waren, sorgten die Missionare dafür, dass die alten Schriften der Völker Mesoamerikas, zu denen auch die Azteken gehörten, weitgehend vernichtet wurden. Unter den Missionaren gab es zwar wiederum einige, die sich in diese Codices einarbeiteten und sie sich z.T. von indigenen Spezialisten erklären ließen, und nur aus den Schriften dieser Missionare wissen wir etwas über den Inhalt einiger der vernichteten Codices. Doch hatten sie alles richtig verstanden? Was von dem, das sie verstanden hatten, verschwiegen sie? Was von dem, das sie behaupteten, in den Codices gelesen zu haben, wurde von ihnen frei erfunden? – Bis heute stehen Forschende vor einem gigantischen Puzzle verschiedenster Überlieferungsschichten, Sprachen und Kulturen – und mit leider sehr vielen fehlenden Teilen.

Was damit bleibt, ist auch die Frage, wie es wenige Tausend Spanier in wenigen Jahren schaffen konnten, alle dichtbesiedelten Regionen Amerikas mit vielen Millionen Einwohnern zu erobern und anschließend dauerhaft zu beherrschen. Aus solch einem eigentlich unglaublichen Vorgang werden natürlich Mythen geboren.[1] Zwar wissen wir, dass viele indigene Gesellschaften durch von den Spaniern eingeschleppte, ihnen bislang unbekannte Viren erheblich geschwächt wurden (mit Bevölkerungsrückgängen von bis zu 90%), dass die Spanier es stets verstanden, sich erhebliche Unterstützung durch indigene Verbündete zu organisieren, dass europäische (Waffen-)Technik effektiver war als indigene usw., doch ein Rest Unverständnis und Staunen bleibt.

Da das ohnehin hochkomplexe Thema uns ansonsten über den Kopf wachsen würde, beschränken wir uns hier auf den Mythos von den „Weißen Göttern" während der spanischen Eroberung des aztekischen Herrschaftsbereichs (im heutigen Mexiko) 1519–1521 durch Hernán Cortés und seine Truppe von anfangs ca. 500 Konquistador*innen. Cortés behauptet in seinem zweiten Berichtsbrief an Kaiser Karl V. 1520, dass der mächtigste Aztekenherrscher Motecuhzoma II. sich freiwillig den Spaniern unterworfen habe, da er angeblich glaubte, die Spanier seien Abkömmlinge der vormaligen, eigentlichen Herrscher Mexikos. (Die Azteken waren sich nämlich sehr bewusst, dass sie in Zentralmexiko letztlich nur Zugewanderte waren.) Während zunächst in den Berichten des Cortés von einem namenlosen Fürsten die Rede ist, der einst in Mexiko geherrscht haben soll, das Land dann aber nach Osten über das Meer verließ und ankündigte, einst wiederzukommen, wird später aus diesem Fürsten ein weißer, bärtiger Gott, der oft mit der aztekischen Gottheit Quetzalcóatl identifiziert wurde. In den wenigen erhaltenen zentralamerikanischen Codices aus vorspanischer Zeit hat sich kein Bild eines weißen, bärtigen Gottes erhalten. Aber heißt das, dass die späteren Zeichnungen des bärtigen Göttes pure Erfindungen der Spanier waren?

Viele Wissenschaftler*innen haben sich seitdem an der Frage nach einem präspanischen Kern des Mythos abgearbeitet. Einige halten das Ganze für eine Legende, die der schlaue Cortés erfunden hatte, um seinen Kopf zu retten. (Es war nämlich auch damals nicht in Ordnung, einfach so fremde Länder zu überfallen und auszuplündern. Vielmehr war es wichtig, den König davon zu überzeugen, dass Mexiko ganz ‚legal' in spanischen Besitz übergegangen war.) Seine Leute, die mit ihm in einem Boot saßen, stützten seine Behauptung und spannen den Faden fort. Die später ins Land kommenden Missionare griffen die Geschichte ebenfalls auf, um den unterworfenen Indigenen dadurch weiszumachen, dass ihre Ahnen *deswegen* gegen die Spanier verloren hatten, weil sie in heidnischem Aberglauben befangen gewesen waren. Die Unterworfenen wiederum nahmen den Mythos ebenfalls an, um sich als gute Christen zu erweisen und weil er eine plausible Erklärung für das sonst schwer Begreifbare der aztekischen Niederlage bot.[2] – Doch sollte Cortés wirklich so dreist gewesen sein, sich alles einfach nur ausgedacht zu haben? Oder hatte er nicht doch Informationen über eine entsprechende indigene Legende erhalten, die er für seine Zwecke nutzte? Gab es vielleicht wirklich einen entscheidenden Moment, in dem der Aztekenherrscher Motecuhzoma ihn für Quetzalcóatl hielt?

In einem Punkt zumindest muss man unterscheiden, um sauber zu argumentieren: Ist mit „Quetzalcóatl" jeweils der wiederkehrende Fürst oder aber der Gott gemeint? Da Herrscher – wie Motecuhzoma – im alten Mexiko immer auch Priester waren und einige Stadtstaaten als regelrechte Theokratien zu betrachten sind, könnte der fragliche Fürst ein Priester des Quetzalcóatl gewesen sein – ein Priesterfürst. Zu trennen wäre also nach Möglichkeit der Göttermythos vom historisch-politischen Mythos um „Quetzalcóatl" – doch so einfach ist es leider nicht immer. Denn in manchen Versionen verlässt eindeutig der *Gott* Quetzalcóatl das Land nach Osten und kündigt an, wiederzukehren. Verschmolzen Gott und Priesterfürst mit der Zeit und von Schicht zu Schicht? Und vor allem: Warum sollte der mächtige Motecuhzoma die Rückkehr irgendeines Fürsten fürchten? Und der vielgestaltige Schöpfergott Quetzalcóatl war in der aztekischen Vorstellung meist durchaus nicht abwesend. Und warum sollte er von Motecuhzoma die Herrschaft einfordern? Was würden all die anderen ebenso mächtigen Gottheiten dazu sagen? Es bleiben also erhebliche Ungereimtheiten.

Fest steht, dass Cortés am 21. April 1519 nach seiner Landung an der mexikanischen Golfküste prächtige Geschenke überreicht wurden, die Motecuhzoma für die Spanier hatte anfertigen lassen, nachdem 1518 bereits Kapitän Juan de Grijalba dort aufgetaucht war. Der Aztekenherrscher hatte sich offenbar genau überlegt, was seine majestätische Gabe beinhalten sollte. Sie sollten nicht nur seine Macht darstellen, sondern auch die aztekische Kultur repräsentieren. Wie das Schiffsregister der ersten Schatzladung des Cortés an Karl V. eindeutig zeigt, befanden sich darunter Kleidungsstücke und Gegenstände verschiedener aztekischer Götter.[3] Könnte es so gewesen sein, dass die Azteken, um gleichsam den Ankömmling zu ehren und ihre Funktion und ihre Zusammengehörigkeit zu erläutern, Cortés diese Götterattribute anlegten? Könnte damit bei den Spaniern die Frage aufgekommen sein, ob die Azteken Cortés für einen Gott hielten? Könnte es sein, dass es dem Christen Cortés später zu heikel war, die Geschichte seinem König so zu schreiben, dass er all dies geschehen ließ? Könnte er daher aus dem Gott einen menschlichen Fürsten gemacht haben, der in späteren Erzählungen dann wieder zum Gott wurde? – Wir wissen es schlicht nicht.

Zur Einordnung der Legende von den „Weißen Göttern" in den weiteren Kontext muss zudem erwähnt werden, dass die Spanier behaupteten, dass ihnen ganz ähnliches auch in anderen Gegenden Amerikas widerfuhr. Der Konquistador und Chronist Pedro de Cieza de León (ca. 1520–1554) beispielsweise berichtet von weißen, bärtigen Menschen, die in der Zeit vor den Inkas auf den Inseln des Titicacasees gewohnt haben sollen.[4] Unter Berufung auf namentlich genannte Gewährsleute, die die Einheimischen befragt hätten, schreibt er in einem anderen Werk, dass diese weißen Männer später alle in Kriegen umkamen.[5] Ihnen wurden die großen Kulturschöpfungen der vorinkaischen Ruinenstadt Tiwanaku (Tiahuanaco) zugeschrieben. Darüber hinaus erwähnt Cieza de León einen weißen Kulturheros, den die Bevölkerung zu seiner Zeit immer noch sehr verehrte, der zumeist „Ticiviracocha" (manchmal auch „Tuapaca" oder „Arnauan") genannt worden sei.[6] Nachdem dieser wieder verschwunden sei, sei ein ähnlicher Mann gekommen, der sogar Kranke heilen konnte und offenbar über besondere Kräfte verfügte. Dieser sei dann später zur Küste gewandert, habe seinen Umhang ausgebreitet und sei damit über das Meer gefahren und niemals wiedergekommen. Sie gaben ihm daher den Namen „Viracocha", was „Schaum des Meeres" bedeutet.[7]

Vor diesen Hintergründen hätten die Aymara und andere Indigenen die Spanier „Viracochas" genannt, da auch sie weiß und bärtig waren, über das Meer kamen und ihnen fremde Kulturtechniken beherrschten, das bestätigt u.a. auch Juan Santa Cruz Pachacuti Yamqui 1613.[8] Hinzu kommt, dass spätere Versionen diese mythischen Figuren mit dem Heiligen Thomas identifizierten und somit eine amerikanische Urmission unterstellten, was politisch gravierende Folgen gehabt hätte, denn als die Spanier ankamen, waren die Indigenen ja nicht christlich. Sollte es jedoch eine Urmission gegeben haben und sie seien dann später wieder vom Glauben abgefallen, dann wären sie nicht einfach nur unwissende Heiden, sondern Ketzer. Heiden übten nach damaligem Verständnis eine legitime Herrschaft aus, Ketzer hingegen nicht. Sie verdienten sogar Bestrafung. Man sieht also, dass die unterschiedlichen Identifikationen des „Weißen Gottes" als eines ehemals herrschenden Fürsten, als Gott Quetzalcóatl oder als Heiliger Thomas stets auch politische Intentionen beinhalteten.

Die Mythen um die „Weißen Götter" haben in den folgenden Jahrhunderten die populären Bereiche der Geschichtskultur beflügelt,[9] die Fachwissenschaft stellen sie vor unlösbare Rätsel.[10]

6.1.2 Didaktisierung für den Geschichtsunterricht

Eine Beschäftigung mit dem Mythos von den „Weißen Göttern" erfordert interkulturelle historische Kompetenzen[11] – anzuwenden nicht nur im Hinblick auf die Azteken, sondern auch schon hinsichtlich der Spanier und Missionare (die nicht immer Spanier waren).

Die Herausforderung besteht einerseits darin, verschiedene Fremdperspektiven zumindest ansatzweise nachzuvollziehen und miteinander zu vergleichen, andererseits, verschiedene Schichten späterer Indienstnahmen und Weiterentwicklung des Mythenkomplexes zu erkennen und durch sie hindurch zum präspanischen Kern desselben vorzudringen. Hier wird man bei jeder Schicht die Frage stellen müssen, welche Funktionen die konkrete Ausgestaltung des Mythos jeweils für wen zu erfüllen geeignet war.

Dass man schließlich nicht zu einem eindeutigen Verständnis kommen wird, ist für den Ansatz des interkulturellen historischen Lernens nicht nur nicht tragisch, sondern vielmehr ein wichtiger Bestandteil desselben. Denn entscheidend ist neben einer Offenheit gegenüber kulturell differenten Sichtweisen ein Bewusstsein für die eigene Standortgebundenheit und damit verbunden die Einsicht in die eigenen Verstehensgrenzen.

Vor diesem Hintergrund bietet es sich unterrichtspraktisch an, ein Lerntableau im Sinne forschend-entdeckenden Lernens anzulegen. Die Lerngruppe könnte sich mit verschiedenen „Puzzle“-Bausteinen zum Gott Quetzalcóatl und des Mythos von den „Weißen Göttern“ auseinandersetzen, die aus verschiedenen Zeiten und Perspektiven stammen, konkret präspanisch und kolonialspanisch, sowie von Azteken geschrieben, von Konquistadoren und von Missionaren. Auf diese Weise können sie zumindest ansatzweise gut die Situation heutiger Forschender zu diesem Mythos (und auch anderen kulturfremden Themen) nachvollziehen und sich ein eigenes kritisches Urteil zu der Frage bilden, ob es einen präspanischen Mythos von „Weißen Göttern“ gegeben haben könnte und was das bedeutet hätte.

Damit sind die Lernenden in der Lage, die ersten fünf der auf Seite 82 definierten Kompetenzniveaus zu erreichen:

Elemente für einen historisch-kritischen Umgang mit Mythen durch Fiktionalisierung und Überhöhung:
Die Schüler*innen können ...

1. die emotionale Suggestionskraft der mythischen Erzählung empfinden,
2. den Mythos als solchen erkennen,
3. den Fiktionsgrad des Mythos ungefähr ermessen,
4. eine Gruppe identifizieren, für die der Mythos bedeutsam war oder ist,
5. frühere u. ggf. heutige Funktion(en) des Mythos benennen; den Mythos als Monomythos oder Polymythos klassifizieren.

Einleitungstext für die Schüler*innen

Das Rätsel um die „Weißen Götter“ in Amerika

Kurz nachdem Kolumbus 1492 Amerika für die Alte Welt entdeckt hatte, eroberten Spanier alle aus europäischer Perspektive kulturell hochstehenden Regionen des Kontinents. Wie konnte ihnen das in wenigen Jahren gelingen, da sie doch stets nur in kleinen Gruppen von höchstens 200–500 Konquistador*innen unterwegs waren, die Indigenen, wie vor allem die Inkas und Azteken, jedoch viele Tausend Krieger aufbieten konnten?
Die Spanier selbst lieferten hierzu eine Erklärung: In ihren Berichten und Chroniken behaupten sie, dass einige Anführer der Indigenen – unter ihnen Moctezuma, der Herrscher der Azteken – die Spanier für die eigentlich rechtmäßigen Besitzer Mexikos hielten, sei es, dass sie glaubten, dass die Spanier Abkömmlinge eines einstmals im Osten verschwundenen Fürsten seien, sei es, dass sie sie – und insbesondere Cortés – für einen ihrer Götter hielten.
Doch wie wahrscheinlich ist dies? Prüft es selbst, versucht, fremde Perspektiven einzunehmen und bildet euch eine eigene „Forschungsmeinung“.[12]

Aufgaben

1. Die Quellen a) – i) sind chronologisch im Sinne der Ereignisgeschichte sortiert, auf die sie sich beziehen. Notiere a) – i) nun in der richtigen Reihenfolge ihrer Entstehungszeit. (Tipp: Die Spanier kamen 1518 erstmals nach Mexiko.) (Afb. II)
2. Erkläre, weshalb es für den Vergleich der Quellen wichtig ist, auf die Reihenfolge der Entstehungszeiten zu achten. (Afb. II)
3. Vergleiche die Quellen: Inwiefern ergänzen oder bestätigen sie sich? (Afb. II)
4. Erläutere, welche Quelle du am besten verstehst und welche am wenigsten. Benenne, was dir ggf. das Verstehen erschwert. (Afb. I u. II)
5. Nehmen wir für diese eine Aufgabe einmal an, dass es in vorspanischer Zeit bei den Azteken gar keinen Mythos von den „Weißen Göttern" gegeben hat. Begründe zu jeder Quelle b) – i) in einem Satz, welche Ziele die Autoren mit ihren in diesem Fall ausgedachten Behauptungen dann verfolgt haben könnten. (Afb. II)
6. Erkläre und begründe, welche wichtigen Behauptungen in den Quellen du für glaubwürdig hältst, welche für unglaubwürdig. (Afb. II)
7. Beurteile abschließend: Haben die Spanier rundweg gelogen, wenn sie behaupteten, dass es eine aztekische Legende von „Weißen Göttern" gab, oder nicht? Beachte, dass manchmal in den Quellen von einem Gott die Rede ist, manchmal von einem Fürsten. (Afb. III)

a) Eine vor-spanische Abbildung des Gottes Quetzalcóatl [sprich: Kezalkoatl] aus Zentralmexiko

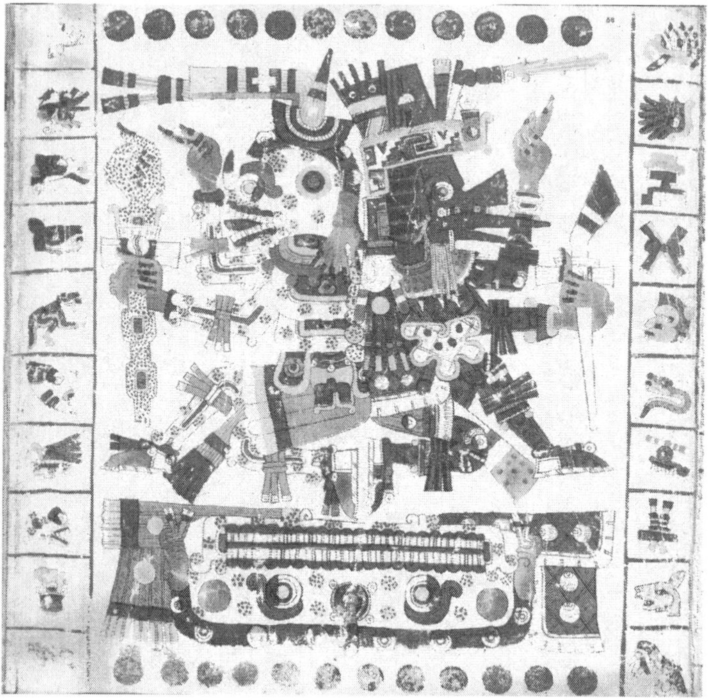

Abbildung 53: Links der Gott Mictlantecuhtli, rechts der Gott Quetzalcóatl (als Windgott Ehecatl, erkennbar an der Schnabelmaske), Codex Borgia, fol. 56 (Zentralmexiko, 16. Jh.)[13]

b) Quetzalcóatl (mit Bart) auf seinem Schlangenfloß. Darunter seine Türkisschlangenmaske. Die Darstellung stammt aus dem Werk eines spanischen Missionars von 1579.

Abbildung 54: Diego Durán, Historia de las Indias de la Nueva España e islas de Tierra Firme, 1579, fol. 228

c) Andrés de Tapia, ein Offizier des Cortés, berichtet in seinem Augenzeugenbericht der Eroberung Mexikos nach 1547 vom Gott „Quetzalquate“:

In jener Stadt [sc. Cholula] haben sie als ihren Hauptgott einen Menschen aus vergangenen Zeiten, und sie nannten ihn Quezalquate, der, wie man sagt, diese Stadt gründete und ihnen befahl, keine Menschen zu töten, sondern dass sie dem Schöpfer der Sonne und des Himmels Gebetshäuser machten, in denen sie ihm Wachteln und andere gejagte Tiere opferten, und dass sie sich gegenseitig nichts Böses antäten und anzutun wünschten: Und man sagt, dass dieser [„Quetzalquate“] ein weißes Gewand trug wie eine Tunika von Mönchen und darüber einen Mantel mit roten [oder: bunten, *coloradas*] Kreuzen darauf: Und dort haben sie gewisse grüne Steine, und der eine von diesen war der Kopf einer Äffin, und sie sagten, dass diese von jenem Mann seien, und sie halten sie für Reliquien.[14]

d) In den Annalen von Tlatelolco [1528], einer aztekischen Chronik, die auf Nahuatl (der Sprache der Azteken), aber schon in lateinischer Schrift verfasst ist, heißt es zum Jahr 1519, als Hernán Cortés und seine Spanier in Mexiko landeten:

Im Jahre 1 Rohr [sc. 1519] legten die Spanier in *Tecpan tlayacac* an. Da kam alsbald der Kapitän [sc. Cortés]. Als er in *Tecpan tlayacac* gelandet war, da gingen ihm *Cuetlaxteca* entgegen. Da gab man ihm goldene Sonnen, eine gelb, eine weiß[,] und einen Kreuzspiegel und goldene Hauben, goldene Schneckengefäße, die auf dem Kopfe getragen wurden[,] und den grünen Federschmuck [sc. aus grünen Quetzalfedern] der Leute vom Gestade [Ufer] (von Tabasco) und Muschelschilde. Vor den Augen des Kapitäns wurde ein Opfer dargebracht. Er erzürnte sich, als man ihm das Blut in der Adlerschale darreichte[,] und es tötete der Kapitän den, der ihm das Blut darreichte[,] persönlich mit dem Degen. Dadurch gerieten die, die ihm entgegengegangen waren, völlig in Unordnung.

Es war mit dem Willen des *Motecuçoma* [sc. des Herrschers der Azteken] geschehen, daß man dem Kapitän soviele Dinge gegeben hatte, nur damit er, der Kapitän, heimkehre. Nach seinem Befehl handelte der *Cuetlaxtecatl.*[15]

e) In einer Befragung im Rahmen einer Anklage gegen den Eroberer Mexikos Hernán Cortés sagt der Konquistador Juan Álvares 1521 folgendes zur Überreichung der Gaben Motecuhzomas im April 1519 aus:

Auf die zehnte Frage antworte ich: [...] dass nach zwei oder drei Tagen der besagte [aztekische] *tecle*-Anführer mit vielen anderen Indios kam, und eine Art Drachenkopf zum Befehlshaber Hernán Cortés brachte, aus Gold, und außen ein reicher Federschmuck, und gewisse Fußketten aus Gold und Silber, und [...] viele Steine von großem Wert darunter, und dass sie all dies, wie es unter den Fürsten der besagten Indios üblich ist, besagtem Hernán Cortés anlegten, da er der Befehlshaber war, und dass sie ihn mit sehr reichen Edelsteinen einkleideten und sie ihm jenen [Drachen-]Kopf aus Gold auf den seinen setzten, und alle jene goldenen und silbernen Fußketten ihm um die Beine anlegten und an die Füße viele Edelsteine, die bei ihnen gebräuchlich waren, und dass sie ihm diese [auch] am Körper anlegten, ebenso Goldketten, und dass sie, als sie den Befehlshaber so eingekleidet hatten, fragten, ob es unter den besagten Christen [Spaniern] einen anderen *tecle* gebe, d.h. einen anderen Anführer, und dass die

Christen Pedro Dalvarado [sc. Pedro de Alvarado] als [weiteren] Anführer bezeichneten, den die besagten Indios auf dieselbe Weise reich einkleideten, indem sie viele Kostbarkeiten aus Gold und Silber und Edelsteinen an seinen Körper anlegten, so wie man sagt, dass es unter jenen Indios Sitte ist, ihre Fürsten und Befehlshaber zu bekleiden, die sie *tecle* nennen [...].[16]

Informationen zum Begriff „tecle“: Juan Álvares meint mit dem Wort „tecle“ (in anderen spanischen Quellen auch „teule“) entweder den Nahuatl-Begriff „teuctli“ oder „tecuhtli“ – dies kann „Herr“ heißen, aber auch „Gott“ – oder „teotl“, was „Gott“ bedeutet. Bei der Deutung muss man bedenken, dass bei den Azteken die göttliche von der weltlichen Sphäre nicht so strikt getrennt waren wie z. B. im Christentum.

f) **Eine Zeichnung in der Chronik des franziskanischen Missionars Bernardino de Sahagún von 1577 zeigt den Empfang des Cortés im April 1519 durch die Azteken.**

Abbildung 55: Bernardino de Sahagún, Historia general de las cosas de la Nueva España, Codex Florentinus [1577], Buch XII, fol. 8v. [17]

g) Der spanische Eroberer Hernán Cortés konnte Nahuatl, die Sprache der Azteken, nicht verstehen. Er behalf sich mit einem Spanier, der ein Wenig die Maya-Sprache beherrschte, und einer Indigenen, die Maya und das Nahuatl konnte. Cortés, der wusste, dass ihn seine Feinde in Spanien zur Rechenschaft ziehen würden, wenn er einfach fremde Länder überfiel und ausplünderte, schrieb am 30. Oktober 1520 in seinem zweiten Bericht an Kaiser Karl V., dass der Aztekenherrscher Motecuhzoma ihn mit folgenden Worten (auf Nahuatl) in seiner Hauptstadt Tenochtitlán begrüßt habe:

Viele Tage ist es her, dass wir durch unsere Schriften von unseren Vorfahren Nachricht haben, dass weder ich noch alle, die wir in diesem Land leben, Eingeborene desselben sind, sondern Fremde und zu ihnen [recte: ihm] aus sehr fremden Landesteilen gekommen sind. Und wir haben außerdem [Nachricht], dass ein Herr unser Geschlecht in diese Landesteile brachte, dessen Untertanen [wir] alle waren und der zu seinem Ursprungsort zurückkehrte. Und später kam er zurück nach langer Zeit, und zwar nach so langer, dass diejenigen, die geblieben waren, bereits mit den eingeborenen Frauen dieses Landes verheiratet waren, und sie hatten viele Nachkommen und Ortschaften gebaut, wo sie lebten. Und als er sie mit sich nehmen wollte, da wollten sie weder gehen noch ihn als Herrn anerkennen, und so kehrte er um. Und wir haben immer angenommen, dass diejenigen, die von ihm abstammen, kommen müssten, um dieses Land und uns als seine Vasallen zu unterwerfen. Und gemäß der Richtung, die ihr sagt, dass ihr da herkommt, die da ist, wo die Sonne aufgeht, und [gemäß] den Dingen, die ihr von diesem großen Herrn oder König [sc. Karl V.] erzählt, der euch hierher schickte, glauben wir und halten es für sicher, dass er unser natürlicher Herr ist.[18]

h) Auszug aus dem Augenzeugenbericht des Priesters Francisco de Aguilar (1560) zu den Ereignissen 1519:

Und Moctezuma unterwarf sich vor dem [spanischen] Schreiber [und Notar] der Oberhoheit des Kaisers [Karl V.] und willigte ein, ihm in allem als seinem Herrn zu dienen. Und er sagte, dass er sie sehr willkommen heiße, dass sie sein Haus als das ihre betrachten sollten und dass sie [sc. die Azteken] von ihren Vorfahren wüssten, da sie es ihnen gesagt hätten, dass von dort, wo die Sonne aufgeht, bärtige und bewaffnete Leute erscheinen würden: dass sie sie nicht bekämpfen sollten, da diese [Bärtigen] die Herren des Landes werden sollten. Sie hielten uns für Unsterbliche und nannten uns *teules*, was Götter bedeutet [...].[19]

i) **Auszug aus der Chronik des spanischen Franziskanermönchs Bernardino de Sahagún, der nach der Eroberung Mexikos aztekische Zeitzeugen befragte. Er gab ihre Auskünfte allerdings nicht wörtlich wieder, sondern deutete sie christlich um. Mit seinem Werk, das er Mitte des 16. Jahrhunderts auf Nahuatl, der Sprache der Azteken, verfasste, wollte er die jetzt christlichen Azteken überzeugen, dass die spanische Eroberung gottgewollt war. Geschildert wird eine Episode aus dem Jahr 1519. (Der Text klingt sprachlich seltsam, da sich die Übersetzung eng am Nahuatl-Text zu halten versucht.)**

Da stiegen sie [sc. die Azteken] herauf, die Sachen trugen sie in den Armen. Als sie auf das Schiff gestiegen waren, aßen sie, jeder einzelne, Erde vor dem Kapitän [sc. Cortés]. Darauf beteten sie zu ihm, sprachen zu ihm: „Es höre der Gott! es betet ihn an (grüßt ihn) sein Vasall Motecuhçoma, der die Stadt Mexiko [sc. Tenochtitlán] regiert. Er spricht: ‚es hat Mühe erduldet, es ist müde von der Reise der Gott'." Dann schmückten sie den Kapitän mit (den Kleidern, die sie mitgebracht haben). Sie ziehen ihm an: die Türkisschlangenmaske, daran befindet sich der Federkopfschmuck und daran befinden sich, darin stecken, daran hängen die Schlangenohrpflöcke. Und sie zogen ihm das Wams an, und sie legten ihm um den Hals das aus mehreren Edelsteinen bestehende Halsband mit der Goldscheibe in der Mitte. Sie befestigen ihm hinten am Leibe den Kreuzspiegel (aus Türkismosaik). Ferner knüpften sie ihm um den Hintern die Decke, genannt Tzitzilli. Und an seinen Beinen befestigten sie die Edelsteinwadenstrümpfe mit Goldschellen, und sie geben ihm an die Hand, legen ihm in die Hand den Schild, der goldene Längsstreifen, Muschelquerstreifen hat, einen breiten Saum von Quetzalfedern, mit einer Fahne aus Quetzalfedern verbunden ist. Und Obsidiansandalen legen sie vor ihm hin. Und die anderen drei Putz(-Trachten), Göttertrachten, legen sie nur in Ordnung vor ihm hin.[20] [...]

Danach schickte Motecuhçoma Leute ab, er schickte lauter unheilvolle Leute, Wahrsager und Zauberer, und schickte Krieger, Tapfere, Häuptlinge, die sorgen sollten für alles, was [für die Spanier] an Speise nötig war. Hühner, Eier, weiße Maisfladen und was sie verlangen würden, und was sie sonst noch befriedigen könnte, und sie sollten sie wohl beobachten. Er schickte Gefangene mit, indem er sich darauf einrichtete, wenn sie vielleicht deren Blut trinken wollten. Und die Gesandten taten es (wie ihnen befohlen war). Und als die (Spanier) das sahen, empfanden sie großen Ekel, spuckten, kniffen die Augenwimpern zusammen, schlossen die Augen, schüttelten den Kopf. Und die Speise, die sie mit Blut besprengt hatten, widerstand ihnen sehr, verursachte ihnen Ekel, weil das Blut sehr nach Schwefel stank.

Und Motecuhçoma verfuhr so, weil er sie für Götter hielt, für Götter ansah, sie als Götter anbetete, man nannte sie, man „bezeichnete sie" (als) vom Himmel kommende Götter, und die Schwarzen nannte man „wirklich Schmutzige". [...]

Und man sagt ([,] daß Motecuhçoma sie ausschickte), damit sie [sc. die aztekischen Wahrsager und Zauberer] zusehen sollten, wie beschaffen sie [sc. die Spanier] seien, ob sie sie nicht vielleicht würden bezaubern, behexen können, [...] auf daß sie entweder erkranken, sterben oder umkehren. Und diese taten ihr Geschäft, ihren Befehl gegen die Spanier, aber sie vermochten nichts, sie konnten nichts tun.

Da kehrten sie eilig zurück, berichteten Motecuhçoma, wie beschaffen die Spanier wären, wie stark sie seien: Wir sind kein Widerpart, wir sind wie nichts."[21]

6.2 Ein aktueller Mythos: Der angeblich planmäßige „Große Austausch" der genuinen europäischen Bevölkerung (De-Konstruktion eines Verschwörungsmythos durch Quellenkritik im Internet)

6.2.1 Gegenstand des Mythos

Der Mythos vom „Großen Austausch" (*Great Replacement*) ist einer der mächtigsten aktuellen Verschwörungsmythen. Seine Anhänger*innen glauben, dass eine Gruppe geheimer, mächtiger Drahtzieher*innen beabsichtigen, die autochthone europäische Bevölkerung durch gezielte Förderung fremdkultureller Zuwanderung auszutauschen. Hierin drückt sich die Sorge aus, dass als reine Ethnien gedachte Völker Europas aufgeweicht und letztlich ersetzt werden sollen.[22] Dahinter steht die Idee, dass diese Völker schützenswert seien, da ihre Leistungen auf bestimmte biologische Eigenarten zurückgeführt werden. Als eine dieser Eigenarten wird ihr Freiheitswille betrachtet, der von den angenommenen Verschwörer*innen durch biologische Vermischung gebrochen werden soll, um die europäische Bevölkerung künftig besser kontrollieren und beherrschen zu können.

Im Grunde handelt es sich also um eine biologistische Weltsicht von reinen Ethnien, wie die Nationalsozialisten sie mit ihrer Eugenik und ihrer Rede von einer überlegenen arischen Rasse propagiert hatten. Wenngleich Anhänger*innen des Mythos vom „Großen Austausch" nicht mehr explizit der Vernichtung angeblich „unwerten Lebens" oder angeblich „minderwertiger Rassen" oder der gezielten Züchtung einer „Herrenrasse" das Wort reden, geben sie doch zumindest ihrer Meinung Ausdruck, dass europäische Völker so, wie sie sind, besonders erhaltenswert und – durch gezielte Agitation – bedroht seien.

Problematisch an diesem Verschwörungsmythos ist, dass aus seiner Perspektive heraus Migrant*innen, die aus verschiedensten Notlagen heraus nach Europa kommen (oder es zumindest versuchen), nicht nur als Flüchtende oder Schutzsuchende, sondern vor allem pauschal als Waffe wahrgenommen werden. Offene Fremdenfeindlichkeit gilt in Westeuropa gesellschaftlich als inakzeptabel, doch wenn man unterstellt, dass die Migrierenden letztlich Getäuschte, Verführte und Gekaufte (vielleicht gar eine Art krimineller Söldner) sind, die von geheimen Mächten gesteuert werden, dann erlaubt dieses Konstrukt, ihr Kommen guten Gewissens abzulehnen.

Wes Geistes Kind dieser Verschwörungsmythos ist, zeigt sich im verwendeten Vokabular, denn nicht selten ist im deutschsprachigen Raum von „Umvolkung" die Rede. Dies aber verweist auf den Kern nationalsozialistischer Ideologie, die – so bereits deutlich in Hitlers „Mein Kampf" ausgeführt – letztlich darauf zielte, großflächig, d.h. bis zur östlichen deutschen Frontlinie von 1918 (unter Einschluss der gesamten heutigen Ukraine, des Baltikums und Weißrusslands) deutschen „Lebensraum im Osten" zu erobern.[23] Ein Problem (im nationalsozialistischen Jargon gern als „Frage" bezeichnet) bei diesem Vorhaben bestand darin, dass in den betreffenden Gebieten bereits andere Menschen lebten. Damit die Deutschen sich im Osten ein für alle Zukunft unangreifbares Reich würden schaffen können,[24] mussten diese Völker irgendwie weg – wie, da hielt man sich zunächst vage. Solange das NS-Regime glaubte, die Sowjetunion besiegen zu können, plante es, die diese Vorhaben störenden Menschen in Gebiete östlich des Ural zu deportieren. Das galt zunächst für Juden, Sinti und Roma, doch der federführend unter Konrad Meyer schon erschreckend weit ausgearbeitete „Generalplan Ost"[25] sah vor, auch die slawische Bevölkerung loszuwerden, nachdem sie für die Deutschen die gewünschte Infrastruktur (Autobahnen, Siedlungen, Höfe, Fabriken) gebaut und

Ressourcen gefördert hätte. Insbesondere die osteuropäischen Großstädte wie Warschau, Kiew oder Sankt Petersburg waren in den nationalsozialistischen Plänen gar nicht mehr vorgesehen. Als der am 22. Juni 1941 begonnene Blitzkrieg gegen die UdSSR jedoch im Winter vor Moskau scheiterte, was Deportationen nach Osten unrealistisch werden ließ, wurde auf der Wannseekonferenz (20.1.1942) die physische Vernichtung der Juden, die eigentlich erst nach dem Sieg über die UdSSR hätte vonstatten gehen sollen, vorgezogen.[26] All dies ist verbunden mit dem nationalsozialistischen Terminus „Umvolkung“[27] – nur dass aus dem ehemaligen deutschen *Tätervolk* nun ein aktuelles *Opfervolk* gemacht werden soll. Mythen sollen psychologisch entlasten, und Schuldumkehr ist ein probates Mittel dafür.

Die gegenwärtige Wirkmacht erhielt der Mythos jedoch aus rechtsradikalen französischen Kreisen – vom *bloc identitaire*. Diese 2002/2003 gegründete und seit der starken Migrationsbewegungen 2015 auch in Deutschland auftretende Bewegung verficht einen neurechten Bioregionalismus und europäischen Föderalismus. Sie geht von festen nationalen und auch einer ebenso klar umrissenen europäischen Identität aus, die es zu schützen gelte, d.h. sie huldigt einem völkischen Ethnopluralismus und lehnt eine kulturelle (supra-nationale) Vermischung ab. Gesellschaftlichen Wandel, individuelle oder kollektive Integration und kulturelle Adaption, eine flexible Identitätsbildung oder die Freiheit zum Wechsel religiöser Überzeugungen weist sie zurück – und damit auch die freiheitlich demokratische Grundordnung. In ihren Äußerungen bedient sich die Identitäre Bewegung martialischer Kriegsrhetorik, mithilfe derer sie ein Bedrohungsszenario durch den „Großen Austausch“ zeichnet. Ihr Logo ist das griechische Lambda, das sie vermutlich Frank Millers Comic *300* (1998) bzw. Zack Snyders gleichnamigem Film (2006) entlehnt haben. Diese verherrlichen den spartanischen Untergangsmythos um die Schlacht bei den Thermopylen. Die als ethnisch rein gedachten Spartaner hatten sich dort 480 v.Chr. einer als multiethnisch vorgestellten haushohen Übermacht des persischen Vielvölkerreiches entgegengestellt. Durch ihren hinhaltenden Widerstand bis zum letzten Mann verschafften sie Athen die nötige Zeit, die eigenen Kräfte zu ordnen, um die persische Streitmacht letztlich zu besiegen und Griechenland (ja, oft wird unterstellt: Europa) vor der persischen (asiatischen) Knechtschaft zu bewahren. Das Logo der Identitären verweist mithin schon auf ihre Forderung nach geschlossenen Grenzen und einer geschlossenen Gesellschaft.

Als einer der Vordenker des Mythos vom „Großen Austausch" gilt Renaud Camus (der mit dem hochgeachteten Philosophen und Nobelpreisträger Albert nur den Nachnamen gemein hat). Seine völkischen Texte und insbesondere sein Buch *Le grand remplacement* (2011) wurden und werden in rechten Kreisen breit rezipiert. Ein anderer bis heute einflussreicher französischer Theoretiker der Neuen Rechten war Guillaume Fraye (1949–2019), der den vermeintlichen Verschwörungsplan in drei Phasen einteilte: Austausch, Putsch und Kolonisation.[28]

Als einer der Hauptverschwörer hinter dem angeblich planvollen Großen Austausch gilt rechten Politiker*innen George Soros. Als Jude gibt der engagierte, liberale, in den USA lebende Milliardär und Kosmopolit für Autokraten das ideale Feindbild ab. Sie behaupten, konservative Werte, die Religion und die Nation zu schützen und bezeichnen Soros als denjenigen, der all dies zerstören wolle. Mit seinem Reichtum habe er auch die Machtmittel, seine Ziele zu verfolgen – nicht zuletzt dazu, Migrationswellen gegen einzelne Staaten oder allgemein nach Europa auszulösen. Hauptinitiator dieser These dürfte Viktor Orbán sein, der Soros 2015 beschuldigte, die ungarische Kultur und Nation mithilfe von muslimischen Flüchtenden zerstören zu wollen. „Gegen diese Verschwörung, gegen diesen Verrat müssen wir uns an die Demokratie und ans Volk wenden", so Orbán in einer damaligen Rede. Sonst werde „der Kontinent nicht mehr das Europa der hier lebenden Bürger sein, sondern die wirren Träume einiger großer Geldmänner, transnationaler Aktivisten und von niemandem gewählter Funktionäre" würden Wirklichkeit werden.[29] Andere rechte Politiker*innen stießen seitdem ins selbe Horn: auch Makedoniens Premierminister Nikola Gruevski, Serbiens Staatspräsident Aleksandar Vučić, der PiS-Parteivorsitzende Jarosław Kaczyński (Polen), aber auch Putin und Erdoğan unterstellten einen regelrechten ‚Soros-Plan', der die traditionellen europäischen Gesellschaften durch Migration verändern wolle. Oft wurde und wird der EU dabei eine Mittäterschaft unterstellt. Im deutschsprachigen Raum finden sich zumindest in der FPÖ und in der AfD Sympathien für diesen Verschwörungsmythos. In den USA wurde Soros 2018 von Trump, der gewahr wurde, wie gut dieser populistische Schachzug in Europa funktioniert, beschuldigt, die Migrationsbewegungen aus Mittelamerika an die US-amerikanische Südgrenze zu finanzieren. Man sieht also, dass die massenhafte Behauptung und Fortentwicklung eines Mythos dazu führen kann, dass dieser für immer mehr Menschen immer glaubhafter wird.

6.2.2 Didaktisierung für den Geschichtsunterricht

Verschwörungsmythen wie um *QAnon*, den *Deep State* oder den „Großen Austausch“ zielen gegen die liberale Gesellschaft und ihre prominenten Vertreter*innen und sind daher eine Gefahr für unsere freiheitliche Grundordnung. Im Unterschied zu älteren Verschwörungsmythen breiten sich die oben genannten vor allem mittels *Social Media* aus. Das gilt vor allem für *QAnon*, das für die Verbreitung auch des Mythos vom „Großen Austausch“ wichtig ist. Ursprünglich in extremistischen Foren entstanden, in denen man völlig anonym posten kann, fand *QAnon* auf verschiedenen Wegen auch in die etablierten Plattformen wie z.B. Facebook und Instagram. Die Behauptung der Q-Bewegung, dass die angebliche Verschwörergruppe (meist als reich, kosmopolitisch, nations- und gottlos oder schlicht als ‚jüdisch‘ gedacht) Kinder entführe, schlachte und aus ihrem Blut ein Verjüngungsserum für sich herstelle, führte, so absurd sie klingt, dazu, dass Q-Inhalte in Facebook-Gruppen von besorgten Müttern kursierten. Sowohl *QAnon* als auch die Identitären sind zudem bestrebt, Bilder von sich in die etablierten Medien zu bekommen. So führte der Umstand, dass bei Trumps Wahlkampfauftritten immer wieder Q-T-Shirts oder Q-Pappschilder auftauchten, dazu, dass sehr viele Menschen sie wahrnahmen und die etablierten Medien dann auch über *QAnon* berichteten. Mit dem Populisten Trump ging *QAnon* eine Art Symbiose ein, indem einerseits die Q-Anhänger*innen Trump wie einen Erlöser feierten, Trump wiederum dies zuließ, sie als gute Patrioten pries und ihre Posts bei Twitter teilte. Das wiederum machte Influencer*innen aufmerksam, die sich als Trittbrettfahrer dem Trend anschlossen und ihn dadurch noch um so mehr befeuerten. Beim „Großen Austausch“ funktioniert es ganz ähnlich. Mittlerweile verdienen auch Merchandiser, „Spendensammler“, die *Social Media*-Plattformen, verschiedene Autor*innen und der Buchhandel an diesen Verschwörungsmythen kräftig mit. In die konservative Mitte der Gesellschaft dringt der Mythos erfolgreich durch Verweis auf angebliche (oder gefühlte) Denk- und Redeverbote außerhalb eines als zu eng empfundenen Korsetts von *political correctness* vor. So war in Thilo Sarrazins Bestseller *Deutschland schafft sich ab* (2010) die Behauptung zu lesen: „Ein Teil der Intellektuellen und der liberalen Presse scheint sogar eine klammheimliche Freude zu empfinden, dass muslimische Einwanderung die deutsche Gesellschaft untergräbt.“[30] Hier wird also, ohne eindeutig und plump dem Mythos zu folgen, für diesen die Grundlage gelegt, indem ein Misstrauen gegenüber den liberalen Eliten und Medien aufgebaut wird.

Die genannten Verschwörungsmythen gehen übrigens alle davon aus, dass die etablierten Medien (ganz nach dem Muster des Mythos von der „Jüdischen Weltverschwörung“) ideologisch gesteuert sind und nicht die Wahrheit berichten. Sie werden daher pauschal als „Lügenpresse“ (bzw. im Englischen als FNM, „*Fake News Media*“) diffamiert. Wer wissen wolle, was „wirklich“ passiere, müsse sich im Internet in den einschlägigen Foren der Gleichgesinnten informieren. Dies führt dazu, dass es hier bei den Betroffenen längst nicht nur um eine bestimmte politische Einstellung geht, sondern – da sie sich als abgelehnt oder als wissend empfinden – um Beziehungspflege.[31] Das geht soweit, dass den Identitären und vor allem *QAnon* bisweilen sektenähnliche Züge attestiert werden.

Man wird realistischer Weise annehmen müssen, dass es schwer ist, diese Menschen, die durch ihren Glauben teilweise sehr emotionalisiert und aggressiv sind, mit rationalen Argumenten noch zu erreichen. Was Schule und nicht zuletzt der Geschichtsunterricht jedoch leisten können, ist, diesen Denkrichtungen möglichst den Nachwuchs abzugraben.

Hierzu bieten sich einerseits ein inhaltlicher, andererseits ein methodischer Ansatz an: Inhaltlich lohnt im Geschichtsunterricht die Behandlung realer historischer Verschwörungen, methodisch dürfte zudem die Fähigkeit der Quellenkritik sich als probates Mittel gegen Verschwörungsgläubigkeit erweisen, denn die Korrelation zwischen Verschwörungsglauben und mangelnder Medienkompetenz ist evident.

Inhaltlicher Ansatz: realhistorische Verschwörungen

Natürlich kann man, wenn man als Geschichtslehrperson gegen aktuelle Verschwörungsmythen wie den „Großen Austausch“ vorgehen möchte, diese direkt thematisieren. Doch sei hierzu empfohlen, bereits in den unteren Jahrgangsstufen Grundlagen zu legen und zumindest *einmal* eine realhistorische Verschwörung zu behandeln. Hierbei sollte herausgearbeitet werden, dass Verschwörungen stets nur dann zum Ziel kamen (und auch dann oft nicht), wenn der Kreis der Verschwörer und die Vorbereitungszeit bis zur Tat überschaubar waren. Anhand der gescheiterten Catilinarischen Verschwörung (63 v.Chr.) lässt sich gut zeigen, wie leicht Verschwörungen auffliegen können, da es reicht, wenn ein einziger der Eingeweihten sich verrät. Man könnte hier mit Texten von Cicero (*In L. Catilinam orationes*) und Sallust (*De coniuratione Catilinae*) arbeiten. Bei Caesars Ermordung hingegen (15.3.44 v.Chr.) lässt sich eine (auf den ersten Blick) gelungene Verschwörung analysieren. Obwohl über 80 Senatoren in das Vorhaben eingeweiht waren, wurde sie nicht verraten, doch waren es vom Entschluss bis zur Tat auch nur wenige Tage. Andererseits lässt sich an diesem Beispiel demonstrieren, dass die Verschwörer, obwohl es ihnen gelang, Caesar zu töten, ihre politischen Ziele dennoch nicht erreichten. So gesehen war auch diese Verschwörung eigentlich nicht erfolgreich. Drittens könnte man im curricularen Kontext des „Dritten Reiches" die Verschwörung gegen Hitler um Stauffenberg aufgreifen. Zu den Verschwörern zählten mehr als 200, teils hochrangige Personen, und es bleibt erstaunlich, dass ihre Planungen über zwei Jahre vom NS-Regime nicht aufgedeckt wurden. Andererseits zeigt sich an diesem Beispiel, wie schwer auch die Ausführung sein kann (zuerst im März 1943 versagender Zünder, wenige Tage darauf Abänderung von Hitlers Zeitplan, im Januar 1944 schwere Verwundung des vorgesehenen Attentäters, am 20. Juli 1944 dann schließlich Verwendung von zu wenig Sprengstoff). Man könnte, wenn man sich mit realhistorischen Verschwörungen beschäftigt, also zu dem Schluss kommen, dass Verschwörungen aus unterschiedlichen Gründen selten erfolgreich sind. Dies kann Ängste vor Verschwörungen nehmen.

Methodischer Ansatz: Medienkompetenz (Quellenkritik)

Andererseits kann man einen aktuellen Verschwörungsmythos direkt aufgreifen, was besonders dann geboten sein kann, wenn sich Schüler*innen für diese anfällig zeigen. Bleiben wir hier wieder bei unserem konkreten Beispiel: Da der Verschwörungsmythos vom „Großen Austausch" nicht zuletzt über das Internet und die *Social Media* funktioniert, empfiehlt es sich, ihn dort aufzusuchen und hinsichtlich der aufzufindenen Behauptungen und Argumentationslinien Quellenkritik zu üben. Dies könnte, um eine gewisse Kontrolle zu behalten, in Form einer *Webquest* umgesetzt werden.

Aufgaben zu einer solchen *Webquest* könnte lauten:

1. Überprüfe die folgenden Internetseiten hinsichtlich ihrer Glaubwürdigkeit. Nenne Aspekte, die auf ihre Seriosität bzw. Unseriosität hinweisen. (Afb. I und III)

Nutze hierfür die 10 Tipps „Wie erkenne ich Falschmeldungen?“ der Internetseite correctiv: https://correctiv.org/faktencheck/wie-erkenne-ich-falschmeldungen/#section-b2e62b3
2. Vergleiche die folgenden Webseiten untereinander: Welche von ihnen verbreiten einen Verschwörungsmythos? Arbeite bei allen drei Webseiten Elemente heraus, an denen man ggf. erkennt, dass sie vertrauenswürdig sind und/oder dass auf ihr eine Verschwörung behauptet wird. (Afb. I und II)

Im Folgenden führe ich einige Vorschläge für Weblinks auf. Es wurde dabei eine Seite ausgewählt, die die Fluchtursachen 2015 nüchtern und gut belegt darstellt. Es handelt sich um einen Text der Bundeszentrale für politische Bildung und kann somit als „offiziell“ und – solange man dem Staat noch ein Minimum an Vertrauen entgegenbringt – als seriös gelten. Der zweite Text ist ein Aufsatz von Eva Herman, der alle Elemente eines Verschwörungsmythos beinhaltet und ohne Belege auskommt. Es fällt auf, dass die Verfasserin zu emotionalisieren versucht. Er wurde auf der Seite „Wissensmanufaktur.net“ publiziert, in der Herman selbst als (alleinige) Medienbeirätin fungiert. Suchen Schüler*innen nach ihr im Internet, stoßen sie schnell auf die Information, dass Hermann als Verschwörungstheoretikerin gilt. Der dritte Text wiederum stammt vom Journalisten Alan Posener. Er wurde auf einem Autoren-Blog veröffentlicht, der erklärtermaßen die Kontroverse sucht. Der Beitrag huldigt selbst keinem Verschwörungsmythos, beschäftigt sich aber mit einem – konkret mit dem angeblichen „Soros-Plan“. Zwar nutzt Posener keine expliziten Belege, zitiert jedoch viel und vermittelt dadurch den Eindruck, als kenne er seine Quellen sehr gut. Er gibt dabei genügend Hinweise, sodass man seine Behauptungen prüfen könnte. Während die ersten beiden Internetbeiträge relativ leicht als seriös (a) und unseriös (b) zu identifizieren sind, erfordert der dritte (c) genauere Überprüfung.

Hierdurch sind die Lernenden in der Lage, anhand des Verschwörungsmythos vom „Großen Austausch“ die ersten sechs der auf Seite 82 definierten Kompetenzniveaus zu erreichen:

Elemente für einen historisch-kritischen Umgang mit Mythen durch Fiktionalisierung und Überhöhung:
Die Schüler*innen können ...

1. die emotionale Suggestionskraft der mythischen Erzählung empfinden,
2. den Mythos als solchen erkennen,
3. den Fiktionsgrad des Mythos ungefähr ermessen,
4. eine Gruppe identifizieren, für die der Mythos bedeutsam war oder ist,
5. frühere u. ggf. heutige Funktion(en) des Mythos benennen; den Mythos als Monomythos oder Polymythos klassifizieren,
6. die Bedeutung des Mythos für die eigene Lebenswelt erläutern.

Damit das Material zumindest noch in ein ausdruckbares Arbeitsblatt umgewandelt werden kann, wenn die Seiten aus dem Internet verschwunden sein werden, zitiere ich aussagekräftige Passagen.

a) Ein Beitrag zu Fluchtursachen 2015–2017 der Bundeszentrale für politische Bildung. Fluchtursachen (Refugee Eleven), 14.3.2017

An jedem Tag des Jahres 2015 sind weltweit etwa 24 Menschen pro Minute geflohen.[32] Im gesamten Jahr waren mehr als 65 Millionen Menschen auf der Flucht vor Krieg, Konflikten und Verfolgung, das entspricht ungefähr der gesamten Bevölkerung von Großbritannien und Nordirland.[33] 51 % der Geflüchteten waren Kinder und Jugendliche unter 18 Jahren.[34]

Die Mehrheit der Menschen auf der Flucht sind Binnenvertriebene: Sie werden innerhalb ihres Landes vertrieben. Etwa ein Drittel flieht über die Landesgrenzen.[35] Neun von zehn Geflüchteten leben in Entwicklungsländern.[36] Bis nach Europa kommt nur ein kleiner Teil. 2016 sind 280.000 Asylsuchende nach Deutschland gekommen.[37]

Geflüchtete Menschen verlassen ihr Zuhause meist nicht freiwillig. Flucht hat etwas mit äußeren Zwängen zu tun. Es gibt viele Gründe, die Menschen zu dieser Entscheidung nötigen: Krieg, Diskriminierung, Verfolgung, Armut und Umweltkatastrophen. In vielen Fällen ist es eine Mischung aus mehreren Gründen, die Menschen dazu bringt, ihr Herkunftsland zu verlassen.[38]

[...] Krieg ist weltweit eine der häufigsten Fluchtursachen.[39] Mehr als 70 % der Asylsuchenden in Deutschland kommen aus Kriegs- und Krisengebieten [...].[40] Sie fliehen vor den unmittelbaren Auswirkungen des Krieges, oft auch um einer Zwangsrekrutierung zu entgehen. Häufig werden schon Kinder zu einem Einsatz als Soldatin oder Soldat gezwungen.[41]

https://www.bpb.de/lernen/bewegtbild-und-politische-bildung/webvideo/refugee-eleven/243384/fluchtursachen/

b) Ein Aufsatz der Journalistin und Autorin Eva Herman 2015 zur Flüchtlingskrise.

Wer in diesen Tagen den immer stärker werdenden Einwanderungsstrom nach Deutschland, nach ganz Europa, mit wachsender Sorge betrachtet, der wird gewiss viele Fragen haben. Doch er wird nur wenige schlüssige Antworten von den offiziellen Meinungsmachern erhalten. Lediglich einer geringen Anzahl von Menschen dürfte dabei klar sein, dass sie inzwischen selbst als Betroffene in einem zum Kriegsgebiet erklärten Land leben, welches nun von unzähligen Asylsuchenden, Stück für Stück, eingenommen wird. Eine subversive, perfide Kriegsstrategie, die auch schon das alte Rom einst vernichtete. Auch damals sah die Bevölkerung ihrem Untergang gleichermaßen tatenlos zu. Unsere herkömmlichen Lebensstrukturen werden jetzt vernichtet, die alte Ordnung bricht auseinander. Die Verzweiflung Einheimischer wächst, doch noch erahnen die meisten den Plan nicht. Ihr Ärger richtet sich entweder gegen die Politiker oder gegen die Einwanderer. Erste Unruhen unter den verschiedenen Glaubenskulturen malen hässliche Gesichter der Zukunft. Doch wichtig ist: Der Widersacher ist nicht in den Millionen fliehenden Migranten zu suchen – der Feind arbeitet in vielerlei subtiler Form an bislang für die meisten Leute unbekannten Nahtstellen. Wohl, weil dies ein Schatten bisher nur von der Gewalt des wirklichen Geschehens ist, scheint es allgemein schwerzufallen, die Zusammenhänge zu erkennen.[42]

Herman, Eva, Einwanderungs-Chaos. Was ist der Plan? in: WissensManufaktur, 22.8.2015, https://www.wissensmanufaktur.net/einwanderungs-chaos

c) Ein Blog-Beitrag des britisch-deutschen Journalisten Alan Posener, 2019

[Der ungarische Ministerpräsident Viktor] Orban [...] [erklärt]: „Vielleicht erinnern Sie sich noch, als vor vier Jahren, als vor drei Jahren George Soros den Soros-Plan‘ veröffentlichte, den er selbst publizierte, dann war dies ein aus sechs Punkten bestehender Aktionsplan, dessen deklariertes Ziel es war, so viele Migranten wie möglich nach Europa hereinzubringen, dies war also ein Programm mit dem Titel

‚Wie formen wir Europa mithilfe der Einwanderung um', es bestand aus sechs Punkten, George Soros' hat es selbst geschrieben."

Der Titel des Soros-Beitrags, den ich unten im Einzelnen analysiere, hieß tatsächlich „Rebuilding the asylum System" auf Deutsch „Der Umbau des Asylsystems", und keineswegs „Wie formen wir Europa um?". Aber [...] das nur nebenbei. In ganz Europa haben rechte und rechtsextreme Parteien Orbans Stichworte aufgegriffen und die Kampagne gegen Soros aufgegriffen. Die deutsche Querfront-Zeitschrift „Compact" etwa bringt die Verschwörungstheorie auf den Begriff und zitiert den ungarischen Ministerpräsidenten wie folgt:

„Orban wirft dem berüchtigten Finanzhai vor, Europa mit Migranten ‚überschwemmen' und seiner ‚christlichen und nationalen Identität' berauben zu wollen. Um die ethnokulturelle Identität der europäischen Völker zu zerstören, fördere Soros eine ‚Invasion' aus der muslimischen Welt, so der Premier in gewohnt deutlicher Wortwahl."

Man kann als „besorgter Bürger" der Meinung sein, dass zu viel Einwanderung die „ethnokulturelle Identität" Europas gefährde, wobei immer die Frage ist, wieviel „zu viel" ist, und worin genau jene Identität bestehe. Man kann durchaus Vorbehalte gegen den Islam oder Spielarten des Islam haben, wobei immer die Frage ist, wogegen genau, erstens, und zweitens, ob damit jeder Moslem unter Generalverdacht gestellt werden soll. Solche Ansichten und Fragen sind selbstverständlich Teil des legitimen politischen Spektrums und Diskurses in einer Demokratie. Niemand will unbegrenzte Zuwanderung und eine muslimische Invasion.

Doch halt: Genau das behauptet Orban. Noch einmal. Soros wird nicht vorgeworfen, aus übertriebener, blauäugiger Philanthropie Europas Identität zu gefährden. Ihm wird vorgeworfen, Europas Identität durch die „Überschwemmung" mit Migranten und die „Förderung einer muslimischen „Invasion" zerstören zu wollen. Ihm wird eine Absicht unterstellt, so wie ihm vorgeworfen wird, zur Verwirklichung dieser Absicht Mitglieder des Europäischen Parlaments und der Kommission gekauft zu haben. Warum Soros das tun will, wird freilich nicht gesagt.[43]

Alan Posener, Was ist mit diesem ominösen Soros-Plan? in: starke-meinungen.de, 16.2.2019, https://starke-meinungen.de/blog/2019/02/16/was-ist-mit-diesem-ominoesen-soros-plan/comment-page-1/

1 Vgl. Restall, Matthew, Seven Myths of the Spanish Conquest. Oxford 2003.

2 Stenzel, Werner, Quetzalcoatl von Tula. Die Mythogenese einer postkortesischen Legende, in: Zeitschrift für Lateinamerika Wien 18 (1980), S. 5–92; Townsend, Camilla, Burying the White Gods. New Perspectives on the Conquest of Mexico, in: American Historical Review 108/3 (2003), S. 659–687.

3 Cortés, Hernán, Cartas de relación, hg. von Ángel Delgado Gómez, Carta de Veracruz [April 1520], Madrid 1993, S. 150–158.

4 Cieza de León, Pedro de, La crónica del Perú, hg. von Manuel Ballesteros, Madrid 2000, cap. X, S. 342.

5 Ders., El señorio de los incas. hg. von Manuel Ballesteros, Madrid 2000, cap. IV, S. 30–31.

6 Ebd., cap. V, S. 31–32.

7 Ebd. S. 33.

8 Ders., Descubrimiento y conquista del Perú, hg. von Carmelo Sáenz de Santa María, Madrid 2001, cap. XLVI, S. 158; Santa Cruz Pachacuti Yamqui, Juan, Relación de antiguedades deste Reyno del Piru, estudio etnohistórico y linguístico de Pierre Duviols y César Itier, edición facsimilar y transcripción paleográfica del Codice de Madrid, Lima 1993, fol. 43, S. 267.

9 Vgl. den populärwissenschaftlichen Bestseller Honoré, Pierre, Ich fand den Weißen Gott. Frankfurt/M. 1961 oder Heyerdahl, Thor, Laßt sie endlich sprechen. Die amerikanischen Ureinwohner erzählen ihre Geschichte. München 1997 oder – auf Mexiko bezogen – den zuletzt 2013 wieder aufgelegten Roman Stucken, Eduard, Die weissen Götter. 4 Bde., Berlin 1918–1922.

10 Hinz, Felix, ‚Hispanisierung' in Neu-Spanien. 1519–1568. Transformation kollektiver Identitäten von Mexica, Tlaxkalteken und Spaniern. Hamburg 2005, S. 154–158. Vgl. im deutschsprachigen Raum auch jüngst: Rinke, Stefan, Conquistadoren und Azteken. Cortés und die Eroberung Mexikos. München 2019, Kap. „Die Rückkehr des Quetzalcoatl?" S. 122–127.

11 Vgl. einschlägig: Körber, Andreas, Interkulturelles Lernen im Geschichtsunterricht – eine Einleitung, in: ders. (Hg.), Interkulturelles Geschichtslernen. Geschichtsunterricht unter den Bedingungen von Einwanderung und Globalisierung. Konzeptionelle Überlegungen und praktische Ansätze, Münster u.a. 2001, S. 5–26; Gentner, Elisabeth, Interkulturelles Lernen im Geschichtsunterricht, Frankfurt/M. 2019, S. 64–70.

12 Alternativ könnte man eine gerichtliche Untersuchung Inszenieren: Dem spanischen König ist um 1600 zu Ohren gekommen, dass Cortés sich in

Mexiko als Gott hatte verehren lassen. Das wäre ein Skandal gewesen und muss untersucht werden! Sollte es zutreffen, würde man seinem Erben all seine Ländereien entziehen. – Die Lernenden könnten dann in die Rolle einer königlichen Untersuchungskommission schlüpfen. (Einerseits könnte dieses Szenario motivierender wirken, andererseits funktionierte Forschung im 16. Jahrhundert eben doch etwas anders als heute, z.B. was Einflüsse des Glaubens betreffen).

13 Wiss. Erläuterungen zum Bild von Eduard Seler: http://www.famsi.org/spanish/research/loubat/Booklets/Seler_Borgia_2_Plates.pdf (abgerufen 26.7.2022).

14 Tapia, Andrés de, Relación [nach 1547], in: Crónicas de la conquista, hg. von Agustín Yañez, México D.F. 1939, S. 41–96, hier: S. 71–72. (Übers. F.H.).

15 Unos annales históricos de la nación mexicana. Die Manuscrits Mexicains Nr. 22 und 22bis der Bibliothèque Nationale de Paris, übers. u. erläutert von Ernst Mengin, Teil 1: Handschrift nebst Übersetzung mit 30 Abbildungen im Text (Baessler Archiv, Bd. XXII/Heft 2–3), Berlin 1939, § 288–290, S. 143.

16 Información promovida por Diego Velázquez contra Hernán Cortés, Santiago de Cuba, 28.Juni-Juli 1521, in: José Luis Martínez (Hg.), Documentos Cortesianos, Bd. I, 1518–1528: Secciones I a III, México D.F. 1993, S. 170–209, hier S. 205. (Übers. F.H.).

17 World Digital Library, https://www.loc.gov/resource/gdcwdl.wdl_10623/?sp=20 (abgerufen 25.7.2022).

18 Cortés, Hernán, Cartas de relación, hg. von Ángel Delgado Gómez, segunda relación [30.10.1520], Madrid 1993, S. 210. [Übers. F.H.] Vgl. auch ebd., S. 227 f.

19 Aguilar, Francisco de, Relacion breve de la conquista de la Nueva España, escrita por Fray Francsico de Aguilar, de la Orden de Predicadores, México D.F. 1954, S. 52–53. (Übers. F.H.).

20 Sahagún, Bernardino de, Einige Kapitel aus dem Geschichtswerk des Fray Bernardino de Sahagún, aus dem Aztekischen übersetzt von Eduard Seler, hg. von Cæcilie Seler-Sachs u.a., Stuttgart 1927, [Historia general, lib. XII, cap. V], S. 464–465.

21 Ebd., [Historia general, lib. XII, cap. VIII], S. 470–472.

22 Einschlägig: Pirinçci, Akif, Umvolkung. Wie die Deutschen still und leise ausgetauscht werden, Schnellroda 2016.

23 Hitler, Adolf, Mein Kampf. Eine kritische Edition, hg. von Christian Hartmann u.a., Bd. 1, München/Berlin 2016, S. 403.

24 Ebd., Bd. 2, S. 1651–1657. S. 1657.

25 Version von Juni 1942 im Facsimile einsehbar unter: https://www.1000dokumente.de/index.html?c=dokument_de&dokument=0138_gpo&l=de (abgerufen 22.7.2022).

26 Snyder, Timothy, Bloodlands. Europa zwischen Hitler und Stalin, München [5]2015, S. 225.

27 Die Wurzeln dieses Mythos liegen noch weiter zurück. Bereits 1893 vertrat Charles Henry Pearson in seinem Buch *National Life and Character – A Prediction* die These, dass die *White Supremacy* (i.e. die Überlegenheit der weißen Rasse) durch zu niedrige Geburtenraten in Europa und zu hohe in Asien gefährdet sei. Gestützt wurde diese später auch vom US-Amerikaner Madison Grant (*The Passing of the Great Race*, 1916), dessen Werk großen Einfluss auf Hitlers Weltanschauung hatte.

28 Bromley, Roger, The Politics of Displacement: The Far Right Narrative of Europe and its 'others', in: From the European South 3 (2018), S. 13–26, hier S. 15.

29 Mayer, Gregor, Orbán profiliert sich als Verschwörungstheoretiker. Ungarns Premier sieht „große Geldmänner" wie George Soros als Verantwortliche der Flüchtlingskrise, Der Standard (1.11.2015). https://www.derstandard.at/story/2000024890401/orban-profiliert-sich-als-verschwoerungstheoretiker (abgerufen 23.7.2022).

30 Sarrazin, Thilo, Deutschland schafft sich ab. Wie wir unser Land aufs Spiel setzen, München [7]2010, S. 289.

31 Kleinen-von Königslöw, Katharina u. Gerret von Nordheim, Verschwörungstheorien in sozialen Netzwerken am Beispiel von QAnon, in: APuZ (27.8.2021), https://www.bpb.de/shop/zeitschriften/apuz/verschwoerungstheorien-2021/339281/verschwoerungstheorien-in-sozialen-netzwerken-am-beispiel-von-qanon/ (abgerufen 25.7.2022).

32 Vgl. UNHCR (2016): Global Trends. Forced Displacement in 2015, S. 2. Im Internet: Externer Link: http://www.unhcr.de/service/zahlen-und-statistiken.html. Bei Redaktionsschluss lagen noch keine Zahlen für 2016 vor.

33 Vgl. ebd., S. 6. Im Internet: Externer Link: http://www.unhcr.de/service/zahlen-und-statistiken.html. Bei Redaktionsschluss lagen noch keine Zahlen für 2016 vor.

34 Vgl. ebd., S. 3. Im Internet: Externer Link: http://www.unhcr.de/service/zahlen-und-statistiken.html. Bei Redaktionsschluss lagen noch keine Zahlen für 2016 vor.

35 Vgl. ebd., S. 6. Im Internet: Externer Link: http://www.unhcr.de/service/zahlen-und-statistiken.html. Bei Redaktionsschluss lagen noch keine Zahlen für 2016 vor.

36 Vgl. ebd., S. 2. Im Internet: Externer Link: http://www.unhcr.de/service/zahlen-und-statistiken.html. Bei Redaktionsschluss lagen noch keine Zahlen für 2016 vor.

37 Vgl. BAMF (2016): Schlüsselzahlen Asyl 2016. Im Internet: Externer Link: https://www.bamf.de/SharedDocs/Anlagen/DE/Publikationen/Flyer/flyer-schluesselzahlen-asyl-2016.html?nn=1694460.

38 Vgl. BAMF (2016): IAB-BAMF-SOEP-Befragung von Geflüchteten: Überblick und erste Ergebnisse. Forschungsbericht 29, S. 23 f. Im Internet: Externer Link: http://www.bamf.de/SharedDocs/Anlagen/DE/Publikationen/Forschungsberichte/fb29-iab-bamf-soep-befragung-gefluechtete.pdf?__blob=publicationFile.

39 Vgl. ebd.

40 Vgl. BAMF (2016): Schlüsselzahlen Asyl 2016. Im Internet: Externer Link: https://www.bamf.de/SharedDocs/Anlagen/DE/Publikationen/Flyer/flyer-schluesselzahlen-asyl-2016.html?nn=1694460.

41 Vgl. BAMF (2016): IAB-BAMF-SOEP-Befragung von Geflüchteten: Überblick und erste Ergebnisse. Forschungsbericht 29, S. 6. Im Internet: Externer Link: http://www.bamf.de/SharedDocs/Anlagen/DE/Publikationen/Forschungsberichte/fb29-iab-bamf-soep-befragung-gefluechtete.pdf?__blob=publicationFile.

42 Herman, Eva, Einwanderungs-Chaos. Was ist der Plan? in: WissensManufaktur, 22.8.2015, https://www.wissensmanufaktur.net/einwanderungs-chaos (abgerufen 8.10.2021).

43 Posener, Alan, Was ist mit diesem ominösen Soros-Plan?, in: starke-meinungen.de, 16.2.2019, https://starke-meinungen.de/blog/2019/02/16/was-ist-mit-diesem-ominoesen-soros-plan/comment-page-1/ (abgerufen 23.7.2022).

Liste historischer Mythen der Westlichen Welt (Auswahl)

Die folgende Liste dient der Veranschaulichung und Anregung – auch für den Geschichtsunterricht. Über die vorgenommenen Zuordnungen wird man im Einzelfall streiten können. Mythen sind Glaubenssache, d.h. man bezeichnet nur das als Mythos, an das man nicht glaubt, und mithin kann die Entscheidung über den Fiktionsgrad bisweilen nur einer subjektiven Überzeugung entsprechen. Die Existenz eines wie auch immer gestalteten Heiligen Grals konnte nie nachgewiesen werden. Das bedeutet aber nicht zwingend, dass es ihn nie gegeben hat. Entsprechendes gilt z.B. (auch wenn das für uns heute provokant klingen mag) für Hexen. Ebenso kann niemand mit Gewissheit entscheiden, ob Jean d'Arc (Johanna von Orleans) tatsächlich Visionen hatte oder nicht – ganz zu schweigen von der Frage, ob ihr diese von Gott eingegeben wurden und sie mithin ein Werkzeug der göttlichen Vorsehung war. In derartigen Zweifelsfällen wurde hier stets für die rationale Erklärungsvariante entschieden. Dabei wird jedoch oft unterschlagen, dass wir uns so systematisch andere Erklärungsansätze versagen. Nimmt man den Mythos wie dargelegt als Parallelwahrheit, wird es noch komplexer, denn nun muss man unterscheiden, ob man vom wissenschaftlichen Standpunkt aus oder einer persönlichen Überzeugung folgend entscheidet. So könnte man sagen, dass die Tabellen des Nostradamus wissenschaftlich nicht entschlüsselt und daher wohl Nonsens sind, persönlich aber – vielleicht auf Grund eines besonderen Interesses für Transzendentes und Esoterisches – dennoch glauben, dass sie eine Weissagung erhalten, die wir nur nicht in der Lage sind zu verstehen. (Eine vollständige Entschlüsselung und wissenschaftliche Bestätigung seiner angeblichen Weissagungen würde dazu führen, dass Nostradamus statt eines *Mythos durch Fiktionalisierung* zu einem solchen der *Überhöhung* würde.)

1. Pseudohistorische Mythen (ohne identifizierbaren faktischen Kern)

- Area 51 (?)
- „Black-Knight" (?)
- COVID-19 (zahlreiche Verschwörungsmythen)
- „Deep State"
- „Deutsch wäre fast einmal die Amtssprache der USA geworden." (Muhlenberg-Legende)
- „Dolchstoß"

- Drei Könige/Weisen aus dem Morgenland (ihre angeblichen Gebeine im Kölner Dom)
- „erfundenes Mittelalter“ (Heribert Illig)
- „Großer Austausch“
- Heiliger Gral
- Hexen
- Holocaustleugnung („Auschwitzlüge“)
- Hood, Robin
- Illuminati
- „jüdische Brunnenvergiftungen“
- „Kampf zwischen Eis und Feuer“ (Hanns Hörbiger)
- „jüdische Weltverschwörung“
- Priesterkönig Johannes
- jüdische Ritualmorde
- „Pizzagate“ (angeblicher Kinderpornoring, in den Hillary Clinton verwickelt war)
- „Rigged Election“ oder „Big Lie“ (angeblich „gestohlene“ Präsidentschaftswahl 2020 in den USA)
- Q-Anon (angeblich im Besitz von Informationen über den „Deep State“ der USA)

2. Mythen durch Fiktionalisierung (faktischer Kern mit fiktionalen Zusätzen) An dieser Stelle wären alle durch religiöse Schriften oder Erzählungen bekannte Personen (inklusive aller Heiligen, die angeblich Wunder vollbrachten), Räume oder Ereignisse aufzuführen, die einen historischen Bezug aufweisen, was aus Gründen der Übersichtlichkeit jedoch auf ein absolutes Minimum beschränkt wurde.
- 9/11 (zahlreiche Verschwörungsmythen)
- Adam und Eva (Wer waren die allerersten Menschen? Stammen wir alle von zwei Ur-Eltern ab?)
- Amazonen
- Arkadien („Et in Arcadia ego!“)
- Arthus (und die Ritter der Tafelrunde)
- Atlantis
- Attila (Etzel)
- Aufklärung
- „Augusterlebnis“ (1914)
- Babylon (und „Turmbau zu Babel“)
- Barschel-Tod (mehrere Versionen)
- Beatles (v.a. John Lennon u. Paul McCartney, der angeblich 1966 gestorben sein soll)

- Bermuda-Dreieck,
- Bernsteinzimmer („liegt noch irgendwo verborgen“)
- Bundeslade
- deutscher Wald
- Doktor Faust
- „Dunkelgräfin“ (Tochter Ludwigs XVI. von Frankreich?)
- „Ei des Kolumbus“(?)
- El Dorado
- „flache Erde“ (Mythos, dass die Gelehrten bis in die Frühe Neuzeit hinein an eine flache Erdscheibe geglaubt hätten)
- Flying Dutchman
- Freimaurer
- Führermythos (Hitler als „Heilsbringer“)
- Gang nach Canossa (drei Tage barfuß im Schnee? „Nach Canossa gehen wir nicht!“)
- Germanen (basierend auf Tacitus)
- Goldene Zwanziger
- Graf Dracula (Vlad III. Drăculea)
- „Hermann der Cherusker“ (und die Varusschlacht als „Urknall der Deutschen“)
- Hessischer Soldatenhandel (nach Amerika)
- „Hier stehe ich.“ (Luther)
- Homer (Wer war er?)
- Jerusalem (die „Heilige Stadt“ – hier zahlreiche weitere mythische Orte)
- Jesus von Nazareth (Hat es ihn gegeben?, „Jesus Christus“, „Sohn Gottes“)
- Johanna von Orleans, Jean d’Arc (Hatte sie übersinnliche Kräfte?)
- Judas Iskariot und „Judaskuss“ (Hat es ihn gegeben?, der „Erzverräter“)
- Kaspar Hauser (Erbprinz von Baden?)
- König David (Hat es ihn gegeben?, „David gegen Goliath“)
- König Salomo (Hat es ihn gegeben?, „salomonisches Urteil“)
- Königin von Saba (Hat es sie gegeben?, sagenhaft reich an Luxuswaren)
- Kyffhäusermythos (erst Friedrich II., dann Friedrich I. „Barbarossa“)
- „Lady Di“ (Der Unfall, der zum Tod Dianas führte, sei durch den Secret Intelligence Service (MI6) herbeigeführt worden)
- „Mann mit der eisernen Maske“ (Zwillingsbruder Ludwigs XIV.?)
- Maria Magdalena (Hat es sie gegeben? Wenn ja, spielte sie vielleicht eine viel bedeutendere Rolle als in der Bibel beschrieben?)

- Mittelalter („finster“)
- Mondlandung (zahlreiche Verschwörungsmythen)
- Mord an John F. Kennedy (zahlreiche Verschwörungsmythen)
- Mose (Hat es ihn gegeben?, Prophet)
- Muhammad (Hat es ihn gegeben?, islam. Prophet und „Gesandter Gottes“)
- Nikolaus von Myra („der Nikolaus“)
- Nostradamus
- Paulus („vom Saulus zum Paulus“)
- Pearl Harbour („japanischer Angriff wurde von US-Regierung hingenommen“)
- Piraten (Freiheit, Augenklappe, Holzbein ...)
- Presley, Elvis („The King of Rock'n Roll“; angebliches Nachleben)
- Rasputin
- Rattenfänger von Hameln
- Renaissance
- Romulus und Remus („753: Rom kroch aus dem Ei.“)
- Rosenkreuzer
- Rütlischwur
- Saladin („der edle Heide“)
- Sappho
- „saubere Wehrmacht“
- Schwarze Legende
- Shakespeare, William (Unklarheiten in seiner Biografie)
- Siegfried (der deutsche Held schlechthin)
- Sintflut
- Sodom und Gomorra
- Störtebeker („Gottes Freund und aller Welt Feind!“)
- „Stunde Null“ ‘
- „Sturm auf die Bastille“ (der „Beginn der Neuzeit“)
- Templer (z.B. Baphomet)
- Terra Australis (großer Südkontinent)
- Thesenanschlag Martin Luthers
- Tod von Johannes Paul I. (ermordet?)
- Troja
- Trümmerfrauen („haben Deutschland vom Schutt befreit“)
- Wilhelm Tell
- Wurf Luthers mit dem Tintenfass nach dem Teufel
- Zug der Israeliten durch das Rote Meer

3. Mythen durch Überhöhung (ohne fiktive Zusätze)
- 1968
- Alarich (und sein Grab im Busento?)
- Alexanderzug, Alexander der Große (als erfolgreichster Feldherr aller Zeiten)
- Askari
- Athen („Wiege der Demokratie" und des Westens)
- Autobahn
- Becker, Boris
- Bismarck, Otto Fürst von (Reichsgründer und „eiserner Kanzler")
- bin Laden, Osama
- Billy the Kid
- Caesar
- Cook, James
- Da Vinci, Leonardo (und das „Lächeln der Mona Lisa")
- Echnaton (der „Ketzerkönig")
- Einstein, Albert (als der geniale Naturwissenschaftler schlechthin)
- Friedrich II. (Kaiser HRR, „Stupor Mundi" – mit Ortsmythos Castel del Monte)
- Friedrich II., der Große (der „Alte Fritz")
- Galilei, Galileo („Und sie bewegt sich doch!")
- Ghandi, Mahatma
- Graf, Steffi
- Guevara, Ernesto „Ché" (als der Guerillero schlechthin)
- Gustav II. Adolf (König von Schweden, „Retter des Protestantismus")
- Jack the Ripper (als der „Vater aller Serienmörder")
- Hannibal (und seine Alpenüberquerung)
- Hatschepsut
- Hildegard von Bingen
- Hitler, Adolf (als der böseste und unheilvollste Staatsführer aller Zeiten)
- Humboldt, Alexander von (der Vorzeigepreuße ohne Fehl und Tadel)
- Iwan IV. Wassiljewitsch, der Schreckliche
- Karl Martell (der „Retter Europas")
- Kennedy, John F.
- Kleopatra
- Koloss von Rhodos
- Kolumbus, Christoph

- Kroisos (Krösus)
- Der „Lange Marsch“ (Gründungsmythos der Chinesischen Volksrepublik)
- Lawrence von Arabien
- Leif Eriksson
- Lenin, Wladimir Iljitsch
- Ludwig II. von Bayern (der „Märchenkönig“, der „Kini“)
- Ludwig XIV. von Frankreich (der „Sonnenkönig“)
- Luise von Preußen
- Luther King, Martin
- Luxemburg, Rosa
- Mao Zedong
- Maradonna, Diego
- Maria Stuart (Mary Steward)
- Marlene Dietrich
- Masada („Masada darf nie wieder fallen!“)
- Mata Hari
- Muhammad Ali
- Mussolini, Benito (der „Duce“)
- Mutter Teresa (Heilige Teresa von Kalkutta)
- Napoleon
- Nofretete (und ihre Büste)
- Nordwestpassage
- Nzinga von Matamba (leistete den Portugiesen im heutigen Angola erfolgreich Widerstand)
- Ötzi
- Parks, Rosa
- Polo, Marco
- Pyramiden von Giseh
- Pyrrhus („Pyrrhussieg“)
- RAF („Deutscher Herbst“)
- Richard Löwenherz (als edler König und Kreuzritter schlechthin)
- Rommel, Erwin („der Wüstenfuchs“)
- „Roter Oktober“ (Russische Revolution)
- Rungholt (das „Atlantis der Nordsee“)
- Rütlischwur
- Schlacht auf dem Amselfeld
- Schlacht von Cannae,
- Schlacht von Langemarck
- Schlacht von Little Big Horn
- Schlacht bei Marathon („Rettung Europas“ und Marathonlauf)

- Schlacht von Stalingrad
- Schlacht von Tannenberg (2x: u. 1410 u. 1914)
- Schlacht bei den Thermopylen („Wanderer, kommst du nach Sparta …“)
- Schlacht bei Tours und Poitiers („Rettung Europas vor den Arabern“)
- Schlacht von Trafalgar (und Admiral Nelson)
- Schlacht von Waterloo
- Schlacht von … (hier wären noch viele weitere zu nennen)
- Seidenstraße
- „Sommermärchen“
- Spartacus
- Stalin, Josef
- Stauffenberg, Claus Schenk Graf vonThatcher, Margaret (die „eiserne Lady“)
- Titanic (als der Schiffsuntergang schlechthin)
- Transsibirische Eisenbahn
- Tutanchamun (und sein Schatz, v.a. die Goldmaske)
- Vandalen (als „Zerstörer“ schlechthin)
- Varusschlacht
- Verdun (die „Blutmühle“)
- VW-Käfer (als Ikone des „Wirtschaftswunders“)
- Wallenstein (Albrecht Wenzel Eusebius von Waldstein, Erfinder des Massenheeres und Retter der Habsburger im Dreißigjährigen Krieg)
- „Weiße Rose“
- Wilder Westen
- Wirtschaftswunder
- Wunder von Bern
- Wunder an der Somme
- Zenobia

Bibliografie historischer mythischer Epen als Materialgrundlage für den Geschichtsunterricht (Auswahl)

Bei vielen für die Jugend bearbeiteten Ausgaben ist zu beachten, dass einige von diesen nicht nur Passsagen aus den Originalen kürzten, sondern teils sogar neue hinzudichteten, ohne dass dies ausgewiesen wäre. Zudem huldigen nicht wenige der älteren, immer wieder nachgedruckten Jugendausgaben einem völkischen Nationalismus.

Primarstufe

Inkiow, Dimitir, Die schönsten europäischen Sagen. Hamburg 2017

Sekundarstufe I

Hecht, Gretel und Wolfgang, Deutsche Heldensagen. Frankfurt/M. 1969 (zahlr. Neuauflagen)

Lechner, Auguste, Die Nibelungen, Glanzzeit und Untergang eines mächtigen Volkes, überarb. Neuausg., 1. Aufl./neu überarb. und mit einem Glossar vers. von Friedrich Stephan. Würzburg (1951) 2008

Dies., Die Abenteuer des Odysseus. Innsbruck 1961 (zahlr. Neuauflagen)

Dies., Der Sohn der Göttin. Die Abenteuer des Aeneas. Innsbruck 1967 (zahlr. Neuauflagen)

Dies., Die Rolandssage. Innsbruck 1972 (zahlr. Neuauflagen)

Dies., Ilias. Trojas Untergang. Innsbruck 1973 (zahlr. Neuauflagen)

Dies., Herkules. Seine Abenteuer für die Jugend erzählt. Innsbruck 1977 (zahlr. Neuauflagen)

Dies., Die Sage vom Goldenen Vlies. Jason und Medea und die Abenteuer der Argonauten. Innsbruck 1981 (zahlr. Neuauflagen)

Dies., Parzival. Innsbruck 1977 (zahlr. Neuauflagen)

Dies., König Artus. Die Geschichte von König Artus, seinem geheimnisvollen Ratgeber Merlin und den Rittern der Tafelrunde. Innsbruck 1985 (zahlr. Neuauflagen)

Schwab, Gustav, Die schönsten Sagen des klassischen Altertums. 3. Bde. Stuttgart 1838–1840 (zahlr. Neuauflagen)

Sekundarstufe II

Anonym, Gilgamesh, übertragen von Raoul Schrott, München 2001

Homer, Ilias, übertragen von Raoul Schrott, München 2008

Wolfram von Eschenbach, Parzival, nach der Ausgabe Karl Lachmanns (1833) revidiert und kommentiert von Eberhard Nellmann, übertragen von Dieter Kühn, 2 Bde. Frankfurt/M. 2006

Bibliografie didaktischen Materials zu historischen Mythen (Auswahl)

Ackerhans, Nils, „Thirteen Days". Die Kubakrise zwischen Mythos und Realität (bilingual), in: Praxis Geschichte 3 (2011), S. 24–28

Arnold, Kerstin u. Onken, Björn, Die Sintflut. Ein Mythos biblischen Ursprungs?, in: Geschichte lernen 208 (2022), S. 23–29

Barth, Steffen, Deutsche Kriegsgräuel 1914. Propaganda oder Wirklichkeit? [Frankireurmythos], in: Geschichte lernen 192 (2019), S. 36–42

Ders., Geschichtsmythos Hermannsschlacht. Ein Bezugspunkt des deutschen Nationalbewusstseins, in: Geschichte lernen 169 (2016), S. 22–29

Baumgärtner, Ulrich, „Jugend" – Mythos und Wirklichkeit, in: Geschichte lernen 97 (2004), S. 16–22

Ders., Napoleon – „Halbgott" oder „Ungeheuer"? Materialien zur historischen Urteilsbildung, in: Praxis Geschichte 6 (2004), S. 33–38

Ders., Die „Protokolle der Weisen von Zion". Die Verschwörungserzählung schlechthin, in: Praxis Geschichte 5 (2022), S. 44–47

Bein, Reinhard, Die „Auschwitz-Lüge". Geschichte und Funktion heute, in: Praxis Geschichte 6 (1995), S. 54–57

Benz, Wigbert, Feuersturm Dresden. Fakten und Legenden um die Bombardierung der Großstadt Dresden 1945, in: Praxis Geschichte 4 (2004), S. 18–22

Ders., Die Lüge vom deutschen Präventivkrieg 1941, in: Geschichte lernen 52 (1996), S. 54–59

Bernhardt, Markus, BISMARCK – Der hält, was er verspricht. Der deutsche Nationalmythos um den Reichsgründer, in: Praxis Geschichte 5 (1995), S. 33–37

Bickel, Wolfgang, Napoleon, Königin Luise und der Schinderhannes, in: Praxis Geschichte 6 (1990), S. 22–27

Birker, Susanne; Jaschke, Katrin; Winter, Katrin u. Wiechers, Renate, Imperium – Varusschlacht – Mythos. Entdeckungsbuch für Kinder anlässlich der Ausstellungen „Imperium" (LWL-Römermuseum Haltern am See) und „Mythos" (Lippisches Landesmuseum Detmold), hg. vom Landesverband Lippe u. dem Landschaftsverband Westfalen-Lippe, Detmold 2009

Blank, Stefan, Antonio Bühler, Tobias Krank u. Jan Robert Weber, „Das Wunder von Bern". Stiftung einer nationalen Legende, in: Praxis Geschichte 5 (2006), S. 28–32

Blickwedel, Nils, Die „Brutkastenlüge". Wie der Zweite Golfkrieg 1990 mit Falschinformationen und bezahlter PR gerechtfertigt wurde, in: Praxis Geschichte 5 (2022), S. 48–49

Bode, Matthias, Zwischen Trauer, Heldengedenken und Opfermythen. Kriegerdenkmäler als Orte zwiespältigen Erinnerns, in: Geschichte lernen 121 (2008), S. 18–21

Bongertmann, Ulrich, Nach Canossa gehen wir nicht (mehr)? Ein Unterrichtsvorschlag (Sek. II), in: geschichte für heute 2 (2013), S. 40–44

Ders., Irrtum – Inszenierung – Illusion? Mythen zur Friedlichen Revolution von 1989/90, in: Praxis Geschichte 5 (2009), S. 38–42

Brabänder, Michael, „… erhob sich das ganze Land zur Ausrottung der Hexen." Gründe für die Hexenverfolgung der Frühen Neuzeit, in: Geschichte lernen 107 (2005), S. 20–24

Ders., Der „Führer" auf Sammelbildern. Die Festigung des Hitler-Mythos durch Bildpropaganda, in: Praxis Geschichte 3 (2009), S. 18–21

Ders., „Kreuzzug" als Schlagwort und Metapher. Infragestellung und Bewertung des Kreuzzugsbegriffs, in: Praxis Geschichte 3 (2019), S. 46–50

Bräunlein, Peter, Jugendliteratur: Die Varusschlacht. Von Germanen, Römern und den Tücken der Geschichtsschreibung, in: Geschichte lernen 131 (2009), S. 70–71

Brieske, Rainer, Dekonstruktion und Immunisierung. Von der Legende zur Verschwörungstheorie, in: Praxis Geschichte 5 (2022), S. 10–13

Ders., „Halt. Amikäfer!" Kartoffelkäfer als biologische Waffe? – eine Wahrscheinlichkeitsprüfung, in: Praxis Geschichte 5 (2022), S. 32–37

Brüggemann, Thomas, Friedrich II. – historisches Vorbild oder „Saddam seiner Zeit"? [Friedrich der Große], in: Geschichte lernen 68 (1999), S. 38–43

Bühler, Arnold, „Gottes Freunde und aller Welt Feinde". Wer war Klaus Störtebeker?, in: Geschichte lernen 138 (2010), S. 12–19

Burkhardt, Hannes, „Leistungen ohne Verbrechen?" Die Legendenbildung um den NS-Täter Albert Speer, in: Praxis Geschichte 5 (2022), S. 38–43

Cebulla, Florian u. Claudia Tatsch, Jeanne d'Arc. Mittelalterliche Heldin und „Retterin Frankreichs", in: Praxis Geschichte 4 (2011), S. 16–19

Coenen, Andreas, Stalingrad. Ereignis und Erinnerung, in: Geschichte betrifft uns 2 (2008), S. 1–31

Conrad, Franziska u. Konrad Woede, Der Arc de Triomphe und die Mythologisierung Napoleons, in: Geschichte lernen 146 (2012), S. 49–60

Daum, Matthias, Instrumentalisierung nationaler Mythen im Franquismus. In welche Tradition stellte sich General Franco?, in: Geschichte lernen 169 (2016), S. 50–55

Deutschländer, Gerrit u. Herrmann, Ulrich, Die Schotten. Untergang und Auferstehung einer Legende, in: Geschichte lernen 73 (2000), S. 23–29

Dietrich, Tobias, Lutherfeste – Ein Turnus deutscher Erinnerungskultur im 19. und 20. Jh., in: Praxis Geschichte 6 (2016), S. 46–50

Dithmar, Reinhard, Langemarck – ein Kriegsmythos und seine Folgen, in: Praxis Geschichte 3 (1995), S. 26–29

Dobmeier-Feigl, Susanne, „Christusmörder“ und „Brunnenvergifter“. Verfolgungen der Juden im Hoch- und Spätmittelalter, in: Praxis Geschichte 2 (2006), S. 42–45

Dräger, Marco, Der berühmte Thesenanschlag. Historisches Faktum oder Fiktion der Historiker?, in: Geschichte lernen 173 (2016), S. 27–32

Ders., Blaue Augen und blondes Haar. Tacitus' stereotype Darstellung der Germanen mittels perspektivischen Schreibens kritisch hinterfragen, in: Geschichte lernen 176 (2017), S. 12–17

Eckes, Christine, Daniel Münch u. Julia Walther, Schuldumkehr in YouTube-Kommentaren. Beurteilungen der alliierten Luftangriffe auf Dresden, in: Geschichte lernen 185 (2018), S. 19–23

Ewering, Cornelius, Machtergreifung via Schlafwagen? Mussolinis „Marsch auf Rom“, in: Geschichte lernen 51 (1996), S. 32–36

Fieberg, Klaus, Germanen- und Römerbilder. Mythen und instrumentalisierende Geschichtspolitik, in: Praxis Geschichte 6 (2918), S. 40–44

Ders., Luther: Lebensbilder und Legenden. Das Leben des Reformators im Spiegel von Cranachs Porträts, in: Praxis Geschichte 6 (2016), S. 12–16

Ders., Mythos Karl der Große. Das Bild des Herrschers im Wandel der Zeit, in: Praxis Geschichte 2 (2017), S. 45–49

Ders., Zwischen Idealisierung und Verteufelung. Napoleon-Bilder im Widerstreit, in: Praxis Geschichte 2 (2022), S. 44–49

Freimann, Jutta, „Hexenabschied“. Der Hexenflug in Wort und Bild, in: Praxis Geschichte 4 (1991), S. 19–21

Goy, Axel, Leonidas. Militärische Selbstaufopferung zum Ruhm der Heimat – eine Heldentat?, in Praxis Geschichte 4 (2011), S. 12–15

Grosch, Waldemar, Alte Sage – wahrer Kern? Der Rattenfänger von Hameln, in: Praxis Geschichte 5 (2002), S. 32–34

Hackenberg, Wolfgang u. Lochon-Wagner, Kerstin, Frankreichs Erinnerung an Vichy. Zwischen Mythos der Résistance und dem Tabu der Kollaboration, in: Geschichte lernen 185 (2018), S. 58–64

Hafez, Nicola u. Hafez, Kai, „Das ist der Orient!“ Geschichte der westlichen Islamwahrnehmung: Würdigung und Kritik der Orientalismusthese, in: Geschichte lernen 177 (2017), S. 39–47

Harkcom, Stephanie, Chris de Burgh: Crusader. Der Mythos Kreuzzug im Lied, in: Praxis Geschichte 1 (2003), S. 17–21

Hellberg, Florian u. Zürn, Larissa, Die Erde ist eine Scheibe?. Den Mythos der mittelalterlichen Scheibenwelt sprachsensibel untersuchen, in: Geschichte lernen 202 (2021), S. 36–41

Herrmann, Matthias, Die Dolchstoßlegende. Hintergrund und politische Wirkung, in: Geschichte lernen 52 (1996), S. 48–53

Heuer, Christian, Varusschlacht(en). Erzählungen der clades Variana, in: Geschichte lernen 145 (2012), S. 48–54

Hiss, Hendrik, „Rahn schießt!". Die Geburt der „Helden von Bern" durch die bundesdeutsche Öffentlichkeit, in: Praxis Geschichte 4 (2011), S. 38–41

Honekamp, Gerhard, Der Rhein. Ein Fluß wird zum Mythos, in: Geschichte lernen 47 (1995), S. 50–55

Jaek, Sönke, Stalin – Großer Lehrer, Freund und Vater. Das Plakat als Instrument des sowjetischen Personenkultes, in: Geschichte lernen 114 (2006), S. 34–39

Kant, Johanna, Vom „seligen Anderl" zu „QAnon", in: Praxis Geschichte 5 (2022), S. 14–19

Kirstätter, Stefan, Stalin-Kult. Stalinismus in der Kunst und als Heilslehre, in: Praxis Geschichte 1 (2012), S. 33–35

Klein, Alexander, Schliemanns Erben – Oder ein neuer Kampf um Troia, in: Praxis Geschichte 3 (2007), S. 11–15

Kößler, Gottfried, Die „Auschwitz-Lüge", in: Geschichte lernen 52 (1996), S. 60–65

Kotte, Eugen, Grunwald-Mythos und „Tannenberg-Replik". Mysthifizierende Geschichtsbilder als Unterrichtsgegenstand, in: Geschichte lernen 102 (2004), S. 29–35

Krenzer, Michael, Luther, die Thesen und die Tür der Schloßkirche, in: Geschichte lernen 52 (1996), S. 27–33

Kruip, Gudrun, Sedanfeiern als nationalistische Feiern im Kaiserreich, in: Geschichte lernen 49 (1996), S. 44–49

Kuster, Tobias, Der „Wucherjude". Dekonstruktion eines wirkmächtigen antisemitischen Stereotypenkomplexes, in: Geschichte lernen 185 (2018), S. 12–18

Lange, Thomas, Der „Lange Marsch". Der Gründungsmythos der Volksrepublik China, in: Geschichte lernen 74 (2000), S. 56–60

Ders., Die „Straßen des Führers". Ein fortwirkender Propagandasieg des „Dritten Reiches" [Mythos Autobahn], in: Geschichte lernen 57 (1997), S. 42–47

Leutner, Cornelius, Once upon a Time in the West. Der Mythos vom „Wilden Westen", in: Geschichte lernen 52 (1996), S. 41–47

Liebrandt, Hannes, Der „Führer“ überall. Inszenierung und Konstruktion des Führer-Mythos, in: Praxis Geschichte 3 (2020), S. 20–27

Mann, Michael, Gandhi als Mahatma, in: Geschichte lernen 56 (1997), S. 30–34

Mannel, Horst-D., Die „weiße Rose“. Widerstand im Spielfilm, in: Geschichte lernen 40 (1994), S. 16–20

Mause, Michael, Kleopatra – eine faszinierende und unbegreifliche Frau?, in: Geschichte lernen 109 (2005), S. 34–40

Meilchen, Gregor, James Cook. Verwissenschaftlichung und Mythenbildung in der Aufklärung, in: Praxis Geschichte (6 (2017), S. 33–37

Memminger, Josef u. Ruth Sandner, Druiden, Barden, starke Frauen? Die keltische Gesellschaft in antiken Darstellungen und archäologischen Befunden, in: Geschichte lernen 142/143 (2011), S. 76–85

Meyer, Ulrich, Der ewige Friedrich. Staufermythos und Stauferrezeption [Friedrich I., Entrückungsmythos], in: Geschichte lernen 66 (1998), S. 60–65

Miethe, Julia, War Canossa ein kluger Schachzug Heinrichs IV.? Die Darstellung des Salierkönigs im Spiegel geschichtskultureller Narration, in: Geschichte lernen 170 (2016), S. 46–51

Mögenburg, Harm, „Ich habe die Amazonen mit eigenen Augen gesehen …“ Erzählende Geschichtsquellen zu Beginn der Neuzeit, in: Geschichte lernen 2 (1988), S. 58–63

Mohr, Andreas, Das Gilgamesch-Epos: Auch ein Tagebuch der Menschheit?, in: Geschichte lernen 208 (2022), S. 16–22

Muhr, Udo u. Thorsten Rühl, Die Wiederkehr des Entrückten. Der Mahdi-Aufstand in islamischer und englischer Sicht [Auswirkungen eines hist. Entrückungsmythos], in: Geschichte lernen 72 (1999), S. 44–48

Müller, Markus, Identitätsstiftung durch Befreiungskriege? Kontinuitäten und Diskontinuitäten in der Symbolik „nationaler Erhebung“ in Deutschland, in: Praxis Geschichte 4 (2013), S. 50–52

Nitsche, Martin, Hindenburg. Großer Feldherr oder bewusste Mythenbildung?, in: Praxis Geschichte 6 (2013), S. 34–38

Noppen-Eckart, Eva-Maria, Ein Flugblatt als „Hexenzeitung“. Stereotype Hexenvorstellungen in der Frühen Neuzeit, in: Geschichte lernen 107 (2005), S. 25–29

Pallaske, Christoph u. Völlmecke, Detlef, „Deutschland muß leben, und wenn wir sterben müssen!“ Gedenken und Totenkult nach dem Ersten Weltkrieg: Der Mythos Langemarck, in: Geschichte lernen 49 (1996), S. 20–25

Platen, Heinz-Peter, „Der Tag von Potsdam“, in: Geschichte lernen 57 (1997), S. 36–41

Puhle, Matthias, Klaus Störtebeker und die Seeräuber der Hansezeit. Die Vitalienbrüder – Wesen und Wirklichkeit, in: Praxis Geschichte 1 (2001), S. 48–51

Quast, Gerhard u. Weber, Frank, „He, wir sind Gallier! Gallier aus dem keltischen Teil Galliens!“, in: Praxis Geschichte 3 (1996), S. 40–44

Rettberg, Jürgen, Der Blick zurück nach vorne. Ein „Goldenes Zeitalter“ schafft sich seine Vergangenheit [Augustus], in: Praxis Geschichte 5 (2003), S. 34–37

Ders., „Heureka“ – Legende und Wirklichkeit. Die Wissenschaftslegende Archimedes, in: Praxis Geschichte 4 (2000), S. 22–25

Rieber, Christof, Märzkämpfe in Berlin. Der Barrikadenmythos, in: Praxis Geschichte 2 (1998), S. 27–29

Rohrbach, Rita, „Hitler tötete alle armen und ungehorsamen Leute“. Ein Erfahrungsbericht über ein Projekt zum Mythos Hitler in der Grundschule, in: Geschichte lernen 52 (1996), S. 20–26

Sauer, Michael, Hitler im Bild. Nationalsozialistische Fotopropaganda, in Geschichte lernen 91 (2002), S. 29–32

Schacht, Holger, „Vergessenes“ zur Kuba-Krise, in: Praxis Geschichte 6 (1990), S. 42–45

Schlegel, Claus, „Du zweiter Hermann, dem Rom sich gebeugt!“ Mythos Luther im Wandel der Zeit, in: Geschichte lernen 125 (2008), S. 50–59

Schmitz, Manfred, Zwischen „furor teutonicus“ und Herrschaftslegitimation. Zur Geschichte des römischen Germanenbildes, in: Geschichte lernen 29 (1992), S. 65–69

Schneider, Gerhard, Der „Messias des neunzehnten Jahrhunderts“. Die sozialistischen Lasallefeiern, in: Geschichte lernen 49 (1996), S. 50–54

Schneider, Stefanie, Kennedy, Kalter Krieg und Kuba-Krise. Mythologisierung im historischen Spielfilm (Thirteen Days), in: Praxis Geschichte 6 (2005), S. 48–51

Scholz, Günter, Der schlechte Ruf überdauert die Zeit. Die Wikinger – ein Mythos für Erwachsene und Kinder, in: Praxis Geschichte 5 (2002), S. 28–29

Schulte, Rolf, Hexentheologie. Stellung der Kirchen zum Hexenwesen, in: Geschichte lernen 107 (2005), S. 30–35

Schwarzkopf, Antonia, Deutsche Gründungsmythen nach 1945, in: Geschichte betrifft uns 2 (2019), S. 1–33

Slechte, Christian Hendrik, Der Mythos des Vaterlandes. Die Veränderungen des Bildes von Wilhelm von Oranien (1814/30), in: Praxis Geschichte 6 (2000), S. 26–30

Thunich, Martin, Masada – ein Mythos bröckelt, in: Praxis Geschichte 3 (1998), S. 16–20

Verfuß, Klaus u. Hartmann Wunderer, Mythos Währungsreform 1948, in: Geschichte lernen 67 (1998), S. 34–39

Weber, Jan Robert, Hindenburgs Dolchstoßlegende … und die wahren Gründe für Deutschlands Kriegsniederlage, in: Praxis Geschichte 5 (2022), S. 20–25

Werner, Johannes, Der Führermythos und seine Folgen. Selbstdarstellung deutscher Politiker in der Pressefotografie, in: Praxis Geschichte 1 (2006), S. 20–24

Wilhelm, Katja, „Hir stehe ich/Ich kan nicht anders/Got hilffe mir“. Luthers „geflügeltes Wort“ von Worms – Zur Verselbstständigung eines Mythos, in: Geschichte lernen 85 (2002), S. 28–31

Wunderer, Hartmann, Künstler und das Hexen-Stereotyp. Zu den Hexen-Darstellungen von Hans Baldung Grien, in: Geschichte lernen 107 (2005), S. 52–56

Wypior, Cajus, Die Geschichte der Deutschen – eine Erfindung? Ein Unterrichtsprojekt zum Ende des Geschichtsunterrichts, in: Geschichte lernen 124 (2008), S. 58–61

Zurwehme, Martin, „… aber die Treue ist gehalten bis in den Tod“. Der Nibelungenmythos im 19. und 20. Jahrhundert, in: Geschichte lernen 52 (1996), S. 34–40

Fachbibliografie

Alakus, Baris (Hg.), Chevolution: Mythos und Wirkung des Ernesto Guevara, Wien 2007

Altrichter, Helmut u.a. (Hg.), Mythen in der Geschichte, Freiburg/Br. 2004

Assmann, Jan, Mythos und Geschichte, in: Altrichter, Helmut; Herbers, Klaus u. Neuhaus, Helmut (Hg.), Mythen in der Geschichte, Freiburg/Br. 2004, S. 13–28

Aufgebauer, Peter, „Die Erde ist eine Scheibe". Das mittelalterliche Weltbild in der Wahrnehmung der Neuzeit, in: GWU 57 (2006), S. 427–441

Bahra, Hanne, Königin Luise: von der Provinzprinzessin zum preußischen Mythos, München 2010

Baltrusch, Ernst (Hg.), 2000 Jahre Varusschlacht. Geschichte – Archäologie – Legenden, Berlin 2012

Barthes, Roland, Mythen des Alltags, in: Barner, Wilfried; Detken, Anke u. Wesche, Jörg (Hg.), Texte zur modernen Mythentheorie, Stuttgart 2012, S. 91–105

Bastian, Till, Auschwitz und die „Auschwitz-Lüge". Massenmord, Geschichtsfälschung und die deutsche Identität, München [6]2016

Baum, Wilhelm, Die Verwandlungen des Mythos vom Reich des Priesterkönigs Johannes. Rom, Byzanz und die Christen des Orients im Mittelalter, Klagenfurt 1999

Becker, Frank, Begriff und Bedeutung des politischen Mythos, in: Stollberg-Rillinger, Barbara (Hg.), Was heißt Kulturgeschichte des Politischen? Berlin 2005, S. 129–148

Behringer, Wolfgang, (Hg.), Neun Millionen Hexen. Entstehung, Tradition und Kritik eines populären Mythos, in: GWU 49 (1998), S. 664–685

Benz, Wolfgang, Die Protokolle der Weisen von Zion. Die Legende von der jüdischen Weltverschwörung, München [4]2019

Bergier, Jean-François, Wilhelm Tell – Realität und Mythos, Zürich 2012

Bernhard, Roland, Der Eingang des „Mythos der flachen Erde" in deutsche und österreichische Geschichtsschulbücher im 20. Jahrhundert, in: GWU 64 (2013), S. 687–701

Ders., Geschichtsmythen über Hispanoamerika. Entdeckung, Eroberung und Kolonisierung in deutschen und österreichischen Schulbüchern des 21. Jahrhunderts, Göttingen 2013

Bernhard, Roland; Grindel, Susanne; Hinz, Felix u. Meyer-Hamme, Johannes, Was ist ein historischer Mythos? Versuch einer Definition aus kulturwissenschaftlicher und geschichtsdidaktischer Perspektive, in: Bernhard, Roland; Grindel,

Susanne; Hinz, Felix u. Kühberger, Christoph (Hg.): Mythen in deutschsprachigen Geschichtsschulbüchern. Von Marathon zum Élysée-Vertrag, Göttingen 2017, S. 11–31

Bernhard, Roland u. Wimmler, Jutta, „Dreieckshandel", Glasperlen und Gender. Mythische Narrative zum transatlantischen Sklavenhandel in aktuellen deutschen und österreichischen Schulbüchern, in: GWU 70 (2019), S. 149–164

Blume, Michael, Verschwörungsmythen. Woher sie kommen, was sie anrichten, wie wir ihnen begegnen können. München 2020

Blumenberg, Hans, Arbeit am Mythos, Frankfurt/M. 1979

Borgolte, Michael, Historie und Mythos, in: Kramp, Mario (Hg.), Krönungen. Könige in Aachen – Geschichte und Mythos. Katalog der Ausstellung, Bd. 2., Mainz 2000, S. 839–846

Brand, Gerd, Welt, Geschichte, Mythos und Politik [1978], Berlin/Boston 2012

Bromley, Roger, The Politics of Displacement: The Far Right Narrative of Europe and its ‚others', in: From the European South 3 (2018), S. 13–26

Buck, Thomas Martin, Das Mittelalter zwischen Vorstellung und Wirklichkeit, in: ders. u. Brauch, Nicola (Hg.), Das Mittelalter zwischen Vorstellung und Wirklichkeit. Probleme, Perspektiven und Anstöße für die Unterrichtspraxis, Münster/New York/München/Berlin 2011, S. 21–54

Butter, Michael, „Nichts ist wie es scheint." Über Verschwörungstheorien, Berlin [3]2020

Cassirer, Ernst, Philosophie der symbolischen Formen. Zweiter Teil: Das mythische Denken, Hamburg 2010

Chladenius, Johann Martin, Allgemeine Geschichtswissenschaft, worinnen der Grund zu einer neuen Einsicht in allen Arten der Gelahrheit gelegt wird. Leipzig 1752

Cobet, Justus u. Gehrke, Hans-Joachim, Warum um Troia immer wieder streiten?, in: GWU 53 (2002), S. 290–325

Crook, David, Robon Hood. Legend and Reality, Woodbridge 2020

Dilthey, Wilhelm, Ideen über eine beschreibende und zergliedernde Psychologie [1894], in: ders., Gesammelte Schriften Bd. V, Leipzig 1924, S. 139–240

Dotterweich, Volker (Hg.), Mythen und Legenden in der Geschichte (Universität Augsburg: Schriften der Philosophischen Fakultäten der Universität Augsburg; Nr. 64: Historisch-sozialwissenschaftliche Reihe), München 2004

Droysen, Johann Gustav, Grundriss der Historik, Leipzig [2]1875

Eco, Umberto (Hg.), Die Geschichte der legendären Orte und Städte, München 2013

Ders., Verschwörungen. Eine Suche nach Mustern. München 2021

Eliade, Mircea, Mythos und Wirklichkeit [1963], Frankfurt/M. 1988

François, Etienne u. Schulze, Hagen (Hg.), Deutsche Erinnerungsorte, 3 Bde., München 2001/2002

Goy, Axel, Felix Dahns Historienroman „Ein Kampf um Rom". Germanenmythos und die Darstellung von „Volksliebe" und Volkseinheit in ihrer Bedeutung für die innere Reichsgründung, in: GWU 66 (2015), S. 384–401

Grabowsky, Ingo, Die Rede von der Verschwörung. Verschwörungstheorien, Mythen und Legenden in Vergangenheit und Gegenwart, in: Praxis Geschichte 5 (2022), S. 4–9

Gräfe, Thomas, Bismarck-Mythos und Politik: Die Mythisierung und Politisierung der Bismarckverehrung durch die Parteien und Verbände des nationalen Lagers zur Wilhelminischen Zeit 1890–1914, Hamburg 2014

Haarmann, Harald, Von Thera nach Atlantis. Die Geschichte hinter dem mythischen Inselreich, Wiesbaden 2022

Haas-Gebhard, Brigitte, Marathon. Schlacht – Mythos – Lauf, Hamburg 2021

Hardt, Matthias, Siegfried, der Drachentöter. Otto Höfler und der Hildesheimer Silberschatz, in: Landesverband Lippe (Hg.), 2000 Jahre Varusschlacht. Mythos, Stuttgart 2009, S. 239–233

Hasberg, Wolfgang, Mythos Reformation. Epochenwende im Licht der Dunkelheitsmetapher, in: Bernhard, Roland; Hinz, Felix u. Maier, Robert (Hg.), Luther und die Reformation in internationalen Geschichtskulturen, Göttingen 2017, S. 57–110

Hauf, Monika, Der Mythos der Rosenkreuzer, Düsseldorf 2007

Dies., Der Mythos der Templer: neue Entwicklungen – fünfzehn Jahre später und nach dem Da-Vinci-Code: Parcours einer Einweihung, Leipzig 2011

Hein Kircher, Heidi, Überlegungen zu einer Typologisierung von politischen Mythen aus historiographischer Sicht – ein Versuch, in: dies. u. Hahn, Hans Henning (Hg.), Politische Mythen im 19. und 20. Jahrhundert in Mittel- und Osteuropa, Marburg 2006, S. 407–424

Hergott, Sebastian, Der Mythos Che Guevara: sein Werk und die Wirkungsgeschichte in Lateinamerika, Marburg 2003

Herrmann, Ulrike, Deutschland, ein Wirtschaftsmärchen: Warum es kein Wunder ist, dass wir reich geworden sind [zum „Wirtschaftswunder"], München 2022

Heuer, Christian, „Pfad der Zeit" – Versuch einer Archäologie der Varusschlacht, in: Bernhardt, Markus u. Onken, Björn (Hg.), Wege nach Rom. Das römische Kaiserreich zwischen Geschichte, Erinnerung und Unterricht (Starter Geschichte), Schwalbach/Ts. 2013, S. 203–220

Hinz, Felix, Historische Mythen – typologische Zugriffe und Vorschläge für den Geschichtsunterricht, in: Zeitschrift für Geschichtsdidaktik, 16 (2017), 150–166

Höfler, Otto, Siegfried Arminius und die Symbolik. Mit einem historischen Anhang über die Varusschlacht, Heidelberg 1961

Hölkeskamp, Karl-Joachim, Mythos und Politik – (nicht nur) in der Antike. Anregungen und Angebote der neuen ‚historischen Politikforschung', in: Historische Zeitschrift 288 (2009), S. 1–50

Jamme, Christopher, Mythos, in: Reinalter, Helmut u. J. Brenner, Peter (Hg.), Lexikon der Geisteswissenschaften. Sachbegriffe – Disziplinen – Personen, Köln/Wien/Weimar 2011, S. 571–578

Jaspert, Nikolas, Ein Polymythos: Die Kreuzzüge, in: Altrichter, Helmut; Herbes, Klaus u. Neuhaus, Helmut (Hg.), Mythen der Geschichte, Freiburg/Br. 2004, S. 203–235

Keil, Lars-Broder, Fiktionen im Geschichtsbewusstsein. Wie Legenden und Mythen das Bild von vergangener Wirklichkeit beeinflussen können, in: Horn, Sabine u. Sauer, Michael (Hg.), Geschichte und Öffentlichkeit. Orte – Medien – Institutionen, Göttingen 2009, S. 32–39

Kershaw, Ian, Der Hitler-Mythos: Führerkult und Volksmeinung, Berlin 2018

Kleinen-von Königslöw, Katharina u. von Nordheim, Gerret, Verschwörungstheorien in sozialen Netzwerken am Beispiel von QAnon, in: APuZ (27.08.2021)

Knauer, Sebastian, Das Hermannsdenkmal vor dem Hintergrund des Kulturkampfes, in: Rosenland. Zeitschrift für lippische Geschichte 3 (2007), H. 5, S. 2–15

Kodakos, Anastassios, Menschen brauchen Mythen. Eine Studie zum Bildungswert des Mythos, Stuttgart 1993

Köster, Klaus, Mythos Arminius. Die Varusschlacht und ihre Folgen, Münster 2009

Köster, Manuel, Der Hermannsmythos. Die politische Dimension der Geschichtskultur im 19. Jahrhundert, in: geschichte für heute 13 (2020), H. 1, S. 35–52

Kotte, Eugen, Geschichtswissenschaftliche und geschichtsdidaktische Mythosforschung, in: Joachimsthaler, Jürgen u. Kotte, Eugen (Hg.), Kulturwissenschaften. Konzepte verschiedener Disziplinen, München 2010, S. 103–125

Krimm, Stefan u. Zirbs, Wieland (Hg.), Nachkriegszeiten. Die Stunde Null als Realität und Mythos in der deutschen Geschichte, München 1996

Krumeich, Gerd, Jeanne d'Arc. Die Geschichte der Jungfrau von Orleans, München 2006

Kühberger, Christoph, Hitler-Mythen in österreichischen Geschichtsschulbüchern – Qualitative und quantitative Aspekte zum Problem der Personalisierung, in: Bernhard, Roland; Grindel, Susanne; Hinz, Felix u. Kühberger, Christoph

(Hg.), Mythen in deutschsprachigen Geschichtsschulbüchern. Von Marathon bis zum Elysée-Vertrag, Göttingen 2017, S. 185–212

Kultur Austausch 2 (2018): „Helden. Warum sie uns nicht loslassen"

Lamberti, Pia; Rees, Jonas H., Gefährliche Mythen: Verschwörungserzählungen als Bedrohung für die Gesellschaft, in: Zick, Andreas u. Küpper, Beate (Hg.), Die geforderte Mitte. Rechtsextreme und demokratiegefährdende Einstellungen in Deutschland 2020/21, Bonn 2021, S. 283–300

Landesverband Lippe (Hg.), 2000 Jahre Varusschlacht. Mythos, Stuttgart 2009

Lévi-Strauss, Claude, Das Wilde Denken [1962], Frankfurt/M. 1973

Levy, Joel, Verschwörungstheorien. 50 umstrittene Verschwörungen und was wirklich dran ist, Köln 2019

Lipstadt, Deborah, Denying the Holocaust. The Growing Assault on Truth and Memory, New York 1994

Lübbe, Hermann, Geschichtsbegriff und Geschichtsinteresse. Analytik und Pragmatik der Historie, Basel 1977

Maisak, Petra u. Fiedler, Corinna, Arkadien. Landschaft vergänglichen Glücks, Frankfurt/M./Leipzig 1992

Manguel, Alberto u. Guadalupi, Gianni, The Dictionary of Imaginary Places, San Diego/New York/London 1999

Marquard, Odo, Lob des Polytheismus (1979), in: Barner, Wilfried; Detken, Anke u. Wesche, Jörg (Hg.), Texte zur modernen Mythentheorie, Stuttgart 2012, S. 222–238

Marzahn, Joachim u. Schauerte, Günther in Zusammenarbeit mit Müller-Neuhof, Bernd u. Sternitzke, Katja (Hg.), Babylon – Wahrheit. Eine Ausstellung des Vorderasiatischen Museums, Staatliche Museen zu Berlin mit Unterstützung der Staatsbibliothek zu Berlin. München 2008 [vgl. den Band Babylon – Mythos, hg. von Wullen, Moritz]

McLeod, Judith A., Atlas der legendären Länder. Von Atlantis bis zum Garten Eden, Hamburg 2012

Menninger, Annerose, Lies my textbook told me. Christoph Kolumbus in Wissenschaft und Populärkultur, in: GWU 64 (2013), S. 221–237

Mertens, Volker, Der Gral. Mythos und Literatur, Stuttgart 2007

Muller Wirth, Adriana C., Der Mythos von El Dorado und seine europäischen symbolischen Umsetzungen, Chisinau 2021

Münkler, Herfried, Die Deutschen und ihre Mythen, München [4]2015

Nocun, Katharina u. Lamberti, Pia, Fake Facts. Wie Verschwörungstheorien unser Denken bestimmen, Köln [2]2021

Oechel-Metzner, Claudia-Elfriede, Arbeit am Mythos Kaspar Hauser (Europäische Hochschulschriften/Reihe 1/Deutsche Sprache und Literatur; Bd. 1911), zugl. Diss. 2004, Frankfurt/M. u.a. 2005

Onken, Björn, Der Hermannsmythos in deutschen Schulbüchern von 1800 bis 2000, in: Bernhard, Roland; Grindel, Susanne; Hinz, Felix u. Kühberger, Christoph (Hg.), Mythen in deutschsprachigen Geschichtsschulbüchern. Von Marathon bis zum Élysée-Vertrag, Göttingen 2017, S. 59–90

Opfer-Klinger, Björn, Der Mythos vom Priesterkönig Johannes, in: GWU 65 (2014), S. 83–91

Pandel, Hans-Jürgen, Geschichtstheorie, Schwalbach/Ts. 2017

Ders., Historisches Erzählen. Narrativität im Geschichtsunterricht, Schwalbach/Ts. ²2015

Ders., Legenden – Mythen – Lügen. Wieviel Fiktion verträgt unser Geschichtsbewusstsein? in: Geschichte lernen 52 (1996), S. 15–19

Pflüger, Christine, Erinnerungsorte, in: Mayer, Ulrich u.a. (Hg.), Wörterbuch Geschichtsdidaktik, Schwalbach/Ts. ²2009, S. 59–60

Pfrommer, Michael, Alexander der Große – auf den Spuren eines Mythos, Mainz 2001

Pleticha, Heinrich (Hg.), Die Fahrt nach nirgendwo. Erdachte Reisen – erfundene Länder, Stuttgart/Wien 2003

Pöhlmann, Matthias, Die Freimaurer. Mythos und Geschichte, Freiburg/Br. u.a. 2019

Pöllauer, Gerhard, Die verlorene Geschichte der Amazonen. Neueste Forschungserkenntnisse über das sagenumwobene Frauenvolk, Klagenfurt 2002

Popper, Karl, Die offene Gesellschaft und ihre Feinde. Bd. II: Falsche Propheten: Hegel, Marx und die Folgen, Tübingen ⁸2003

Rees, Jonas H. u. Lamberty, Pia, Mitreißende Wahrheiten: Verschwörungsmythen als Gefahr für den gesellschaftlichen Zusammenhalt, in: Zick, Andreas u.a. (Hg.), Verlorene Mitte, feindselige Zustände. Rechtsextreme Einstellungen in Deutschland 2018/19, Bonn 2019, S. 203–222

Reinalter, Helmut (Hg.), Handbuch Verschwörungstheorien, Leipzig 2018

Reinhardt, Udo, Mythen – Sagen – Märchen. Eine Einführung mit exemplarischen Motivreihen (Rombach Wissenschaften, Reihe Paradeigmata; 17), Freiburg i.Br./Berlin/Wien 2012

Remy, Maurice Philip, Mythos Rommel, München 2004

Renn, Ortwin, Gefühlte Wahrheiten. Orientierung in Zeiten postfaktischer Verunsicherung, Opladen/Berlin/Toronto 2019

Restall, Matthew, Seven Myths of the Spanish Conquest. Oxford 2003

Roth, Jonathan, 2000 Jahre Varusschlacht. Jubiläum eines Mythos? Eine kulturanthropologische Fallstudie zur Erinnerungskultur, Münster 2012

Rüsen, Jörn, Grundzüge einer Historik, Teil: 1: Historische Vernunft: die Grundlagen der Geschichtswissenschaft, Göttingen 1983

Ders., Historik. Theorie der Geschichtswissenschaft. Köln/Weimar/Wien 2013

Ders., Zeit und Sinn. Strategien historischen Denkens. Frankfurt/M. 1990

Sammet, Rainer, „Dolchstoß". Deutschland und die Auseinandersetzung mit der Niederlage im Ersten Weltkrieg (1918–1933), Berlin 2003

Schieder, Wolfgang, Mythos Mussolini. Deutsche in Audienz beim Duce, Berlin 2016

Schörken, Rolf, Das Aufbrechen narrativer Harmonie. Für eine Erneuerung des Erzählens mit Augenmaß, in: GWU 48 (1997), S. 727–735

Schulz, Meinhard-Wilhelm, Sind die Germanen nur eine Fiktion?, in: geschichte für heute 4 (2009), S. 15–30

Schulz, Raimund, Als Odysseus staunte. Die griechische Sicht des Fremden und das ethnographische Vergleichen von Homer bis Herodot, Göttingen 2020

Seidenspinner, Wolfgang, Der Mythos vom Sozialbanditen, in: GWU 49 (1998), S. 686–701

Simonis, Annette, Mythentheorie und -kritik, in: Nünning, Ansgar (Hg.), Metzler Lexikon Literatur- und Kulturtheorie. Ansätze – Personen – Grundbegriffe, Stuttgart/ Weimar 1998, S. 388–390

Stenzel, Werner, Quetzalcoatl von Tula. Die Mythogenese einer postkortesischen Legende, in: Zeitschrift für Lateinamerika Wien 18 (1980), S. 5–92

Stiftung Kloster Dahlheim (Hg.), Verschwörungstheorien – früher und heute, Bonn 2020

Tauber, Leonie, Mythos Trümmerfrauen. Von der Trümmerbeseitigung in der Kriegs- und Nachkriegszeit und der Entstehung eines deutschen Erinnerungsortes, Bonn 2015

Telesko, Werner, Maria Theresia. Ein europäischer Mythos, Wien/Köln/Weimar 2012

Timpe, Dieter, Die „Varusschlacht" in ihren Kontexten. Eine kritische Nachlese zum Bimillennium 2009, in: Historische Zeitschrift 294 (2012), S. 593–652

Topolski, Jerzy, Der Mythos „Revolution" in der Geschichtsschreibung, in: GWU 41 (1990), S. 283–301

Traba, Robert, Versuche einer staatlichen Monopolisierung der Erinnerung: Tannenberg 1927(–1935) – Grunwald 1960, in: Yearbook (International Society for History Didactics) (2004), S. 23–42

Treber, Leonie, Mythos Trümmerfrauen: von der Trümmerbeseitigung in der Kriegs- und Nachkiegszeit und der Entstehung eines deutschen Erinnerungsortes, zug. Diss. 2013, Essen 2015

Tyldesley, Joyce A., Mythos Nofretete. Die Geschichte einer Ikone, Ditzingen 2019

Verhey, Jeffrey, Augusterlebnis, in: Hirschfeld, Gerhard; Krumeich, Gerd; Renz, Irina in Verb. mit Pöhlmann, Markus (Hg.), Enzyklopädie Erster Weltkrieg, Paderborn 2014, S. 357–360

Völker-Rasor, Anette, Mythos. Vom neuen Arbeiten mit einem alten Begriff, in: Völker-Rasor, Anette u. Schmale, Wolfgang (Hg.), MythenMächte – Mythen als Argument, Berlin 1998, S. 9–32

Voltmer, Rita, Der Hebammen-Mythos. Oder: Von den Chancen, Ergebnisse der modernen Hexenforschung zu popularisieren, in: GWU 56 (2005), S. 20–30

Weber, Wolfgang E. J., Historiografie und Mythografie. Oder: Wie kann und soll der Historiker mit Mythen umgehen? in: Völker-Rasor, Anette u. Schmale, Wolfgang (Hg.), MythenMächte – Mythen als Argument, Berlin 1998, S. 65–87

White, Hayden, Auch Klio dichtet. Oder: Die Fiktion des Faktischen. Studien zur Tropologie des historischen Diskurses (Sprache und Geschichte, Bd. 10), Stuttgart 1986

Willms, Johannes, Der Mythos Napoleon. Verheißung – Verbannung – Verklärung, Stuttgart 2020

Wineburg, Sam, Historical Thinking and Other Unnatural Acts. Charting the Future of Teaching the Past, Philadelphia 2001

Wolf, Jürgen, Auf der Suche nach König Artus. Mythos und Wahrheit, Darmstadt 2009

Wullen, Moritz u. Schauerte, Günther in Zusammenarbeit mit Strzoda, Hanna (Hg.), Babylon – Mythos. Eine Ausstellung der Kunstbibliothek, Staatliche Museen zu Berlin mit Unterstützung der Staatsbibliothek zu Berlin, München 2008 [vgl. den Band Babylon – Wahrheit, hg. von Marzahn, Joachim]

Wunenburger, Jean-Jacques, Mytho-phorie. Formen und Transformationen des Mythos (1994), in: Barner, Wilfried; Detken, Anke u. Wesche, Jörg (Hg.), Texte zur modernen Mythentheorie, Stuttgart 2003, S. 290–300

Young, Robert J.C., White Mythologies. Writing History and the West, London/New York [2]2004

Als Ideenpool kann zudem die folgende Reihe aus dem Theiss-Verlag dienen:

Alles Mythos! 20 populäre Irrtümer über … (z.B. die Steinzeit, die Ritter, die alten Römer, die BRD und die DDR, Hollywood, das Mittelalter, den Wilden Westen, die Wikinger, die Antike, China, Preußen, die Germanen)

ORTSREGISTER

PERSONENREGISTER

SACHREGISTER